北東アジアの中の弥生文化

私の考古学講義 上

Nishitani Tadashi
西谷正

梓書院

発刊に当たって

私たちのように、大学教員の経験者にとって、現役のときはもちろん、定年退職後も、専門分野に関して、一般市民を対象とした講演を担当する機会がしばしば巡ってきます。その中には、講演記録が小冊子などに収録されることも決して珍しくはないのです。今では、そのような記録が、少なからず蓄積される結果となりました。それらを今、読み返すと、その後の調査・研究の進展によって、加除修正が必要な部分が少なくありません。そこで、増補改訂の意味も込めて、また、私の北東アジア古代史の考古学的研究の一端を披瀝して、この分野に対する皆さまのご理解・ご関心をいただきたく、書物の体裁にまとめることにいたしました。

今、本書の全体を読み返しますと、重複部分がかなりあることに気づき、反省しています。ただ、本書を一回お読みいただくと、数回お読みいただいたことになることをもって、お許し下さればと、お願い申し上げます。

本書は、いわば私の考古学講義（上）に当たるもので、北東アジアの中の弥生文化をテーマに編集してみました。願わくば、同じく（中）北東アジアの中の古墳文化、（下）地域の考古学へと続刊を期しています。

目次

北東アジアの中の弥生文化 ―私の考古学講義（上）

発刊に当たって　1

第1章　弥生時代の始まり　5
はじめに　5／土器の型式編年による検証　7／鉄器による検証　8／
朝鮮半島における鉄器の出現期　10／朝鮮半島の青銅器文化　11

第2章　北東アジア的視点から日本列島の弥生時代について　16
―環濠集落と大型建物を中心として
朝鮮半島の環濠集落　16／大型建物の源流を探る　25

第3章　地域首長の誕生 ―卑弥呼の原像　31

第4章　弥生時代における北東アジアと日本 ―倭人の世界　41
はじめに　41／弥生文化の形成　42／弥生社会の形成と展開　55／
弥生社会の発展と変容　66／弥生社会の終末 ―国家形成への胎動　76／
おわりに ―倭人の世界　77

第5章　漢とローマ ―倭とケルト　80

第6章　東アジアのクレタ島　―壱岐島　105
はじめに　105／クレタ島とエーゲ文明　106／ミノア文明の終焉　117／
東アジアのクレタ島―壱岐島　122
第7章　北東アジアの中の一支国　128
第8章　謎の三世紀　―邪馬台国への道　152
はじめに　152／邪馬台国時代の北東アジア　153／邪馬台国と魏王朝　157／
邪馬台国時代の倭　158／帯方郡から邪馬台国へ　165／邪馬台国の所在地をめぐって　168／
おわりに―邪馬台国への道　176
第9章　奴国と邪馬台国を語る　179
第10章　吉野ヶ里遺跡と邪馬台国　207
はじめに　207／吉野ヶ里遺跡とは　209／日本一大きい環濠集落　212／
邪馬台国と周辺諸国　218／新井白石と邪馬台国　223／邪馬台国の所在地　224
編集を終えて　232

第1章　弥生時代の始まり

はじめに

二〇〇三年（平成一五）の五月一九日に、国立歴史民俗博物館の研究グループから、「弥生時代の開始年代は従来の説より五〇〇年ほど古くなる」という概要が報道され、その六日後の五月二五日に開催された日本考古学協会の大会で正式に発表されました。その発表をうかがい、まず国立歴史民俗博物館という一つの屋根の下で、考古学者と自然科学者が一緒に学際研究《がくさいけんきゅう》を進めて来られた成果に心から敬意を表した次第です。と同時に、分析対象となった考古学の資料が、弥生文化発祥の地の北部九州はもちろんのこと近畿地方や東北地方、そして、弥生文化のふるさとである朝鮮半島のものも含まれていることと、年輪年代学の成果も導入しておられることから、その発表はたいへん説得力があると受けとめました。

その一方で、弥生時代の開始年代については土器の型式編年による相対年代を何十年もかけて構築して来たわけですが、その成果が新たな一つの研究で一挙に崩れ去るのかとも感じました。また、皆さんも共通の認識としておもちだと思いますが、従来より五〇〇年もさかのぼるとなると、鉄器の問題が大きく立ちはだかります。

ただし、非常に説得力があると述べたのは、私の専門の朝鮮半島の研究からいいまして、土器や石器、支石墓《しせきぼ》に代表される墓制、その他諸々の構成要素が一つの文化体系として、朝鮮半島南部から移植されたのが弥生時代の始まりとすると、朝鮮半島との関係がおのずから問題になります。これまでの研究成果から見て、日本の弥生土器と、それに共伴する磨製石器や青銅器などの編年体系《へんねんたいけい》は、朝鮮半島とほぼ整合しているといいましょうか、相対的にパラレルの関係です。ところが、両者の間で五〇〇年ほどの年代差がありました。つまり、朝鮮半島ではこれまでので炭素14（^{14}C）年代測定によると、弥生文化のルーツになる無文土器（青銅器）文化の開始は、紀元前一〇〇〇年ごろとなっています。もちろん、データを詳しく見ると、紀元前一五〇〇〜一六〇〇年から、紀元前七〇〇〜八〇〇年までばらつきはありますが、日本の弥生文化の始まりのころに対応する、朝鮮半島の無文土器もしくは青銅器文化は、平均すると紀元前一〇〇〇年ごろに始まりました。このような日本と朝鮮の間の年代のずれが、五〇〇年さかのぼることによってスムーズに理解できることから、なるほどと思ったのが第一印象です。しかし、一つ鉄器の問題が引っかかります。

そのような新しい問題が提起され、それが説得力があるとなれば、私たち考古学独自の立場で進めて来たこれまでの研究の手続きやその成果、すなわち、土器の型式編年に基づく編年体系や、年代の決め手となった鉄器や青銅器の問題などの研究成果をフィードバックして再検証する、よい機会になると受けとめるべきではないかと思いました。ここでは、新説発表後、六カ月近くが経過した時点での私の考えを述べることにします。

土器の型式編年による検証

さて、考古学とりわけ先史考古学における年代決定法の基本は、土器の型式編年による相対年代です。弥生時代の始まりの年代についても、弥生土器の型式編年に基づく研究が永年にわたって行われ、またその成果が蓄積されて来ました。亡くなられた森貞次郎《もりさだじろう》先生をはじめとする諸先輩が何十年もかけて編年体系を打ち立てておられます。一九九〇年代に入ると、橋口達《はしぐちたつ》也《や》さんらの研究もあります。ここでは橋口達也さんの考え方を紹介しながら検証してみます。

表1は、弥生土器の型式編年に基づいて、絶対年代を推定した手続きを示したもので、橋口達也さんの『弥生文化論』という九州大学での博士論文となった著作から引用したものです。

表1　絶対年代推定（橋口達也、1999『弥生文化論—稲作の開始と首長権の展開—』雄山閣より）

	甕棺型式	年代	
前期	KⅠa式	270	
	KⅠb式	240	秦
	KⅠc式	210	前漢
		180	
中期前半	KⅡa式	150	
	KⅡb式	120	
	KⅡc式		四郡設置
		90	
中期後半	KⅢa式	60	
	KⅢb式	30	
	KⅢc式	B.C.	
後期前半	KⅣa式	A.D. 30	新王莽
	KⅣb式	60	後漢
	KⅣc式		
		90	
後期後半	KⅤa式	120	
	KⅤb式	150	
	KⅤc式	180	
	KⅤd式	210	
	KⅤe式		三国（魏・呉・蜀）
		240	
古墳時代	KⅤf式	270	

橋口さんは、弥生時代の北部九

州において盛行した大型甕棺《かめかん》を分析対象として取りあげ、実に緻密な型式分類とその編年を行っています(1)。その際、小児用小形棺に転用された同時期の日常容器である壺・甕や、高坏などをはじめ、供献もしくは副葬された小形壺の編年も合わせて行っています。そして、弥生時代前期から古墳時代初期にかけて大型甕棺を五期に大別し、五期をさらに一八型式に細分されました。さらに、九州には弥生時代中期後半から後期にかけて、現在の福岡平野にあった奴国や、同じく糸島市付近にあった伊都国の王墓と推測される大型甕棺墓に副葬された、中国の前漢鏡(2)などの年代観に照らして、北部九州における弥生時代中期後半から後期初頭にかけての大型甕棺に、表1にあるような絶対年代を与えています。この点の認識は、私たち九州の研究者に共通しています。それを一つの定点として、1型式を何十年かに考えて、それを割り振って積算すれば、弥生時代の始まりの年代が算出されます。

橋口さんは甕棺1型式の年代幅をおよそ三〇年としています。場合によっては三〇年以下、三〇年以上ということもありますが、それは誤差、微調整の範囲だと考えて、弥生時代開始期に当たる板付I式の開始年代を紀元前四世紀後葉から三〇〇年前後に試算されました。

鉄器による検証

一方、橋口達也さんは、板付I式に先行する曲り田式の時期を、弥生時代早期あるいは縄文時代終末期と位置づけました。そして、その時期に相当する福岡県糸島市二丈町の曲り田遺跡の16号竪穴住居跡から出土した、小型の鉄斧破片の可能性もある鋳造小型板状鉄器が中国の戦国時代の鉄器の影響下にあると考えて、その年代を紀元前四〇〇年前後に推定されました。つまり、弥生時代早期の年代もそのころと考えるわけです。

この点について、私自身は直接土器の型式編年を研究したことはないため、厳密に検証することは私の能力外ですが、橋口さんをはじめとする諸先輩の研究を考慮すると納得できる型式編年だと考えています。また、実年代つまり絶対年代を付与する場合、日本列島内部からだけではできません。そこで、お隣りの朝鮮半島やその先の中国大陸ということになりますが、その場合に大きな手掛かりとなるのは、橋口さんが検証材料として使われた鉄器です。

松井章《まついあきら》さんのお話によると、高知県の居徳《いとく》遺跡では、縄文時代晩期に凸帯文土器が出土するとのことです。それは、弥生時代早期にほぼ並行する時代かと思いますが、その居徳遺跡で出土した遺物のように、鋭利な金属器の存在が推定できるとのことでした。ちなみに、松井さんはそれが鉄器ではないかとお考えのようです。

そのほか、弥生時代開始期の鉄器としては、熊本県玉名郡和水《なごみ》町の斉藤山遺跡から出土した弥生時代前期前半の鋳造鉄斧が知られており、曲り田遺跡と同様の脈絡で位置づけられています。

このことに関連して、戦前に小林行雄《こばやしゆきお》先生らは、奈良県の唐古遺跡を発掘された折に、近畿地方の弥生土器第一様式の時期のものとして、居徳遺跡からも出土した刀子（ナイフ）のようなものを差しこんだ鹿角製の把の中に鉄錆《てつさび》が残っていたことから、鉄の刀身があったと指摘されました。私も今から四〇数年ほど前、大阪府の安満《あま》遺跡の発掘調査に携わった折に、第一様式土器に伴う大量の木製品が発見されましたが、出土したばかりの木器に鋭利な鉄器のようなもので加工したと思われるような製作痕を見た記憶が、今も鮮明に残っています。縄文時代の終わりのころ、一般的には弥生時代早期といわれる時期から前期にかけてのころ、鉄器そのもの、あるいはその存在を間接的にうかがわせる資料があることから、弥生時代早期から前期に鉄器が存在したことは間違いないでしょう。

その鉄器が当時の日本列島製ということは、もちろんありません。弥生文化が朝鮮半島の無文土器もしくは青銅器の文化体系が少数の渡来人《とらいじん》によって移植されて成立したという立場に立てば、鉄器も当然、朝鮮半島南部からもたらされたということになります。

ところが残念ながら、日本列島初期の鉄器の年代も含めて、実態を解明する手掛かりとなる朝鮮半島、(3)特に南部の鉄器資料は、初期に限っていえば、きわめて少ない状況です。鉄器に関しては、そのように手掛かりがつかみにくいのが現状です。

朝鮮半島における鉄器の出現期

それに対して、朝鮮半島北部には初期の鉄器の資料が少しあります。現在の朝鮮民主主義人民共和国の首都、ピョンヤンの付近で鉄斧の鋳型《いがた》が出土していますが、その形式は中国の戦国形式の鉄斧と共通しています。また、中華人民共和国の遼寧省や吉林省とは鴨緑江《アンノンガン》を挟んで国境を接している、現在の平安北道からも比較的多く鉄器が出土しています。それらの形式は、いずれも中国の戦国時代の鉄器と共通しています。また、鉄器と一緒に出土する灰色がかった、表面をたたき上げて作った土器の中から、戦国時代の七つの国の一つ燕の刀幣、つまり明刀銭《めいとうせん》が出土したりします。そのようなことから、朝鮮半島の北部付近までは明刀銭とともに鉄器が伝わり、それが大同江《テドンガン》流域の平安南道付近まで伝来していると考えられます。そのような脈絡で、朝鮮半島南部、そして北部九州の弥生時代早・前期の鉄器の伝播経路を想定することができるのではないでしょうか。

朝鮮半島南部ならびに北部九州の鉄器資料が絶対的に少ないため、鉄器については今後の大きな課題といえます。

さらに、鴨緑江を挟んで朝鮮の対岸に当たる中国の東北地方[4]で、今から三〇年以上も前から調べた結果によると、鉄器が普及するのは戦国時代の燕の時代からです。このように、朝鮮の鉄器は、中国の戦国時代の鉄器と関係しそうです。

朝鮮半島の青銅器文化

弥生時代というと、鉄器とともに青銅器の文化が見られます。弥生時代初期の青銅器については、福岡県福津市津屋崎町の今川遺跡から出土した銅鏃《どうぞく》が知られています。それは、当時の中国大陸東北地方から朝鮮半島南部にまたがる地域に分布していた、いわゆる遼寧式銅剣の鋒部を転用したものですが、弥生時代前期初頭に当たります。この今川遺跡からは、やはり遼寧式銅剣の茎部を転用した銅鑿《どうのみ》も出土していいます。これらの青銅器は、いわば弥生文化複合体を構成する一つの要素として、朝鮮半島南部からもたらされたことは疑いのないところです。

朝鮮南部の遼寧式銅剣の好例は、忠清南道扶余郡草村面の松菊里《ソングンニ》遺跡における石棺墓の副葬品が顕著です。ちなみに、松菊里遺跡では、鋳造銅斧の鋳型も出土しています。この型式と同型式の銅斧は朝鮮の各地で出土しますが、その系譜は中国の東北地方とりわけ遼寧省付近に求められるとともに、そこでは先の遼寧式銅剣と共伴することが珍しくありません。

そのような遼寧式銅剣の2次加工品が、北部九州の弥生時代初期に出現するわけです。そこで、遼寧式銅剣の年代が問題になります。この点については、宮本一夫先生が、古くは内蒙古自治区の小黒石溝遺跡の出土品に、西周の後期、つまり紀元前八～九世紀までさかのぼる可能性のある遼寧式銅剣があることを考証されています。一方、私も朝鮮における斧・釦《こう》・鑿・刀子などの青銅器の起源については、春秋前半から戦国時代、つまり紀元前七、八世紀から三、五世紀ごろと幅をもたせて考えたことがあります。(5)

ここで、下限の年代が問題となります。この点については、遼寧省の旅順市后牧城駅の楼上墓3号内部主体から、遼寧式銅剣とともに燕国の通貨であった明刀銭や、戦国形式の鉄鎌が出土した例が参考になります。そのことから、一九六八年発刊の『考古学研究』の中で、遼寧式銅剣の下限の一点が戦国時代並行期にあることを指摘したことがあります。(6)その考えは現在も変わっていません。また、戦国時代のもう一つの銅剣に、いわゆる桃氏剣《とうしけん》とも呼ばれる中国式銅剣があり、華南地方の楚の領域を中心に分布しています。この形式の銅剣が朝鮮北部の黄海南道の孤山里《コサンニ》で、遼寧式銅剣のもっとも新しい型式のものと伴出しました。(7)その当時、日本の初期の遼寧式銅剣の基になった朝鮮半島の遼寧式銅剣の年代を考えるとき、上限は紀元前八世紀までさかのぼるとしても、下限は戦国時代並行期のころまで下がると考えています。

そして、戦国形式の鉄器が朝鮮と日本で出土するとなれば、日本の弥生文化を特徴づける鉄器や青銅器などの金属器の年代は戦国時代と並行すると考えるべきでしょう。そのことから、弥生時代の開始年代は、中国の戦国時代の並行期にあると考えています。表２に示したように、中国の戦国時代、紀元前四〇三～二二一年ころに来るわけです。現在の資料による限り、そういわざるを得ないと考えています。ただし、宮本先生は、国立歴史民俗博物館が問題提起された年代と近い年代をお考えです。したがって、弥生時代の開始年代について、考古学者の間にも今回の発表に近い年代を考える立場と、私が述べ

表２　炭素14年代の較正に基づく弥生時代の実年代
（2003．5.19「研究成果記者発表資料」『東アジアの古代文化』116号、　大和書房より）

西暦	中国	韓国	韓国	九州北部	九州北部	九州北部	従来の年代	従来の年代	西暦
2500	仰韶	櫛目文土器時代	後期	縄文時代	中期		縄文時代	中期	2500
					後期	○吉田遺跡			
2000	龍山					西平		後期	2000
	夏					御領			
1500						広田			1500
	商	無文土器時代	漁隠		晩期	○黒川			
	1027		欣岩里						
1000	西周			弥生時代	早期	夜臼Ⅰ ●夜臼Ⅱa		晩期	1000
	770		松菊里		前期	●夜臼Ⅱb・●板付Ⅰ共伴期			800
	春秋					○板付Ⅱa ○板付Ⅱb			
500	403		水石里・勒島			○板付Ⅱc	弥生時代	早期	500
	戦国				中期	○城の越		前期	
秦	221								
	202 前漢					○須玖Ⅰ 須玖Ⅱ		中期	
紀元前	8	原三国時代							紀元前
紀元後	25				後期			後期	紀元後
250	後漢								

○ 年代を測定した土器型式　● 弥生開始期の土器型式

たような従来の説を支持する考え方があることを十分ご承知おきいただきたいと思います。

なお、私が報告した内容に関し、橋口達也さんが、日本考古学協会の専門機関誌である『日本考古学』第16号の中で、「炭素14年代測定法による弥生時代の年代論に関連して」と題して、詳しく自説を展開し、従来の紀元前四〇〇年ごろの年代を改めて強調しておられます。この雑誌は吉川弘文館を通じて市販されていますので、ぜひともお読みいただければありがたいと思います。

いずれにしましても、今回の問題提起を受けて、私ども考古学の立場からは、これまでの成果を再検討するとともに、今後も引続き検証作業を続けていく必要があると考えています。もう一つの問題は、たびたび指摘しましたように、日本列島だけで解決する問題ではなく、北東アジア全体で考えるべき問題であることを重ねて強調しておきたいと思います。

〔注〕

（1）橋口達也、一九七九「甕棺副葬品からみた弥生時代年代論」『九州縦貫自動車関係埋蔵文化財調査報告』XXXI、中巻、福岡県教育委員会。

（2）中国科学院考古研究所、一九五九『洛陽焼溝漢墓』『中国田野考古報告集』考古学専刊丁種第6号、科学出版社。

（3）西谷正、一九七〇「朝鮮における初期鉄製品の問題」『日本製鉄史論』所収、たたら研究会。

（4）西谷正、一九八四「中国東北地方における初期鉄器資料」『尹武炳博士回甲紀念論叢』所収、同論叢刊行委員会。

（５）西谷正、一九六七「朝鮮における金属器の起源」『史林』第50巻第5号、史学研究会。
（６）西谷正、一九六八「朝鮮におけるいわゆる土壙墓と初期金属器について」『考古学研究』第13巻第2号、考古学研究会。
（７）西谷正、一九七六「日本と朝鮮の青銅器」『日本のなかの朝鮮文化』第29号、朝鮮文化社。

第2章　北東アジア的視点から日本列島の弥生時代について

——環濠集落と大型建物を中心として

朝鮮半島の環濠集落

日本列島において環濠集落が出現するのは、北部九州が最初です。それも博多湾に面した福岡平野を中心とする、ごく限られた地域での出来事です。

環濠集落の初現的なものは、すでに縄文時代晩期中葉に見られますが、さらにさかのぼって後期後葉の可能性も説かれています。しかしそれらは、集落の縁辺に部分的に小規模な溝もしくは濠を掘ったものです。

環濠集落が本格化するのは、縄文時代終末期（弥生時代早期）から弥生時代初頭にかけてのことで、それぞれ夜臼《ゆうす》式もしくは刻目突帯文《きざみめとったいもん》から板付Ⅰ式の土器型式の段階に当たります。前者の例としては、一九九二年に発見された福岡市博多区の那珂《なか》遺跡があります。この遺跡は、奴《な》国の故地に当たる福岡平野の中央部にあって、東西にそれぞれ博多湾に向かって北流する御笠川と那珂川に挟まれた標高一一メートルほどの洪積台地に立地します。この付近は集落が営まれていた当時の地表面が、おそらく二メートルほどの深さですでに削り取られていますので、住居跡などの遺溝は消滅してしまっています。しかし、環濠部分は深さが深かったため、幅五メートルばかりの間隔を置いて並行する二重の環濠が検出されました。一九九三年にかけて実施された調査の結果、平面形が円形で、外周の直径が約一五〇メートルという大規模なものであることが分かりました。そして、内・外濠の断面は逆台形・Ｖ字形を呈しますが、それぞれ幅約二メートル、深さ約一メートルと、幅約五メートル、深さ約二メートルを測ります。

一方、那珂遺跡のように規模は大きくなく、また、本格的な環濠とはいえませんが、福岡県糟屋郡粕屋町の江辻《えつじ》遺跡では、一九九三年の調査で、集落を区画する幅一メートル前後、深さ数一〇センチの溝が認められ、環溝の可能性も指摘されています。ここでは、標高一一メートルほどの平地に、竪穴住居跡九軒が一定の空間を置いてほぼ環状に配置され、また、その間をぬうようにして、倉庫と思われる長大な掘立柱建物跡が五棟も見つかりました。住居跡はさらに遺跡地の南西方向に広がると思われますので、全体の構造は分からないものの、九軒以上の住居からなる集落であったことが分かります。

このような環濠集落が出現する過程は、ちょうど稲作の開始から定着に至る過程でもあるわけです。ということは、稲作文化の直接的な起源地が朝鮮半島の南部にあることから考えて、環濠集落のそれも半島南部にあると考えるのが自然でしょう。

朝鮮半島の環濠集落を見ますと、二重環濠の発見例はありませんが、一重の本格的なものが、一九九〇年にはじめて東南部地方で発掘調査されました（第１図）。すなわち、標高一〇四〜一二三メートル、比高一四〜三三メートルの丘陵地の一つの支脈の尾根筋から斜面にかけて立地する、慶尚

第１図　検丹里遺跡全景（釜山大学校博物館、1995『蔚山検丹里マウル遺蹟』『釜山大学校博物館研究叢書』第 17 輯より）

南道蔚州郡熊村面の検丹里《コンタンニ》遺跡において、南北の長径一一八・八メートルと東西の短径七〇メートルの規模を持つ平面楕円形の環濠が検出されました。環濠は、傾斜地にあってもちろん空濠ですが、断面V字形もしくはU字形をなし、幅〇・五～二・〇メートル、深さ〇・二～一・五メートルと規模はあまり大きくありません。濠の内側から内部へと流入して堆積した土層の状況から考えて、濠の内側には土塁があったと推測されています。環濠の内外からは、竪穴住居跡が九三軒検出されましたが、おおよそ三時期に分かれます。そのうち、環濠内部で一時期の同時存在に換算しますと、最大数二一軒ほどの住居群が想定されましょう（第２図）。検丹里の環濠集落は、規模において、南北一一六メートル、東西八一メートルで平面楕円形の福岡市博多区の板付遺跡と共通します。また、検丹里遺跡は、無文土器の型式や各種磨製石器の組み合わせからいっても、弥生時代前期初頭の板付遺跡に年代的にも近く、この集落こそ、日本列島における稲作開始期とほぼ併

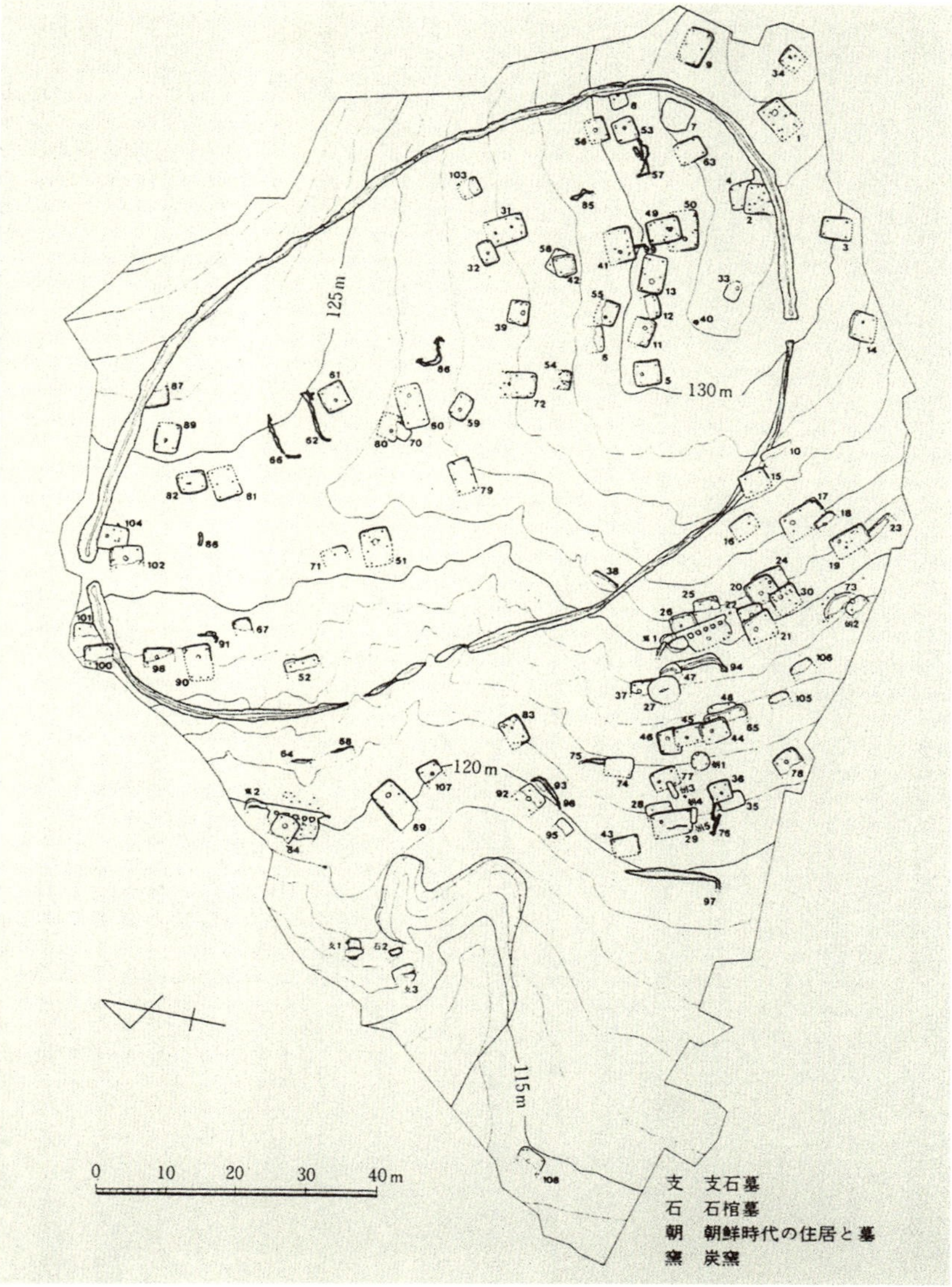

第２図　検丹里遺跡平面図
（鄭澄元・安在皓、1999「蔚州検丹里遺跡」『考古学研究』第 37 巻第２号より）

行する時期のもので、直接の比較資料になるものです。つまり、日本列島において、北部九州で最初に出現する環濠集落の形成は、朝鮮半島東南部の環濠集落の直接的な影響下で理解できましょう。朝鮮半島では、そのほかにも、慶尚南道昌原郡東面の徳川里《トクチョンニ》の丘陵地で、幅二・五〜三メートル、断面逆台形の環濠の一部が一九九三年に検出されるなど、その後も資料の追加が続いています。

さて、朝鮮半島中西部に当たる、忠清南道扶余郡草村面の松菊里遺跡は、その規模が三六ないしは六一ヘクタールともいわれる朝鮮半島で最大級を誇る無文土器（青銅器）時代の集落遺跡として知られます。また、松菊型と呼ばれる竪穴住居や、ジャポニカ種の炭化米を多量に出土した袋状貯蔵穴、さらには、遼寧式銅剣や磨製石剣・石鏃などを副葬した石棺墓など、弥生時代の研究者には馴染《なじ》み深いところです。この遺跡に対し、未解決な問題である水田遺溝や環濠の有無を追究して、一九九二年から学術調査が続けられて来ました。その結果、一九九三年までに水田遺溝は検出されるに至りませんでしたが、丘陵先端部の住居群を取り囲むようにして、丘陵くびれ部に掘られた、濠の一部が見つかりました。これは断面がU字形を呈し、幅約二・七〜三・八メートルに、深さ約一メートル前後のものでした。そして思いがけずも、その濠に切られて、濠に先立つ時期の木柵列が確認されました（第3図）。この木柵列は、松菊里の集落跡の縁辺部を巡るものです。柱の太さが直径二〇〜六〇センチほどといわれ、柵穴間の間隔は約一・八メートルを測ります。木柵の大形の掘り方は方形で、幅一・五メートルに深さ一・一メートルであるのに対し、小形の場合は円形と方形で、幅〇・八メートルに深さ〇・五メートルほどです。なお、木柵は総延長四七〇メートルにわたって検出されました（第4図）。

日本列島における水稲耕作は、ここ二〇数年の調査成果として、弥生時代前期のうちに、本州北端の

第３図　復元された松菊里遺跡の木柵列と竪穴住居（2010年12月10日撮影）

青森県まで到達していることが分かってきました。その過程で築かれたと思われる前期の木柵列が秋田市の地蔵田Ｂ遺跡で検出されています。ここでは、平面楕円形でおよそ五〇×六〇メートルの二重に木柵が取り囲んでいました。このことから将来、北部九州においても、稲作開始期の集落を取り囲む木柵が発見される可能性があるといえましょう

ところで、朝鮮半島の環濠集落は、おそらく中国大陸に起源があると思われます。中国では早くから黄河中流域の陝西省西安市・半坡《はんぱ》遺跡や臨潼県・姜寨《きょうさい》遺跡において、いまから六〇〇〇年以上前の新石器時代前期仰韶文化の環濠集落が知られて来ました。その後、朝鮮半島に距離的には近くなりますが、さらに一〇〇〇年以上さかのぼる環濠集落が、内蒙古自治区の敖漢旗・興隆窪と林西県・白音長汗《はくいんちょうかん》の両遺跡でも知られるようになりました。前述の那珂遺跡で見られたような二重環濠の類例は、朝鮮半島ではまだ見つかっていませんが、中国

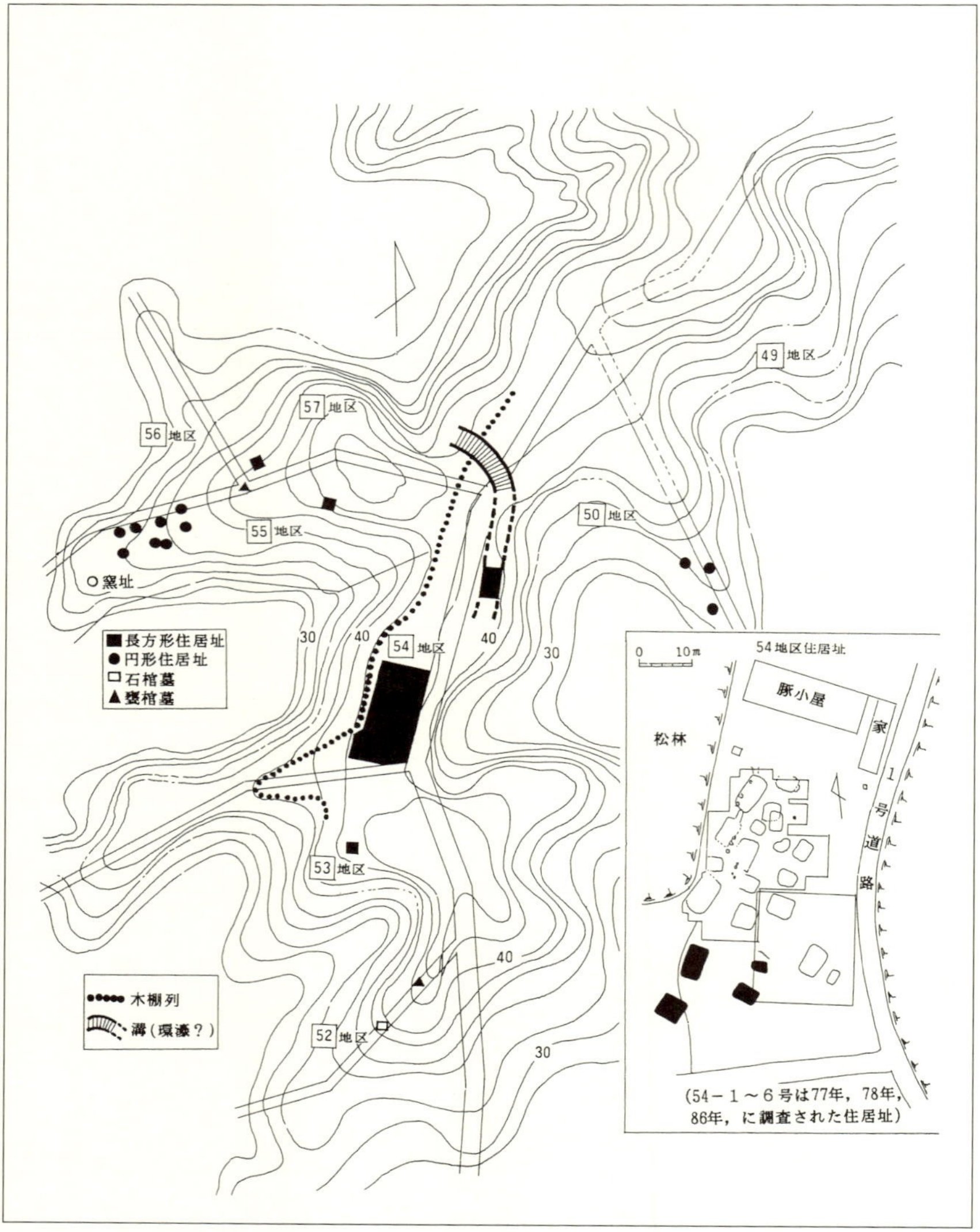

第４図　松菊里遺跡遺構分布図
（申鉉東、1993『朝鮮原始古代住居址と日本への影響』より）

大陸では華北地方に当たる山西省夏県の東下馮《ひがしかひょう》遺跡で、一九七四から一九七六年にかけて調査された例があります。ここの二重環濠は、新石器時代後期の黒陶文化に属し、およそ紀元前一九〇〇～一五〇〇年ごろと思われますので、今から三五〇〇年以上も前のものが検出されたわけです。二重環濠は、平面形が台形を呈します。内濠の一辺は、約一三〇メートルで濠幅五～六メートルを測りますが、五・五～一二・三メートルの間隔を置いて掘られた外濠の一辺が約一五〇メートルに、濠幅は二・八～四メートルを測ります。濠の深さは内・外濠ともに三メートルほどの規模を持っています。

これまで見てきました北部九州・朝鮮半島南部、そして、中国大陸北部の環濠集落は、いずれも空濠です。それに対して、中国大陸の南部・江蘇省常州市では、水濠でしかも三重の環濠をめぐらした淹城《えんじょう》遺跡が注目されます。ここでは、濠を掘った時に出た土砂で築いた土塁が認められます。年代は、今から二四六〇年以前の春秋時代後期といわれますので、弥生時代の成立期に近いですが、両者をただちに結びつけるには根拠が少ないと思います。

最近さらに、長江中流域の湖南省澧県の城頭山や、湖北省荊沙市の陰湘城《いんしょうじょう》などで注目されている、土塁と水濠を持つ大規模な環濠集落も同種のものです。ちなみに、これらは湖北龍山文化の屈家嶺から石家河の文化に属し、上限が紀元前三〇〇〇年ごろにさかのぼるものです。

つぎに、日本における低地性環濠集落は、現在のところ、弥生時代前期から出現しています。ただし、それは北部九州ではなく、近畿地方の奈良県磯城郡田原本町の唐古・鍵遺跡で知られます。この遺跡は、奈良盆地の中央部に位置し、初瀬《はせ》川と寺川に挟まれた沖積地に立地します。弥生時代前期初～中葉には、北・西・南三地区の微高地上でそれぞれ集落形成が始まっています。この時期に、北地区の住居区北辺を区画する大溝は検出されていますが、三つの集落がそれぞれ環濠で囲まれていたかどうかはっきりしていません。ところが、前期末になると、北・西・南の三地区のそれぞれに環濠が一ないし二条めぐらされるようです。そして、中期に入ると、三つの集落全体を取り囲むようにして、幅八メートルの環濠が直径四〇〇〜五〇〇メートルの変形円形状に掘られます。中期後半には、さらにその外側に、幅一〇〇メートル前後の環濠帯を挟んで、少なくとも二条の環濠がめぐらされます。この時期には、巨大な集落が洪水に見舞われたらしく、土砂で環濠が埋没したことが分かりました。しかし、後期に入ってふたたび環濠が掘削されて、集落は蘇ったようです。多重で低地の環濠を発達させた近畿地方では、その典型例を唐古・鍵遺跡で見るように、集落が低地に立地しますので、洪水の被害から集落を守るために多重の環濠を築いたと思われます。

　さて、これまで九州にはないと考えられてきた低地性の多重環濠集落が、一九九二年の暮れにはじめて、福岡県朝倉市の平塚川添《ひらつかかわぞえ》遺跡で発見されました。低地性の環濠集落は、相前後して、福岡市博多区の雀居《ささい》遺跡でも検出されました。また、一九九四年入って平塚川添遺跡の南方約六キロほどのところで、筑後川中流域の右岸地域に立地する、福岡県三井郡北野町の良積《よしづみ》遺跡が発見されています。これらの諸遺跡は、弥生時代後期後半のものですが、さかのぼって前期前半のものは、福岡県行橋市で見つかっていますので、稲作開始期の北部九州における低地性環濠集落が、今後問題になってきましょう。

　そうなりますと当然、その起源をめぐって、朝鮮半島における低地性環濠集落が問題になりますが、いまのところ未発見で、将来に残された課題といえます。

大型建物の源流を探る

朝鮮半島において、日本列島の弥生時代に相当する時期は、無文土器時代とか青銅器時代と呼ばれます。そのころの住居形式は、両地域ともに共通して竪穴住居が一般的です。竪穴住居群はいうまでもなく集落を形成しましたが、その中には環濠集落の形態をとるものが含まれます。

朝鮮半島において、竪穴住居群から構成される無文土器時代の集落を見ますと、掘立柱建物が認められます。すなわち、朝鮮半島の西南部に当たる全羅南道霊岩郡西湖面の長川里《チャンチョンニ》において、一九八四年から一九八六年にかけて、耕地整理工事に先立って発掘調査が実施されたところ、無文土器時代中期の集落跡の一部が検出されました。その際、住居跡は全部で一二軒確認されましたが、規模が分かるのは竪穴住居跡七軒と「高床家屋跡」一軒です。そのうち竪穴住居跡は重複関係にあるもの四軒を考慮すると、同時存在としては五軒ということになります。ちなみに、竪穴住居跡はいずれも、平面が円形ないし楕円形をなす松菊里型住居であることを示しています。「高床家屋跡」といわれるものは、後述のとおり、掘立柱建物ですが、おそらく高床式倉庫と考えられます。長川里遺跡(1)は、集落全体からいいますと、わずか一部しか調査されていませんが、あえて推測しますと、竪穴住居が弧状もしくは環状に配置され、その内側に一定の空間、もっといえば広場を持っていたと想定されます。そして、弧状の末端あるいは環状の中と推定される位置に掘立柱建物が建っているのです。さらに注目されますのは、住居群に隣接して、同時期の築造と思われる支石墓が一〇基群集しています。ちなみに、その中の一基では、埋葬施設である竪穴式石室の内外から細形銅剣破片と石製把頭飾《はとうしょく》などが見つかっています。このように、長川里遺跡は、倉庫を伴う住居群や墳墓群から構成される集落の姿を彷彿とさせてくれるわけです。この集落の年代については、出土した無文土器・銅剣の型式から考えまして、紀元前三世紀以前と考えられています。

ところで、問題の掘立柱建物は第一〇号住居跡と呼ばれるものですが、一間×二間（二メートル×五・五メートル）の平面長方形をなしています（第5図）。柱穴の中には、二カ所の底面で礎板の機能を果たしたと思われる小石を敷いたものがあります。この第一〇号住居跡について調査者は「高床家屋」と考えています。そして、これは第八号竪穴住居跡の南側に隣接して存在し、両者は同時期と考えられますので、竪穴住居とは別途の機能を持っていたとされます。

調査報告書でも指摘していますように、このような「高床家屋跡」と円形竪穴住居跡が共存する例は、朝鮮半島東南部の金海市府院洞《プウォンドン》貝塚遺跡(2)で知られます（第6図）。ここでは一九八〇年の調査時に、北から南へ円形竪穴住居跡・方形竪穴住居跡、そして、「高床家屋跡」の順で検出されています。第3号住居跡とされた「高床家屋跡」は、柱間が二・一メートルの間隔を持つ、一間×二間の掘立柱建物跡です。また、南側の中間の柱穴を除いて、他の五つの柱穴の底面には石の礎板が認められました。そのうち、西北隅の場合は、礎板が二枚重ねになっています。ただし、これらの遺構群は長川里より年代が新しく三国時代加耶《かや》の時代に降るもので、絶対年代でいえば、三～四世紀のものでしょう。

ともあれ、現在のところ、長川里と府院洞の両遺跡で検出された平面長方形の掘立柱建物は、無文土器時代と三国時代加耶において、それぞれ数少ない調査例です。韓国の調査者は、両者をともに「高床家屋」と考えています。ことに長川里に関しては、『晋書』粛慎《しゅくしん》氏の条を参考にして、その機能を考察しています。つまり『晋書』に、「粛慎氏一名挹婁、……居深山窮谷、其路険阻、車馬不通。夏則巣居、冬則穴處。……」とあることから、季節によって居処を変えたとされます。そして、「冬則穴處」を洞窟よりも竪穴住居に、また、「夏則巣居」を樹上住居よりは高床住居にそれぞれ考えます。後者に関しては、三国時代の家形土器と高句麗古墳壁画に描かれた建物などから考えて、南方的な文化に見られる高床住居とも解釈できるとするわけです。そうしますと、長川里のような、竪穴住居跡と「高床家屋跡」の共存は、まさに機能的な差異を持っていたものであり、その差異は季節によって使用された住居様式がちがっていたとも考えるのです。

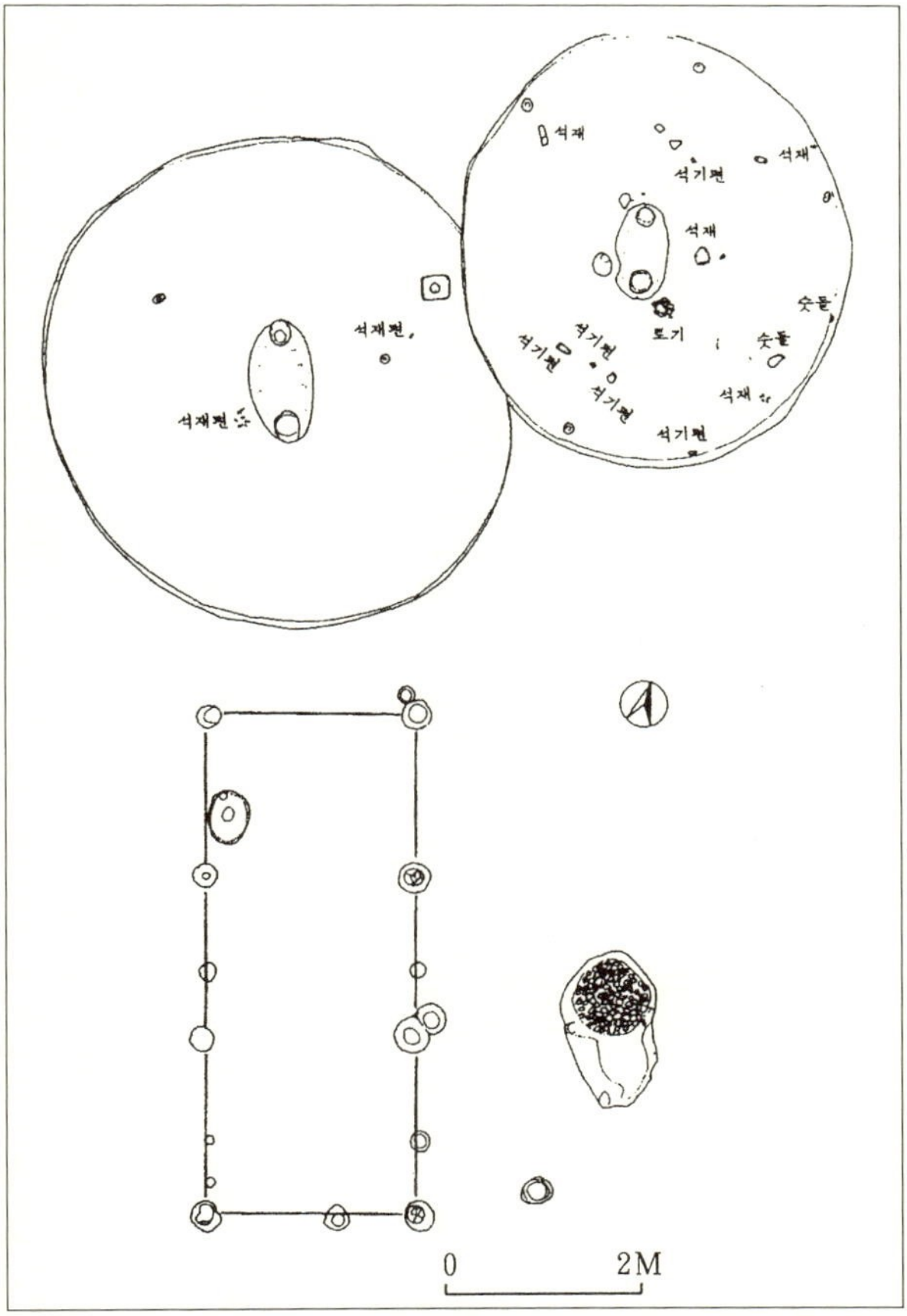

第５図　長川里遺跡の松菊里型住居跡と掘立柱建物跡
（崔盛洛、1986『霊厳長川里住居址』Ⅱ、木浦大学博物館より）

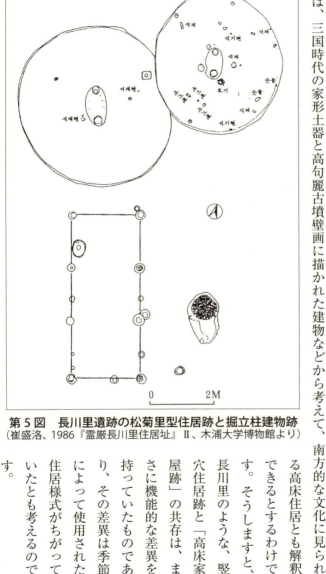

第６図　金海市府院洞遺跡の掘立柱建物跡（沈奉謹、1981『金海府院洞遺蹟』『東亜大学校博物館古蹟調査報告』第５冊より）

ところが、長川里では将来、袋状貯蔵穴が発見される可能性がまったくないとはいえませんが、標高がそれほど高くない低地であってみれば、地山に掘り込む貯蔵穴は湿気などの点から考えて不適当です。したがって、地上に建てる倉庫が必要となりましょう。その意味で、筆者は長川里の掘立柱建物を平地式もしくは高床式の倉庫と考えたいのです。府院洞の場合は、標高七メートル前後の低地にあるにも拘らず、二つの竪穴住居跡の間で、四つの貯蔵穴が見つかっています。いずれも直径五〇～七〇センチ、深さ四〇～六〇センチの小規模なものですが、そのうちの一つからは炭化したアワが底面でかなり多く出土しています。そこでここの場合は、掘立柱建物に対して、穀物以外のものを収納する倉庫と考えるか、それとも竪穴住居とは別の役割を果たした住居と考えるか、いずれとも判定は困難です。それはともかく、朝鮮半島の無文土器時代と三国時代に、平面長方形で、小規模ながら掘立柱建物があり、地上式もしくは高床式の倉庫か住居と考えられるものがあることだけは事実であり、今後のさらなる発見が期待されます。

つぎに、朝鮮半島の西南部に当たる忠清南道扶余郡草村面の松菊里遺跡が注目されます。ここは、前述のとおり、その規模が三六ヘクタールとも六一ヘクタールともいわれ、無文土器時代では朝鮮半島において最大規模の集落遺跡です。そればかりか松菊里型と呼ばれる竪穴住居、炭化米を多量に包蔵した袋状貯蔵穴、そして、遼寧式銅剣と磨製の石剣・石鏃などを副葬した大型石棺墓など、日本の稲作開始期の文化諸要素と非常に関係の深い遺跡としてよく知られているところです。さらに、その後の調査でまた重要な発見があったこともすでに述べました。それは、遺跡を構成するといくつかの低い丘陵の中の一つの丘陵先端部で、竪穴住居群を取り囲むようにして、丘陵のくびれ部に掘られた濠の一部が検出されたことです。また、その濠によって切られていたので、濠に先立つ時期のものであることが分かりますが、朝鮮半島で無文土器時代としてははじめての木柵列が発見されました。これまでの調査結果によると、木柵列は集落の縁辺部をめぐるもので、総延長が四七〇メートルにわたって確認されましたが、さらに延々と続きそうです。柱穴にもともと埋設されていた柱間の平均長は約一・八メートルといわれますが、木柱の太さは直径二〇〜三〇センチのものが一般的であるのに対して、一定の間隔を置いて直径五〇〜六〇センチの太いものが配置されていて、木柵の構造を考える上で参考となりましょう。

もう一つ見落としてはならないものに、木柵で囲まれた丘陵先端の舌状部で検出された柱穴群があります。この柱穴群は小規模な掘立柱建物を構成するものと考えられますが、具体的な構造までは分かっていません。調査者は物見やぐらか高床式倉庫のどちらかと考えていますが、ここの場合、丘陵地に立地し、また、実際に袋状貯蔵穴が見つかっていますので、倉庫としては貯蔵穴がふさわしいと思います。そして、柱穴群が検出された地点の立地から見ましても、筆者は物見やぐらの可能性に力点を置きたいと考えています。このように見てきますと、松菊里において、将来、木柵列に使用されたような巨木を用いた大型の掘立柱建物が検出される可能性が出て来たことになります。そうすれば、日本列島の弥生時代中期初以降に出現する大型建物の源流を考えるうえで、松菊里は重要なキーポイントになるわけです。

以上のように、長川里や松菊里の所見からうかがえる掘立柱建物は、今のところ小規模なものですが、それらが平地式か高床式か、そして、住居か倉庫かなどの未解決な問題点があるとはいえ、掘立柱建物が確実に存在することは注目されます。そしてそれらは、弥生時代前期初頭から中期前半に相当するころのものです。中期後半に入りますと、北部九州と近畿地方では中国大陸の前漢との何らかの関係が成立することが、銅鏡・貨幣などに象徴される前漢文物の出土や、『漢書』地理志の記事から裏づけられます。そのような現象はいうまでもなく、朝鮮半島の北西部に設置されていた前漢の楽浪郡と西日本の諸地域との直接・間接の交流による結果であることも容易に認められるところです。その場合、楽浪郡には前漢・中原地方の楼閣《ろうかく》様式の建物群が立ち並んでいたこともじゅうぶん考えられますので、弥生時代中期後半以後の大型建物を考えるとき、楽浪郡の存在は無視できません。つまり、一口で弥生時代の大型建物といっても、朝鮮半島の無文土器時代における掘立柱建物と、楽浪郡の楼閣建築の二者を念頭に置いて考える視点が必要です。

〔注〕

(1) 崔盛洛、一九八六『霊巌長川里住居址』Ⅱ、木浦大学博物館。

(2) 沈奉謹、一九八一『金海府院洞遺蹟』『東亜大学校博物館古蹟調査報告』第五冊。

第3章　地域首長の誕生　――卑弥呼の原像

卑弥呼が事《つか》えたという、日本列島における鬼道《きどう》に関して、文献史料の初見は、いうまでもなく中国大陸側にあります。『三国志』魏書東夷伝《ぎしょとういでん》の倭人の条に、邪馬台国の女王・卑弥呼が「鬼道崇拝の祭祀者として、人々の心をつかんだ」（今鷹真・小南一郎訳『正史三国志』四　筑摩書房）と見えるのがそれです。ここで鬼道というのは、もちろん中国の宗教概念です。諸橋轍次《もろはしてつじ》氏は、あやしい術・魔法・妖術などと解釈し、つぎの文献史料を挙げています（『大漢和辞典』巻一二　大修館書店）。すなわち、『後《ご》漢書《かんじょ》』劉焉《りゅうえん》伝に、「張魯《ちょうろ》母有姿色、兼挾鬼道、従来焉家」とあり、また、『魏書』張魯伝で、「魯據漢中、以鬼道教民、自號師君」と記しています。つまり、張魯の母が鬼道の信奉者であり、子供の張魯も「妖術によって住民を導き、みずから「師君《しくん》」と号した」（井波律子・今鷹真訳『正史三国志』二）と伝えています。卑弥呼が鬼道に事えたとは、結局、卑弥呼が鬼神崇拝の祭祀者あるいは妖術師であり、卑弥呼が直接、神霊と交わることを意味します。いい換えますと、鬼神崇拝の祭祀は、礼を通じて、神がかりになったシャーマン（呪術師）から種々の神託が伝えられる宗教的行事と理解され（井上秀雄他訳注『東アジア民族史』一　平凡社）、したがって、そのような鬼神崇拝の祭祀者としての卑弥呼はシャーマンであったと考えられます。

卑弥呼が死んだ三世紀中ごろに近い、古墳時代前期の前方後円墳を見ますと、埋葬施設の中から、しばしば銅鏡・装身具・武器・武具などが出土しますが、それらはただちにシャーマンの祭具とはいえません。すなわち、それらは、大小種々の政治的権力者の威信財であったり、政治的権力者としてのステイタスにふさわしい装身具であったりするからです。

シャーマンの祭具として考えられるのは、民族例に照らしますと、頭部に神霊の依代《よりしろ》をいただき、頸《けい》部から胸部には装身具、そして、腰部には鏡や楽器をそれぞれ装着していたと思われます。このような祭具や装身具を、考古資料から検証しますと、まず依代の問題があります。依代については、やはり民族例から考えて、樹枝や鹿角・鳥羽などが想定されるでしょう。鹿角・鳥羽であれば遺存する場合もありましょうが、樹枝の場合、普通は腐食して痕跡を残しません。これまでに日本列島内の遺跡から、鹿角・鳥羽の依代が検出されたことはありませんので、腐食してしまった樹枝の可能性が考えられます。

次に、鏡を例にとりますと、周知のとおり、弥生時代中期後半から後期にわたって、北部九州では中国の漢鏡やその仿製鏡《ぼうせいきょう》が少なからず出土します。これらの銅鏡は、ほとんどが被葬者の生前における威信財を示すものと思われます。それに対して、わずかに、前期末から中期前半にかけて出土する朝鮮半島製の多鈕細文鏡《たちゅうさいもんきょう》は、少し状況を異にします。つまり、この鏡は多鈕式の凹面鏡であることから、シャーマンの祭具である可能性が高いとされて来たものです。そして、小銅鐸は楽器として、鏡とともに祭具の重要部分を占めていたものと考えられます。今のところ、小銅鐸はほとんどが弥生時代後期のものです。しかし、小銅鐸を模倣したと思われる鐸形土製品が中期前半に存在することや、最古段階の銅鐸である菱環鈕式《りょうかんちゅうしき》の銅舌《どうぜつ》が中期前半に出現していることなどから考えて、小銅鐸が多鈕細文鏡と併存していたことが推定できましょう。

最後に、装身具については、中期前半の例として、福岡市の吉武高木《よしたけたかぎ》遺跡の３号木棺墓の出土品が注目されます。そこでは、多鈕細文鏡一面と細形の銅剣二本・銅矛一本・銅戈一本の青銅器とともに、管玉七五個と勾玉一個からなる一連の頸飾が検出されました（第７図）。また、北部九州では多く、前期末から中期後半にかけて、甕棺墓に埋葬された人骨に、南西諸島産の貝輪を装着していることがあります。しかもその中には、福岡県筑紫野市の隈《くま》・西小田《にしおだ》遺跡第一三地点で見られたように、両腕に四一個もの貝輪を装着していたような場合があります。

第７図　吉武高木遺跡３号木棺墓遺物出土状況

以上に見てきましたような祭具や装身具を装着した人物は、出土状況から考えて、特別の社会的地位を占めた人物であったと思われます。つまり、その人物とは、地域社会にあって、多鈕細文鏡・小銅鐸や貝輪から彷彿《ほうふつ》とされるシャーマンとしての性格と、青銅製武器に象徴される現実の政治的世界における有力首長としての側面を兼ね備えた司祭者的首長の姿が浮かび上がってくるのです。ここにおいて、卑弥呼の原像を見る思いがするのです。

さて、そのようなシャーマニズムは日本列島でいつごろから始まるのでしょうか。ここで、多鈕細文鏡や小銅鐸を基準に考えますと、弥生時代前期末から中期前半、つまり、紀元前三〜二世紀ごろという年代観が一つの目安として考えられます。しかも、その起源は、ほぼ同年代の朝鮮半島に求められましょう。そこでの祭祀の具体的内容に関しては、時代が降って三世紀前半のこととはいえ、『三国志』魏書東夷伝の韓伝が参考になります。「韓伝」によりますと、馬韓、すなわち現在の朝鮮半島西南部地方では、毎年の春耕秋収の二回行われる農耕儀礼の際に、鬼神を祭りますが、その様子は中国の鐸舞《たくぶ》に似たところがあるといいます。

毎年五月の種まきが終ると、鬼神を祭り、人々が群集して歌舞し、昼夜ぶっ通しで酒を飲む。そのときに舞われる舞は、数十人が立って、一つながりになって地を踏み、手足を下げたり高く上げたりして音楽のリズムに合わせる。中国の鐸舞（鐸を持って舞う舞）に似たところがある。十月に農作業が終わったあとにも、同様の行事がある。鬼神を信じ、国々の邑《みやこ》ではそれぞれ一人を選んで天神の祭りをつかさどらせ、そのものを天君とよぶ。またそれぞれの国にはおのおのもう一つの邑があって、蘇塗《そと》という名で呼ばれる。そこには、大きな木が立てられ、それに鈴《れい》と太鼓をぶら下げて、鬼神の祭祀を行う。逃亡者たちもその場所に逃げ込むと、つれ戻されることがないため、（そこをかくれ家《が》として）盛んに悪事をはたらく。蘇塗を立てることの意味は、仏教徒の浮屠《ふと》（仏塔）と似たところがあるが、そこで行われることは、一方は善事、一方は悪事と全然異なっている（今鷹真・小南一郎訳『正史三国志』四）。

ここで鐸舞に似た祭式の祭具もしくは楽器として、小銅鐸は欠くことができなかったのではないでしょうか。そして、卑弥呼が執り行った祭儀場とも一脈通じる光景が彷彿として伝わって来るようです。弥生時代前期末ごろに始まる、そのような農耕儀礼は、種々の呪術のうちでもっとも重要かつ基本的なものであったでしょう。その後、弥生時代の展開の中で、農耕儀礼ばかりではなく、卜占《ぼくせん》なども加わり、また呪術の内容も多様化するとともに、祭祀形態も整備されていき、卑弥呼の時代を迎えたのでしょう。

ちなみに、卑弥呼はどんな女性だったのでしょうか。伊藤秋男先生のご研究[1]によりますと、北コーカサスのギルヤッチュ３号墳の埋葬遺体には、頭の部分が異様に長細いものが知られています。それはおそらく人工的にわざとそうしたのではないかということです。こういう例は伊藤先生にうかがいますと、南ロシアではずい分あるというお話でした。また、こうした頭蓋骨の変形はエジプトとかインカなどでしばしば見られる現象のようです。

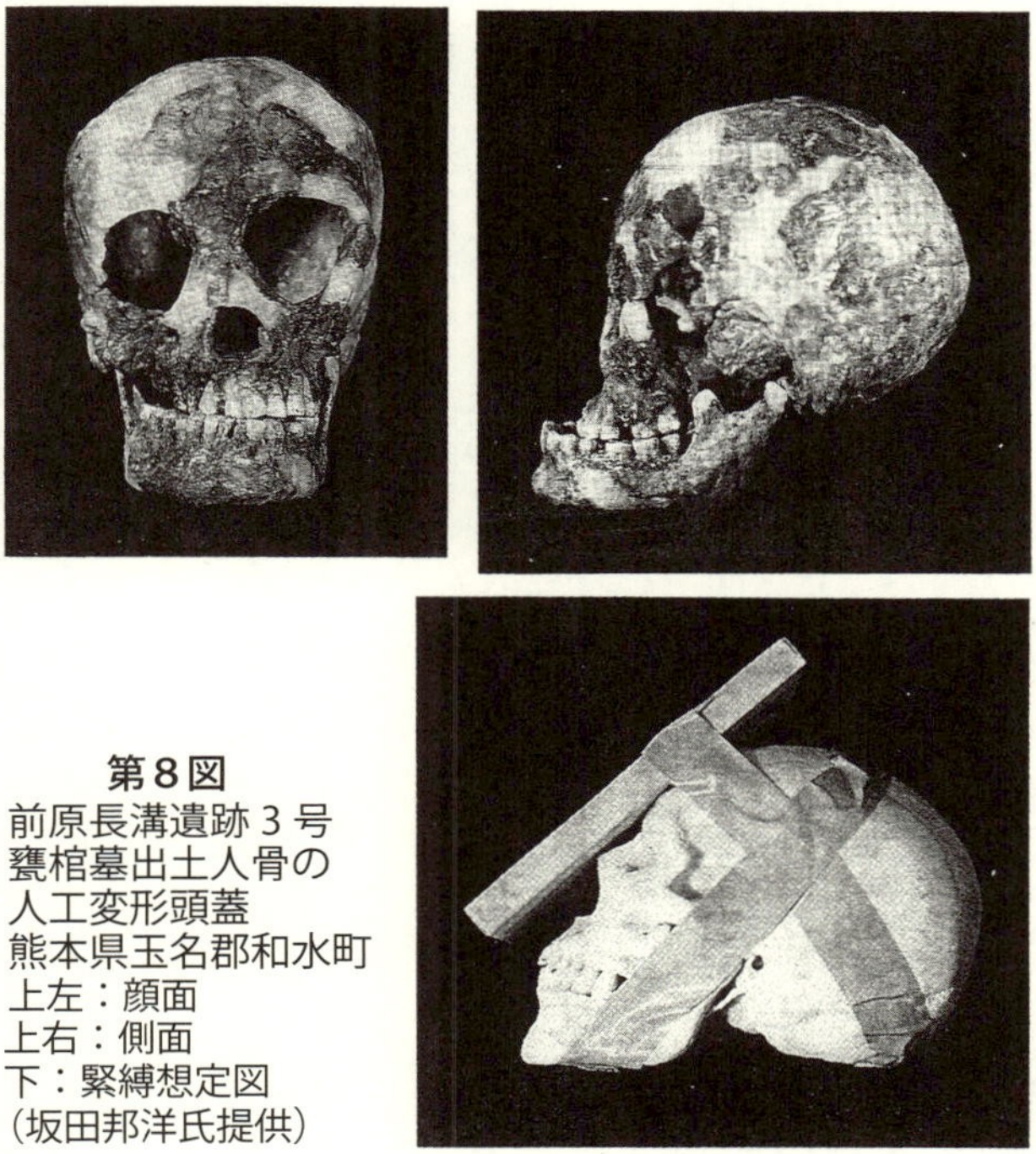

第８図
前原長溝遺跡３号
甕棺墓出土人骨の
人工変形頭蓋
熊本県玉名郡和水町
上左：顔面
上右：側面
下：緊縛想定図
（坂田邦洋氏提供）

日本でも一九九四年（平成六）の話ですけれども、熊本県玉名《たまな》郡和水《なごみ》町で弥生時代中期の墳丘墓[2]（推定直径二五・〇メートル、高さ二・〇～二・五メートル）が見つかりまして、そこから甕棺《かめかん》が二一基ばかり出て来たのです。そのうちの四つに人骨が残っていて、しかもその中の一つにわざわざ頭蓋骨を変形したと思われる人骨がありました。これは実は顔がぺちゃんこになっていたのですが、形質人類学や解剖学の専門の方がよく調べますと、骨の軟らかい子どものときに、おそらく鼻もつぶれるぐらい強く、正面に板のようなものを当てがって、それでぎゅっと締めて成長したらしいということでした。そして、その人骨にはしばりつけた跡が頭蓋骨にも溝として残っていました。横と縦と十文字にしばっていたのではないかということです（第8図）。

しかもこれは三〇歳前後の壮年女性で、妊娠を何回かしていることも骨から分かるそうですが、そういう女性の人骨が墳丘墓で、しかも中心となるべき人物が埋葬されたであろう墳墓から発見されているわけです。その墳丘墓の年代は今から二〇〇〇年余り前、つまり弥生時代の中期の初めなんですが、おそらくその地域の集団のトップに立つ人の墓だろうと思われます。そして首長の一族というか、ひょっとしたら首長かもしれない女性にそういう変形が見られるのは、わざわざ普通の人間ではないことを強調するためではなかったかということで、もしかしたらこの人物は女性の巫女《みこ》、あるいはシャーマンのような性格を持っていた人ではないかという報告が別府大学に在職された坂田邦洋先生によってなされています。[2] 卑弥呼も、そのような容貌をしていたのかもしれません。

ところで、『魏志』倭人伝のすぐ前にある『魏志』韓伝の中の弁辰条に、子どもが生まれると石を当てがって頭を変えるんだと、そして辰韓《しんかん》―新羅の前身ですが―、そこではみんな頭が偏平《へんぺい》だというふうに出て来ます。この弁辰という地域は弁韓と辰韓ということで、後の新羅から加耶《かや》の辺り、現在の朝鮮半島東南部です。とくに弁韓の後身が加耶になるわけですが、ここは日本では任那《みまな》とか加羅《から》とか呼んでいる地域です。その加耶の中心の一つが、現在の金海《キメ》市のところにあった金官《きんかん》加耶という国です。その金官加耶を構成している集落の一つに当たるものの中に礼安里《イエアンニ》遺跡があって、そこの墳墓から頭蓋骨を変形させたものが出ています。これは四世紀の前半の古墳です。これについては小片保《おがたたもつ》先生の息子さんで鹿児島大学の解剖学の教授であった小片丘彦《たけひこ》先生がある論文集で書いておられます。ですから隣近の朝鮮半島、九州のすぐ対岸では、時代は少し新しいですけれども、そういう記録もあるし実物もあるということです。

なお、一九九七年（平成九）に行われました春日井シンポジウムに関連して、春日井市役所の一二階で展覧会（企画展　図解「魏志倭人伝」邪馬台国論争の問題点）がありました。そのときの図録にも卑弥呼像の絵がずい分あります。それを見ますと二〇人ほど出ていまして、ある人は由紀さおりさんといったり、ある人は薬師丸ひろ子さんや岸田今日子さんといったり、いろいろ勝手な想像をしています。この一〇人ほどを見ますと、少しご年配の方があるようですけれども、ほとんど妙齢の美しい方々で、卑弥呼像をずい分と理想的な女性として非常に美しく描いています。漫画家の里中満智子さんなどは自分の顔を描いておられるような印象さえ受けるのです。そういうイメージが卑弥呼に対してありますね。もし特殊な霊力を持った人物を作り上げるという意味で、幼いころからそういう女性を育て上げていったとなりますと、その女性は顔をわざとつぶしたり、言語障害があったりもしましょう。ですからこそ森浩一先生がかつておっしゃったように、ひょっとしたら通訳をする男の人が必要だったのかもしれません。そういう意味ではあくまでも想像ですが、同じ想像ならこういう十人十色の美人ばかりではなくて、そのように顔が変形していた女性の場合もあった可能性があるということはやはり考えておく必要があるのではないでしょうか。

兼康保和さんのお話では神功皇后のいろいろな性格が紹介されています。その中に皇后が神の世界と人の世界を結ぶシャーマンとして、お告げを伝えて実行に移すという宗教行為をやっているというお話があります。私はそのことに非常に興味を持っています。また、一九九五年（平成七）の春日井シンポジウムで記念講演をされた福永光司《ふくながみつじ》先生は、あの神功皇后伝説が生まれる背景には卑弥呼を重ね合わせているのではないかというご指摘をされています。そういう意味で、卑弥呼のことは『魏志』倭人伝に短い文章でしか書かれていませんけれども、その具体的な姿が神功皇后伝説の一部となって変容して来ているのではないかと見ています。ですから、神功皇后伝説というのは卑弥呼のその後を見るような、そういう感じで作られているように思います。

もう一つは神功皇后が神託を下す際に琴が弾《ひ》かれますが、そういう演奏行為が何ともいえない雰囲気作りというか、独特のものを作り出しているように思います。いわばバックグラウンドミュージックとして琴が重要な要素を果たすわけです。網野善彦《あみのよしひこ》先生のお話の、巫女が楽団を従えているというのもそういう名残りでしょうが、そういう意味で琴だけではなく、いろいろな楽器が当然あったはずです。倭人伝の少し前の『魏志』韓伝の弁辰条によると、弁辰では歌舞飲食が好きであるとしか書いていないのですが、それは要するに春の種まきと秋の収穫祭のときのいわば五穀豊穣を祈る祈願祭と、おかげさまでこれだけ穫れたという収穫祭を二回やるわけです。そのときのお祭りの簡略形式として別のところに出てきますが、「瑟《しつ》」という字の楽器が書いてあるのです。これは大きな琴という意味のようです。倭人伝の時代に、すぐ対岸の弁辰では宗教儀礼のときにそういう状況を作るのに楽器を使っています。その一つに瑟があったということです。同時期に日本では琴が出て来るわけです。朝鮮半島の場合には、

『魏志』韓伝の弁辰条の記録だけかと思っていましたら、一九九七年の七月に光州広域市内で二世紀ごろの遺跡が見つかって、遺物の残存状況が大変よかったため、そこでは朝鮮半島では非常に珍しい木製品がずい分出て来たのです。日本の木製農具の起源を考える上で重要な遺跡ですが、その中に長さ七〇センチぐらいの琴[3]が含まれていました（第９図）。この琴は日本の弥生時代の琴とは形が全然違いまして、むしろ正倉院に残っている「新羅琴」と同じで、その祖形になるようなものです。

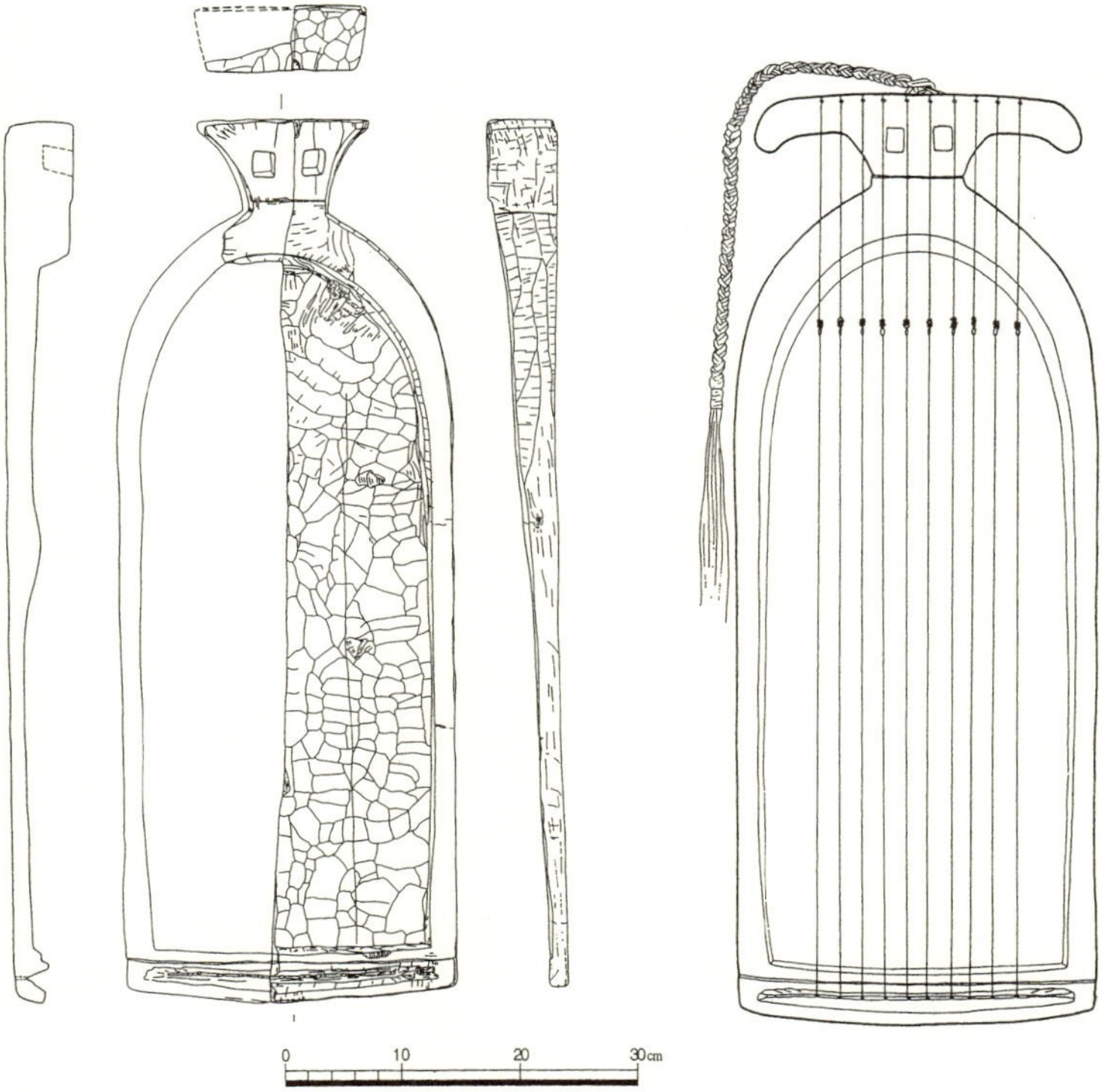

第９図　新昌洞遺跡出土の琴（左）**と復元図**（右）（趙現鐘ほか、2002『光州新昌洞低湿地遺蹟Ⅳ』『国立光州博物館　学術叢書』第45冊より）

　そのように、古代におけるシャーマンを中心とした女性首長が執り行う宗教儀礼は細かい点ではもちろん違いますけれども、基本的には共通したものが、対馬海峡を挟んで両地域にあったという実態が次第に分かりつつあるといえましょう。

〔注〕

（1）伊藤秋男、一九九八「古墳における女性の被葬者—鏡と女性」『古代史のなかの女性たち』大巧社。

（2）坂田邦洋、一九九六「結核症と診断される弥生人骨」『考古学ジャーナル』四〇二号、ニュー・サイエンス社。

（3）趙現鐘ほか、二〇〇二『光州新昌洞低湿地遺蹟Ⅳ—木製遺物を中心として—』『国立光州博物館学術叢書』第四五冊。

第4章　弥生時代における北東アジアと日本　―倭人の世界

はじめに

ここでは、弥生時代の日本列島と当時の大陸との交流の問題をお話したいと思います。まず、日本という言葉が使われるようになったのは、今から一三〇〇年ほど前の七世紀の後半ごろからです。そして、天皇でいいますと、だいたい天武天皇のころのことでして、日本列島のことを指す倭という表現を改めて日の本、「日の出づるもと」と書くようになり、日本という名称がつけられたのです。

七世紀の終りから八世紀の初めにかけて、天皇でいいますと文武天皇の時代、朝鮮半島にあった新羅では、日本といいましたし、中国でもやがて第6次遣唐使が派遣された折に日本と呼んでいます。このように日本という名称は比較的新しいのです。つまり今から一三〇〇年ほど前から使われ始めた呼称です。

それ以前はどう呼んでいたかというと、これはご承知のとおり、倭といい、住んでいる人を倭人といっていました。日本列島は当時、弥生時代です。今から二〇〇〇年ほど前、中国大陸では漢という時代でした。その漢の歴史書である『漢書』の中に初めて日本列島のことが登場します。そこに「楽浪の海中に倭人あり、分かれて百余国をなす」というかたちで倭人のことが出て来るわけです。そのころから倭、倭人と呼んでいるのです。

なぜ、そう呼んだのでしょうか。倭というと、矮小という言葉があり、背丈が低いという意味です。中国大陸から見て、当時の日本列島の人々は非常に小柄であったということです。そして、倭人が住んでいるところということで倭と呼んだらしいのです。このことは立命館大学に在職された、古代史専攻の山尾《やまお》幸久《ゆきひさ》先生がおっしゃっています。私も大賛成です。そんなわけで二〇〇〇年ほど前から、倭といい倭人というようになったのです。中国の記録に出て来るということは、何らかの交流が生じたことによって初めて中国の人が日本のことを知ったわけです。実際にそのような対外交流、つまり、当時の日本列島と北東アジア諸地域との交流を考えた場合には、それが初めてではなく、実はそれよりもさらに古い時代から交流が始まっていたのです。それは今から二四〇〇～二五〇〇年前のことになります。今日これからお話をします、稲作技術と金属器の文化として特徴づけられる弥生時代の成立の時期に当たっているのです。

弥生文化の形成

稲作農耕の始まり

まず、中国との交流以前に朝鮮半島との関わりが生じていた、というところからお話しします。

弥生時代を通じて、そういう対外交流の節目を大きく整理しますと、四つの段階があると、私は考えます。第一段階は、いわゆる稲作技術と金属器を持つ文化である弥生文化が成立するという、一つの大きな節目です。それは今から二四〇〇〜二五〇〇年前のことですけれども、その先駆けの存在が二〇数年前から分かってきました。それまで、弥生文化というのは、板付遺跡によって始まるとさえいわれていたのですが、それよりもさらに古い縄文時代の終わりごろに、すでに稲作文化が始まっていたのではないかといわれ出したのは、ご承知のことだと思います。

具体的には、佐賀県唐津市で菜畑《なばたけ》という遺跡が発掘調査され、そこでは縄文時代の晩期後半に当たる山ノ寺式土器、つまり山ノ寺という島原半島にある遺跡の名をとってそう呼ぶのですが、その土器と一緒にいろいろな稲作関係の遺構と遺物などが出て来ました。ここで一番重要なのは、水田の跡が見つかったことです。水田の跡とその近くには水路や水田を区画した畦があり、弥生文化に見られる水田の遺跡が、すでに縄文時代の終わりのころの遺構で見つかったことから、その時期が弥生時代早期とも呼ばれるようになりました（第10図）。

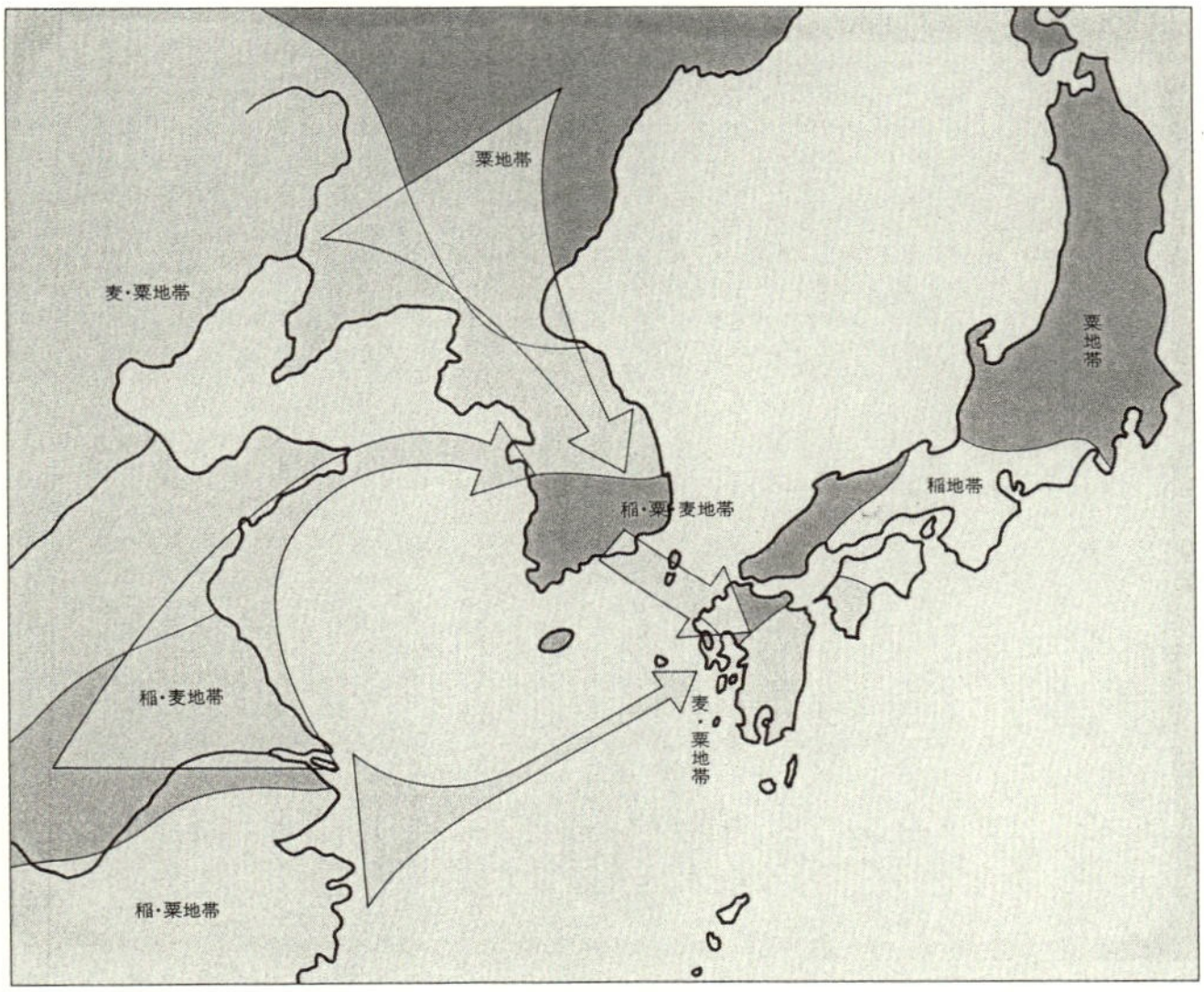

第10図　東アジアの初期農耕類型と北部九州への伝播
（定森秀夫・山下秀樹、1989『海を渡って来た人と文化』より）

さらに調査を通じて稲作を裏付けるような遺物が次々と出てきました。たとえば、弥生文化の代表的な遺物である磨製石器でいいますと、半月形に近い、外に湾曲したところに刃がある外湾刃《がいわんじん》の石包丁が出て来たり、あるいは、太形の石斧、抉入《えぐりいり》の片刃石斧、そして、さらに、扁平な片刃石斧が出土しました。石斧は形や使い方によって名称が違っています。太形石斧というのは、文字どおり太く大きくて長いもので二〇センチぐらいのものもあります。そういう石斧は重量がありますから、その重さを利用して木材を切り倒すための伐採用具です。抉入石斧は側面から見ますと抉りが入っています。これは、木の柄をつけて結び付けた時にポロッと抜け落ちないようになっています。しかも、刃は片刃で、これは伐採された木を加工して角材を作ったりする、いわば木工具です。そして扁平片刃石斧、これも文字どおり薄くて、しかも片刃の石斧です。さらに、鑿《のみ》のような鑿形石斧というものもあります。こういう石斧で、角材をさらに細かく加工しまして、それで農具などを作るわけです。

こういった磨製石器類を取り上げても、伐採から加工にいたる一連の、いわば道具のセットが、菜畑遺跡で発見されているのです。

これらは従来、弥生文化では一般的な遺物であるとされてきましたが、さかのぼって縄文時代晩期後半にあるということが分かってきたのです。さらに、磨製石鏃《ませいせきぞく》がありますが、縄文時代に見られた打製の矢じりではなくて、柳の葉のような見事に鋭く磨き上げた矢じりが出現します。石剣も丁寧に磨き上げた磨製の石剣です。

こういった磨製石器群が、菜畑遺跡の周辺で、山ノ寺あるいは夜臼式といった土器の段階、つまり縄文時代晩期の後半期には出現している、ということが分かってきました。そのように、縄文時代にさかのぼって、従来の弥生文化の原型が、すでに出来上がっていたということになって来たわけです。新しい石器や水田のほかに、また別の新しい現象が出て来ました。

唐津から福岡の方へ向って行きますと、糸島市二丈町があります。そこで、国道２０２号バイパスの工事に関連して曲り田遺跡が調査されました。ここも縄文時代では終りのころの、従来、夜臼式土器といっていた刻目突帯文土器の時期の遺跡です。

ここでは、今まで述べて来ましたような磨製石器以外に、たった一つでしかも非常に小さいのですが、支石墓《しせきぼ》と呼ばれて、それまで縄文時代の遺跡では見られなかった、新しい構造の墳墓が見つかりました。その構造は、いわゆる支石墓といわれるものと何ら変わりません。さらに曲り田遺跡で注目されますのは、小さな物なのですが、鉄の破片が出土しました。その後、錆を落として調べていきますと、どうやら斧の一部のようでした。このようにして、縄文時代の終わりごろには稲作農業が始まると同時に磨製石器、そして、その後の弥生文化を特徴づける鉄器などが出てくるということが明らかになって来たのです。

稲作農耕文化の源流—朝鮮半島との関わり—

そうしますと、縄文文化に見られなかったまったく新しい現象がどうして起こるのか、ということが問題になります。

そこで、これは日本で自生したとは考えられませんので、その謎を解く鍵について、周辺の地域で類

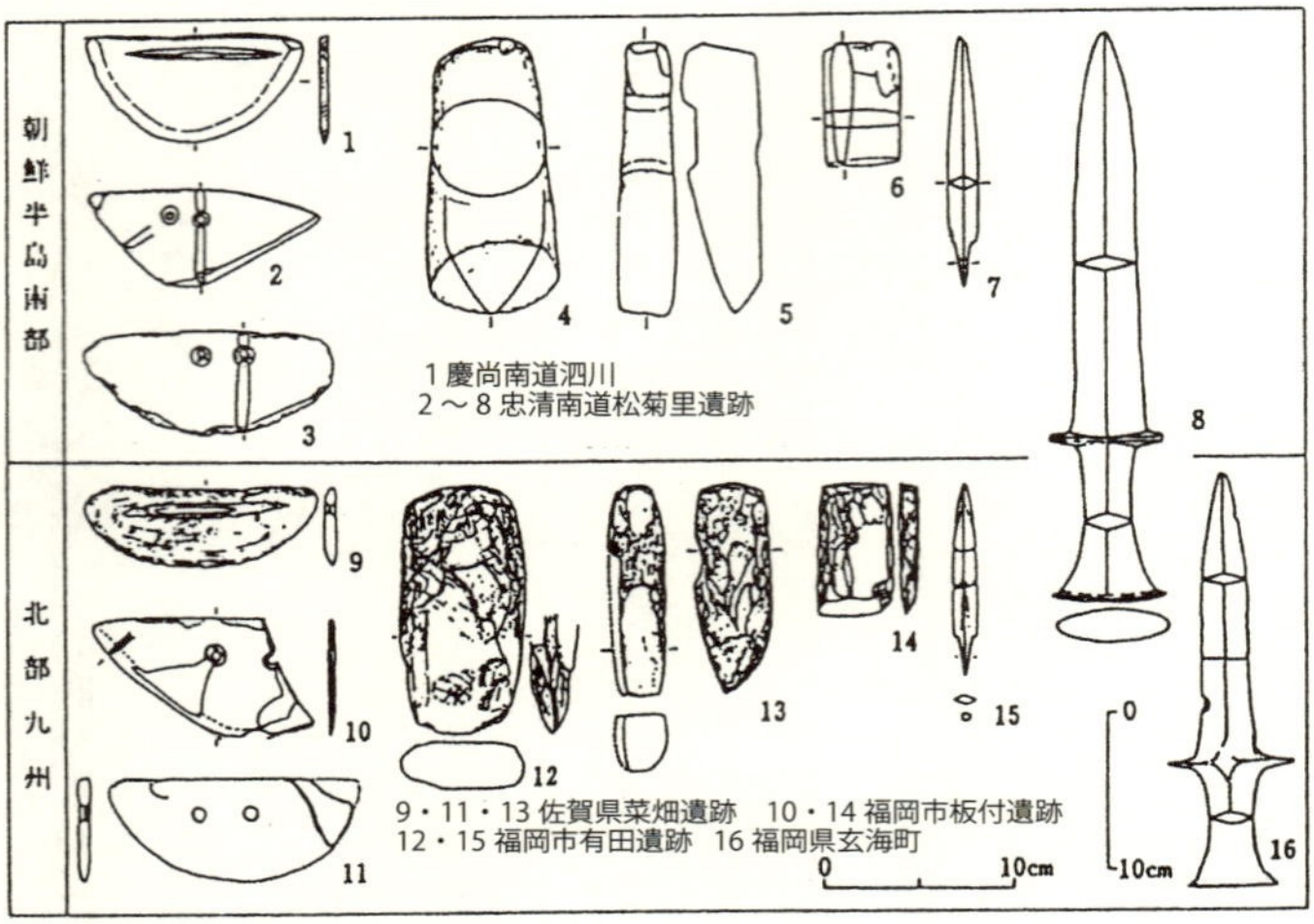

第11図　大陸系磨製石器（後藤 直、1988「弥生時代の開始」『MUSEUM』No.451、東京国立博物館より）

似したものがあるかどうかということが問題となります。

結果的には、稲作あるいは磨製石器や鉄斧を持った文化というものは、朝鮮半島の南部の文化と非常に共通しているということが分かります。そのことは、たとえば、大陸系磨製石器[1]を比較しますと、一目瞭然だと思います。磨製石器一つをとりましても、まったくといってよいほど、形態、あるいは機能を共通にした磨製石器群が朝鮮半島の南部で出てきます（第11図）。こういう石器の組み合せ、あるいは個々の形態を比較した場合に、その稲作文化の源流は朝鮮半島の南部にあるということは、このことから充分かと思います。さらにいいますと、たとえば、支石墓について、その分布状況を見ますと、特色があります。つまり、縄文時代の晩期ごろから弥生時代にかけて、北部九州を中心として分布しています（第12図）。

ところで、支石墓[2]を分かりやすくいいますと、一つには横から見た場合、支えの石を地上に高く設けるという方法があるのです。ちょうどこれは、机のような格好をしていますので、テーブル形の支石墓と呼んでいます。そして、これは、朝鮮半島の北部に多く分布するところから、北方式の支石墓とも呼びます。それに対してもう一つの例はちょうど、人間の頭くらいの大きさの石を地面に4～5個置きましてその上に大きな石を載せますので、碁盤《ごばん》のような格好になります。そういう型の支石墓を碁盤形の支石墓と呼んでいます。これは主として朝鮮半島の南部にたくさん見られますので、南方式の支石墓とも呼んでいます。

ただし、朝鮮半島で支石墓の調査がずい分と進み、ここ二〇数年でたくさん調査されますと、そんな簡単なものではなく、まだまだいろいろな種類があることが分かってきました。それを説明するときりがありませんので、ごく分かりやすくお話しているわけです。

そこで、北部九州を中心として

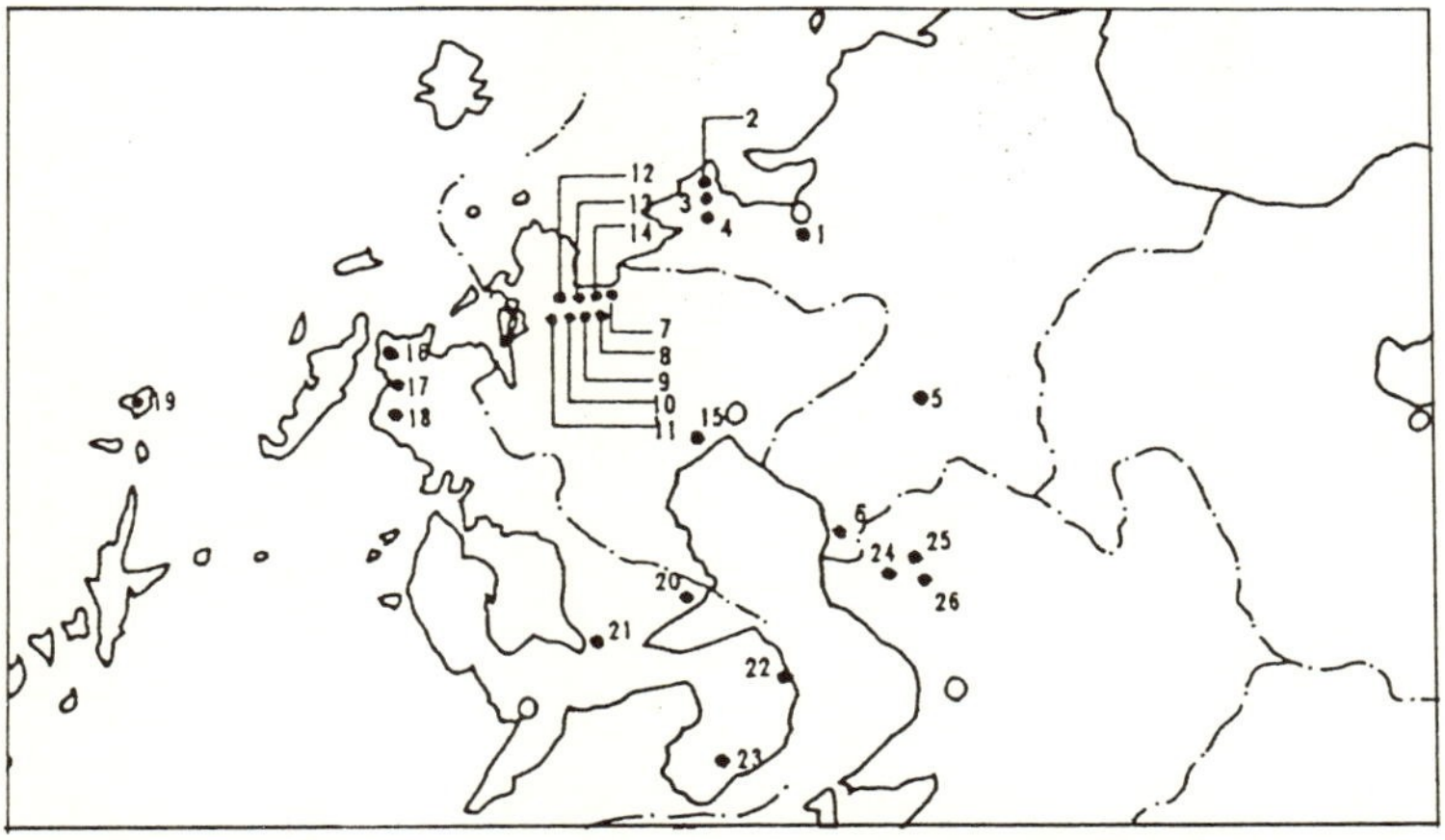

分布図　地名表

1．	須玖岡本	福岡県春日市
2．	小田	福岡県糸島郡北崎小田
3．	志登	福岡県糸島郡前原町志登
4．	石ケ崎	福岡県糸島郡前原町石ケ崎
5．	朝田	福岡県浮羽郡浮羽町朝田
6．	羽山台	福岡県大牟田市大字草木字羽山
7．	五反田	佐賀県東松浦郡浜崎玉島町
8．	葉山尻	佐賀県唐津市葉山尻
9．	宇木瀬戸口	佐賀県唐津市宇木字瀬戸口
10.	割石	佐賀県唐津市鏡字柏崎
11.	徳須恵	佐賀県東松浦郡北波多徳須恵
12.	迫頭	佐賀県唐津市迫頭
13.	森田	佐賀県唐津市宇木井手口
14.	岸高	佐賀県唐津市半田岸高
15.	南小路	佐賀県佐賀市大和町尼寺字南小路
16.	里田原	長崎県北松浦郡田平町里田原
17.	大野台	長崎県北松浦郡鹿町町深江免
18.	狸山	長崎県北松浦郡佐々町松瀬免
19.	松原	長崎県北松浦郡宇久町平郷松原
20.	井崎	長崎県北高来郡小長井町井崎
21.	風観岳	長崎県諫早市下大渡野町・破籠井町
22.	景華園	長崎県島原市三会町
23.	原山	長崎県北高来郡北有馬町
24.	古閑山	熊本県菊池郡旭志町
25.	藤尾	熊本県菊池郡旭志町
26.	年ノ神	熊本県玉名郡袋明町年ノ神

第12図　支石墓分布図・地名表（1976年当時）
（高野晋司氏　原図　『諫早市文化財調査報告書』第１集による）

分布する弥生文化成立期の支石墓の型は、一体どちらに該当するかといいますと、それは朝鮮半島南部に分布の中心がある碁盤形の支石墓と共通した構造を持っているのです。もっとも、朝鮮の場合は、文字どおり碁盤のようなものですが、日本から出てくる支石墓は、上石が薄いのです。その点がちょっと違いますけれども、基本的には地表面に人間の頭ぐらいの石を置きまして、その上に大きな平たい石を載せるというようなものです。福岡市の近くでは、国の史跡に指定されている糸島市の志登の支石墓が有名で、あれをご覧いただいたらお分かりになると思います。

こういう支石墓の、弥生文化成立期における典型例は、朝鮮半島南部のものと、非常に共通していますす。もちろん、大きな違いもありまして、たとえば、日本の場合は巨石の下に甕棺が埋まっているといった違いはありますが、基本的には共通しています。

したがって、今述べましたように、磨製石器といい、また、墓といい、その内容が朝鮮半島南部と共通しているということを考えると、そこから、そういう新しい文化現象が入ってきたと考えるのが自然ではないかと思います。

そこで、さらにいいますと、稲作文化が一体どこから入ってきたのかという問題がございます。縄文時代晩期から始まり、水稲耕作によって収穫された米は、現在、私たちが食べているのと同じような丸い粒です。丸い粒で長さが短いものですから短粒米と呼んでいます。それに対して、もちろん長粒米という品種があります。

日本の弥生文化成立期から現在まで主流を占める米は、短粒米なんです。板付遺跡をはじめとして、北部九州で弥生時代が始まったころの遺跡から米の資料がずいぶん分見つかっていますが、すべてといってよいくらい短粒米です。そういったものをずっと比較しますと、もちろん稲の原産地は、中国南部の長江中流域にあります。そこで、弥生文化が成立したころの米の資料を東アジア全体に目を向けますと、中国の長江下流域つまり揚子江流域では、遺跡から長粒と短粒の二種類が発見されています。それに対して朝鮮半島南部の米を見ますと、これまで調べた資料のすべてといってよいぐらい、短粒米なのです。つまり、日本の初期の米と同じ品種です。

このように、日本で始まった稲作文化の源流は、朝鮮半島の南部ということになります。そうすると、稲作技術、あるいは、一部に金属器を伴った文化が一体どのようにして成立するのでしょうか。どうして日本に伝来してくるのでしょうか。

稲作農耕文化を伝えた人々

そこで考えられますのは、朝鮮半島南部と共通しているということからいいますと、生活の様式のすべて、つまり使っている道具から、栽培する穀物、さらに死者を埋葬する墓にいたるまで、そういった文化の全体が一つの体系として、またおそらく、ただ物だけが人によって運ばれたとかではなくて、そういう文化を持った人々がやって来て、日本に伝えたと考えるのが、やはり自然ではないでしょうか。そうなりますと、次に当時の人々について、人骨の面から果たしてそういえるかどうかということが問題になります。

従来、佐賀県から山口県にかけての北部九州を中心とした地域に甕棺墓が発達しています。たとえば、福岡市金隈《かねのくま》遺跡の甕棺墓の中からたくさんの人骨が見つかっています。また、下関市の土井ヶ浜《どいがはま》遺跡のような海岸地帯の砂丘でも、人骨資料がたくさん発見されています。そういう資料の分析を通して弥生文化を担った人々を、形質人類学的に人骨を通じて見る研究が進んでいます。これは私の専門ではなくて、九州大学におられた金関丈夫《かなせきたけお》先生や永井昌文先生、そして今、次の世代では長崎大学や九州大学にそれぞれおられた松下孝幸先生や、中橋孝博先生ら(3)がずっと研究しておられます。そういう先生方のご意見によりますと、どうも弥生時代になって人骨に顕著な変化があって、新しい外来系の、もっといえば朝鮮半島南部から渡ってきた人々が、弥生文化の大きな担い手であったということが解明されています。ただし、その学説の根拠になる資料は、弥生時代前期の終わりから中期にかけてのものです。

したがって、縄文時代の終わりから弥生時代の初めにかけて、つまり、いまから二四〇〇～二五〇〇年前の人骨も果してそうなのかどうかという問題が残ります。結論からいいますと、弥生文化が成立する時期の人骨資料はほとんどなかったのです。ところが一九九〇年代に入って、福岡県内におきまして、非常によい資料が見つかりました。福岡県教育委員会によりまして、糸島市の新町《しんまち》遺跡が調査されました。ここは有名な御床松原《みとこまつばら》遺跡の西側隣接地です。

新町遺跡(4)では、三〇基以上の支石墓が発見されました。ここの支石墓は朝鮮半島南部と同じ構造を持っていますから、おそらく朝鮮から渡来した人々が亡くなった後に営んだ墳墓と思われます。そのため、そこから人骨が出てくれれば、それまでの縄文時代とは違った形質的特徴を持った人々であってほしいと思っていました。支石墓から人骨が見つかる例はほとんどないのですが、ここでは比較的よく残っていたのです。三〇基以上も発見された支石墓の中に、一四体の人骨が残っていました。その内でもよく残っていたのは三体の男性人骨でした。それを九州大学医学部の永井先生と中橋先生が細かく分析されました。ところが、期待に反して、縄文時代人と同じような形質的特徴であるということになったのです。というのは、弥生文化をもたらした渡来系の人々には、大きな特徴があります。それは、小柄な縄文人に対して、背丈が高いのです。具体的にいいますと、縄文人の男性の平均身長はだいたい一六〇センチといわれているのですが、弥生時代になると三センチほど高くなります。一方、女性でいいますと、一四八センチぐらいだったのが一五一センチほどになるなど、男女ともに高くなるといわれていますす。ですから、新町遺跡の支石墓から出てきた人骨がそのように身長が高い人であれば、これは推定どおり支石墓を営んだ人々が渡来人であるといえるのでしょうけれども、三体の男性は、その平均身長が縄文人と同じように一五七・一センチの小柄であることが分かりました。

渡来人は身長が高いということのほかに、高顔《こうがん》であるといわれます。高顔とは、鼻の辺りから顎までの部分が長い、面長であるということです。これが渡来系、つまり小柄な倭人に対しての大陸系の渡来人の特徴です。

新町遺跡の支石墓から発見された人骨は身長や、顔面も低いという特徴があり、非常に縄文的な形質であるということが分かりました（第13図）。一体、これをどう理解するかということです。墓制はそういう渡来系のものですが、中に埋葬されているのは従来どおり縄文人の形質を持っている人であるということです。だからといって、これが渡来人ではないとはいえないと思います。といいますのは、いくら平均身長が高くても、やはり個体差ということがあります。つまり、高い人もいれば低い人もいるということで、新町遺跡の支石墓三〇基以上の中のわずか三人ですから、渡来人の中の身長の低い人が

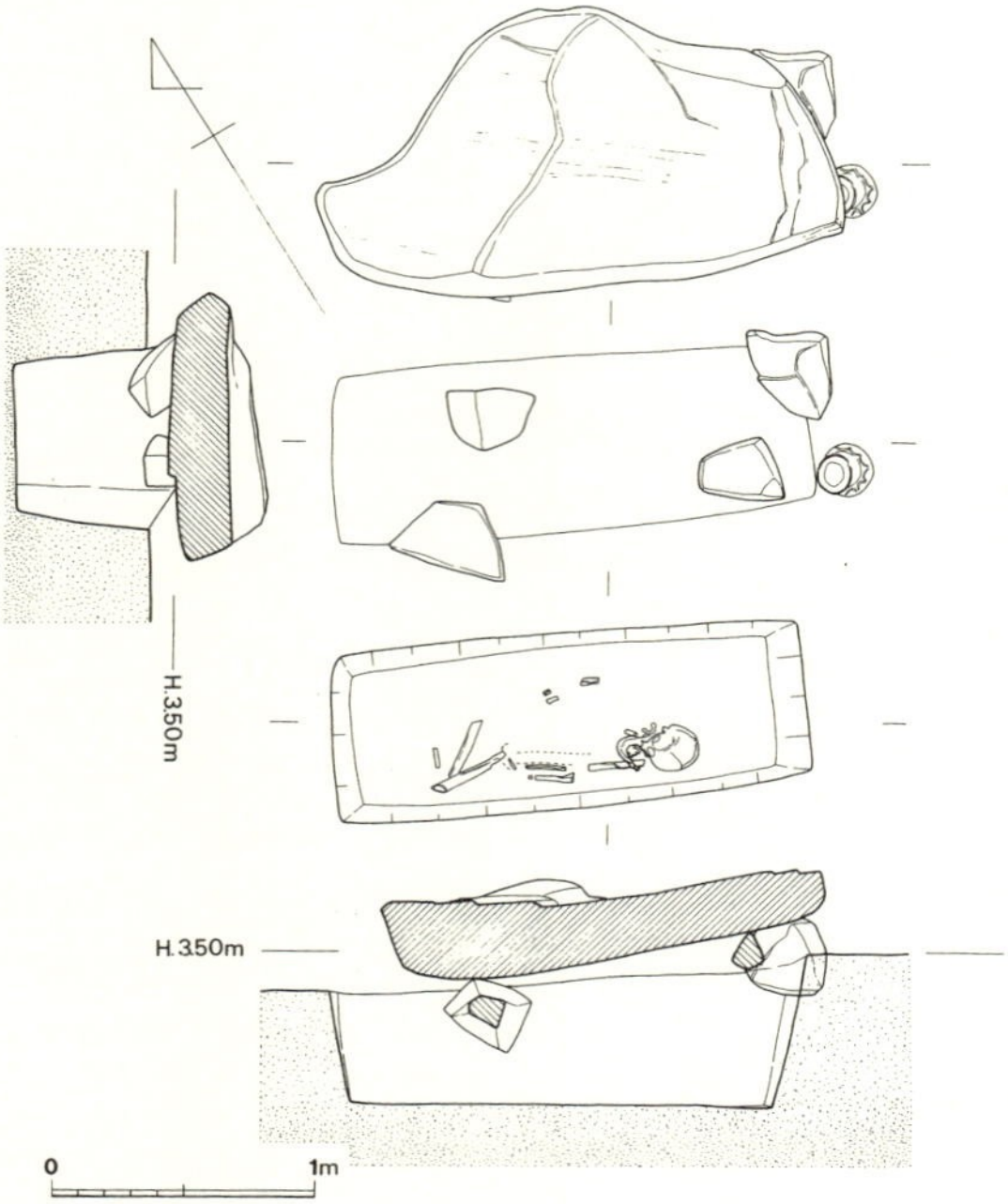

第13図　新町遺跡　9号支石墓と人骨出土状況（志摩町教育委員会、1987『新町遺跡—福岡県糸島郡志摩町所在支石墓群の調査—』『志摩町文化財調査報告書』第7集より）

たまたま見つかったのではないかと、私はそういうふうに考えるのです。そうは考えないと、反論があるかもしれませんが。

しかし、まだまだ弥生文化成立期の人骨資料が少ないものですから、今のところ人骨からは何ともいえないというところです。

私は、何度もいいましたように、今から二四〇〇～二五〇〇年前におそらく朝鮮半島南部から、稲作技術と金属器という二つの現象に特徴づけられる文化を持った人々が渡って来て、日本の弥生文化を成立させたと考えています。

稲作農耕文化伝来の背景　—朝鮮半島社会の矛盾と変化—

ここで問題になりますのは、渡来人が一体、名にし負う玄界灘を渡って来てまでして、日本に弥生文化をもたらす必要があったのかという点です。この問題につきましては、私たち考古学研究者も歴史を研究するものですので、その辺の解明がやはり究極の目標です。しかし、この問題はたいへんやっかいでして、そう簡単には分かりません。私は今のところ、そういう問題を考えるときに、受け入れる日本側にも条件はあったでしょうが、それ以上に朝鮮半島南部の社会の中に、外に出たい、日本列島に渡って行かねばならないという何らかの理由があったのではないかと考えています。その辺りは簡単には答えが出せない問題ではありますけれど、一つの仮説を立てて考えていることがあります。

それは、朝鮮半島内部の社会に矛盾があったのではないかということです。その当時、朝鮮半島は弥生土器と同じような技術水準の無文土器という土器を使っていました。そこで無文土器時代というい かたをしたり、あるいは、その途中から青銅器が出てきまして、日本の青銅器文化の源流となるわけですが、そのため青銅器時代とも呼んでいます。その時代の中に、日本に移住しなければならない理由があったのではないかと考えています。

それは一つの仮説に過ぎないのですが、無文土器あるいは青銅器の時代の文化を見ますと、どうも社会的に緊張状態があったのではないかと考えられます。

一つ例を挙げますと、この時期に、磨製の鏃・剣といったような石製武器が非常に発達します。そのことも示すような、朝鮮半島南部における社会的な緊張状態を避け、日本に渡るということが、原因の一つではなかったかというわけです。もっと具体的にいいますと、たとえば、かつてベトナム難民あるいはそれを装った人々が日本にやって来ています。いわゆるボートピープルです。そこに見られるように、経済的、あるいは政治的な理由から、東シナ海をはるばる命懸けで渡って来るということが現実に

第14図　板付遺跡　(2002年5月20日撮影)

あるわけで、そのような状況を思い浮かべています。

朝鮮半島の青銅器あるいは無文土器の時代における経済的よりもむしろ、社会的緊張もしくは政治的な成り行きで、現代にも見られるボートピープルのような感じで、日本列島に渡来してきた人々ではなかったかと、私は考えています。そのようにしまして弥生文化が成立します。

もう一つの問題は、これまで述べて来ましたように、今から二四〇〇〜二五〇〇年前、縄文時代の終わりごろに稲作文化が始まるわけですが、やがて時が過ぎ、定着していきます。もちろん縄文時代の晩期と弥生時代の初めというのは連続していますので、ハイ今日から弥生時代ですというわけにはいきません。連続していますけれども、いわゆる弥生土器でもごく初期の、板付Ⅰ式土器の時点では、大きな変化があります。連続しながらなおかつ、大きな変化があるというところで、私は、弥生土器の板付Ⅰ式土器をもって弥生文化の成立と考えるのです。そこでは、板付遺跡に見られますように、集落を大規模な濠で取り囲んで、防御的な守りを固めた村落、いわゆる環濠集落が登場します（第14図）。そして、もう一つは、板付遺跡でも見つかっていますが、袋状の形をした穴倉を掘りまして、そこに食料を貯蔵するという、いわゆる袋状竪穴、つまり穀物の貯蔵庫の問題です。

実際にその中から炭化米などたくさん出てくることはご承知だと思います。そういった新しい現象が、弥生時代の成立とともに始まります。ここで、今述べた環濠集落や袋状竪穴の源流を探しますと、朝鮮半島の南部で見つかっています。中国大陸を見ますと、みなさんの中には現地に行かれた方もおられるかと思いますが、西安の郊外に半坡という中国新石器時代仰韶期《ぎょうしょうき》の代表的な集落遺跡があります。ここは今から六〇〇〇年ほど前ですので、弥生文化の成立期よりずっと古いものです。そこに、断面がV字形の立派な濠で囲まれた集落遺跡があります。このように中国の新石器文化の集落形態、そして、弥生文化の新しく始まる集落形態を考えますと、その途中の朝鮮半島北部にも当然あって然るべきですが、現在のところまだ見つかっていません。

ここまで述べて来ましたように、縄文時代の晩期後半から弥生時代の初めにかけて、新しい稲作技術と金属器に代表される文化が次々と出現してくるという特色が見られるのです。そして、直接の源流は朝鮮半島南部であり、おそらくそこから社会的な矛盾を避けて渡来人が日本に渡って来たことによって始まるのです。

弥生社会の形成と展開

青銅製武器・鏡の出現

弥生文化が始まってしだいに農村が増え、最初は沿岸部とか、平地の低いところで農業を営んでいましたが、水田が増えていき、耕地がどんどん拡がっていきます。その時代は、便宜上、第二段階としておきます。

それは今からいいますと、二一〇〇〜二二〇〇年前のことでして、弥生時代の前期の終わりから中期の初めにかけてのころに当たります。ここに一つまた大きな節目があります。その最大の特色は、青銅器が本格的に始まるという点です。

実は、青銅器そのものは、弥生時代前期の環濠集落が始まった時期にすでに見つかっています。福津市津屋崎町に今川遺跡があります。ここでも板付遺跡と同じような環濠の一部が見つかり、竪穴住居跡も発見されました。そこでは銅の矢じりが見つかっていまして、すでに弥生時代初めに青銅器が伝来していたようです。しかし今のところ、見つかっているのは今川遺跡一カ所なのです。ところが、それから一〇〇年以上たちまして、弥生時代前期の終わりから中期の初めにかけて、本格的に青銅器が出現して来るのです。そこでの特色は銅剣・銅矛・銅戈という三種類の武器が同時に出現することです。剣はもちろん短い把をつける短剣です。矛は長い柄を差し込みまして、槍のように使います。そして、戈というのは斜めに柄を取りつけまして、鳶口《とびぐち》のように引っかけるようにして使うわけです。こういうふうに柄の付け方が違い、使い方が違う三種類の青銅製武器が、北部九州を中心に一括して、本格的に姿を現わします。

それと同時に、多鈕細文鏡という銅鏡が出現します。鏡の背に非常に細かな幾何学文様を彫り込んだものです。そこには半球形に近い形をした突起、つまり鈕に紐を通す孔があいています。鏡には普通、鈕は一つしかないのですが、この手の鏡には二つ以上あります。そこで、鈕が多い鏡ということで多鈕

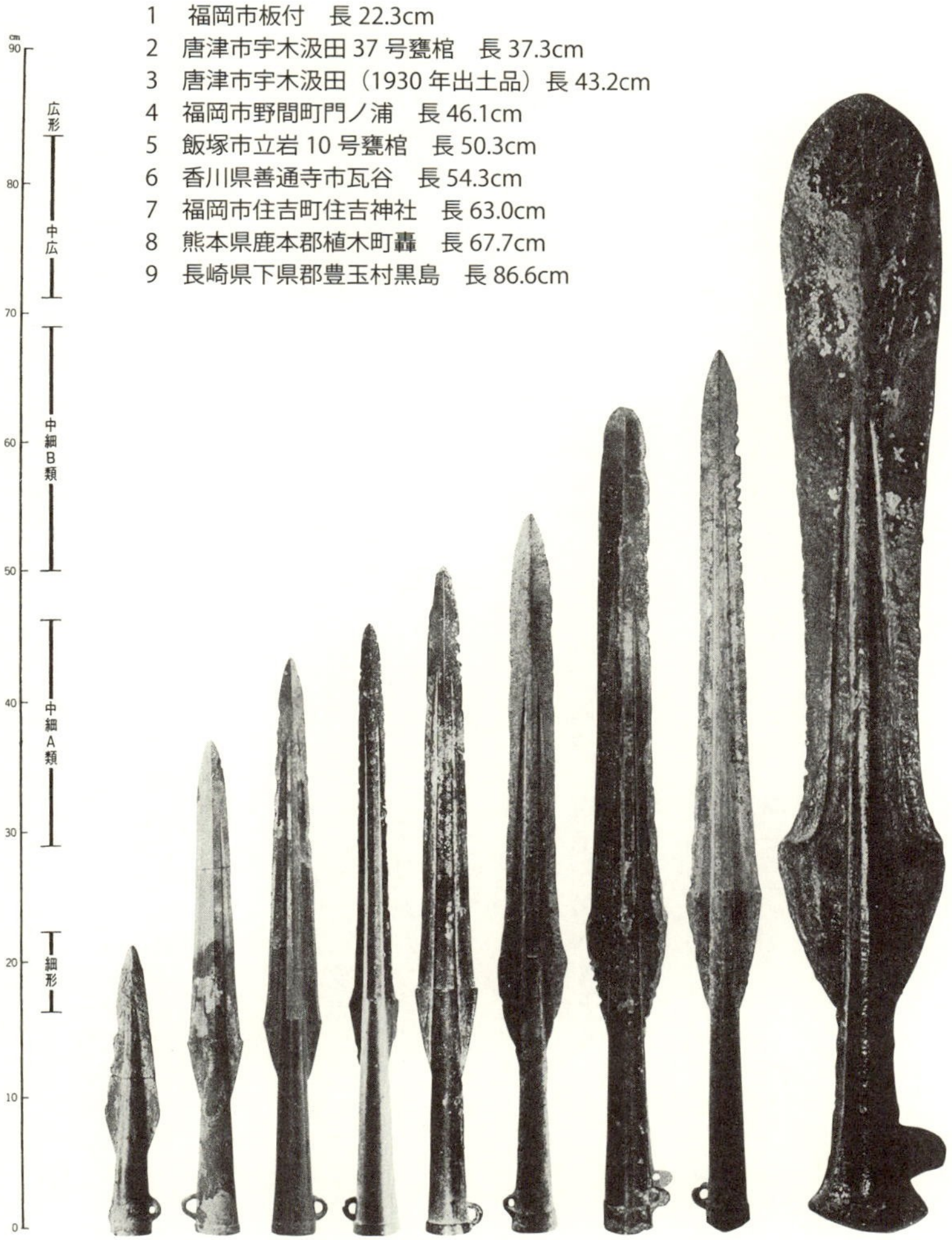

第 15 図　日本出土の銅矛とその変遷
（立岩遺跡調査委員会、1977『立岩遺跡』より）

鏡、そして文様が非常に細かいということで細文鏡と呼んでいます。

そういった鏡と一緒に青銅製武器類が出現するわけです。そのうち銅矛《どうほこ》を例にしますと、型の特徴によっていろいろ種類を分けています（第15図）。細型から中細型A類・B類、中広型、そして広型と大きく四種類に分けています。今お話をしますのは、まず最初に入ってきた細型の銅矛です。これは非常に細身です。それがだんだんと時代の経過とともに形が変化していきます。最終段階では、矛の形こそしていますが、柄を中に挿入できないし、刃の部分も研がずにその用をなしません。形も大きくなりますし、武器としての用途をなさなくなって、矛の形をした祭りの道具に変化してしまいます。けれども、ともかく当初は二〇センチ前後の小振りの実戦用の武器として使われたものです。

そのような青銅器群は、これまで日本で数多く発見されていますけれど、その時代の典型的な例は福岡市早良区の吉武高木《よしたけたかぎ》遺跡で大量に見つかっています。とくに代表的な例でいいますと、吉武高木三号木棺墓という墓からは、多鈕細文鏡と銅剣が二本、銅矛・銅戈が各一本と見つかっていまして、よく知られます。

そのように、今からおよそ二一〇〇～二二〇〇年前に、青銅製の三種類の武器と鏡とが入って来るという非常に画期的な、それまでの日本の歴史に見られなかったような出来事が起こります。技術上の問題でいいますと、一つには、従来こういう細型の型式段階の武器につきましては、朝鮮半島から持ち込まれたものと考えられて来ました。この手のものが朝鮮半島ではたくさん見つかっていまして、突然、日本で出て来るわけですから、朝鮮半島から入って来たと考えるのが自然です。そういうことで、最初に入ってくる青銅製の武器や鏡類は朝鮮半島南部から舶来されたものといわれていました。

青銅器製作の始まりとその担い手たち

ところが現在、日本でも、すぐさま鋳造が開始されているのではないかといわれるようになって来ました。

一つは三〇年ほど前のことですが、佐賀市の北の方に大和町というところがあり、そこに惣座《そうざ》遺跡がありります。ちょうど、九州横断道の佐賀インターチェンジ辺りになるのですが、その工事前に調査されて、細身の銅矛の鋳型が見つかっているのです。おそらくこれは一番古い段階の銅矛の鋳型ですから、舶来されるとほぼ同時に日本で鋳造が開始されている可能性が高いと考えられました。そうこうしていましたら、一九九〇年（平成二）ですけれども、吉野ヶ里遺跡でやはり、これと同じ型式の鋳型が見つかりました。とくにこの場合は小さな物ですが、両面に鋳型が掘り込まれていまして、片方は矛の先端の部分ですが、反対側は矛の根元の部分です。吉野ヶ里遺跡で発見された鋳型の形を見ますと、板付遺跡で一九一七年（大正六）に発見された銅矛とほとんど同じ時代のものであることが分かりました。厳密にいいますと、発見されたのは弥生時代中期ごろの地層からですが、型の特徴からは中期初めごろのものではないかと推測されます。そういうことから、青銅器が本格化することと同時的に、日本で製作が始まっていたと考えられるようになりました。

もう一つの問題は、一体、青銅器類の製作がどうして始まるのかということです。この点につきましても、私は基本的には弥生文化成立期と同じような状況下で、朝鮮半島から内紛などを避けて人々がやって来て、こういったものをまず持ち込みました。そして、その人々が朝鮮と同じ技術によって、日本ですぐさま作り始めたと考えたらどうでしょうか。要するにその社会的な背景は同じです。

この時期になると、さきほど話題にしました人骨の面からいいましても、渡来人がやって来ていたということがいえそうです。このことは私がさきほど紹介した人類学者が考察しておられるように、青銅器が日本にどんどん入ってくるころに、平均身長が三センチほど高く、そして、面長でちょっとのっぺりとした感じの人々が渡来していることが、甕棺などから発見される人骨の分析からいわれているのです。

もう一つ、この時期に注意すべき珍しい現象が出て来ています。福岡県小郡市の横隈鍋倉《よこくまなべくら》遺跡から発見された土器の中には、弥生土器とは違って当時の朝鮮半島で使われていた無文土器が含まれています。また、その無文土器と同じような手法で作られた土器が北部九州を中心として西日本各地で出て来ます。その特色は、最初、口の部分を薄くしまして一番上を外に少し曲げています。そこに、断面が丸い粘土の紐を貼り付けるという土器なんです。また、胴部に把手を付ける手法の土器というのは、従来、知られている弥生土器にはありませんでした。むしろ同時代の朝鮮半島には普通にある土器なんです。こういう土器がちょうど青銅器が本格的に流入する時期に、北部九州を中心に出土するという現象があります。

当時の青銅器は貴重品ですから非常に苦労して手に入れたとか、そういうことはありましょう。しかし誰でも作れ、簡単に手に入る、そして普通に毎日使っている弥生土器があるのに、まったくそれとは違った別の無文土器があるということは、おそらくそういう無文土器を持って来たか、あるいは渡って来てここで作ったか、そのように考えた方がいいだろうということです。横隈鍋倉遺跡では、かなりの住居や竪穴の中から無文土器が出てきます。従来、そのような無文土器が発見される遺跡を見ますと、弥生土器が何千点と出てくる中でわずか数点とか、きわめて少ないのです。それに対して比較的多く出て来るということは、この横隈鍋倉遺跡の集落というのは、こういった無文土器を使った人々、つまり渡来人の村ではなかったかとさえ思われます。

そういったことをあれこれ考えますと、いまから二一〇〇～二二〇〇年ほど前に青銅器が本格的に製作され出すころに、ちょうどそれと重なるように無文土器が出土します。しかも、そういう無文土器を使っていた人々が住んでいた村まであったようです。そうなりますと、人骨の研究成果とも合わせて、渡来人がやって来て、青銅器の出現と製作開始に大きく係わっていた、と考えるわけです。

交流圏の拡大

この時期にもう一つの大きな特色があります。

釜山から西へずっと行ったところで、韓国南岸地域に慶尚南道の勒島《ヌクト》というところがあります。そこが韓国の専門家により発掘調査されました。この遺跡からはもちろん当時の朝鮮半島の無文土器がたくさん出ていますが、その中にわずかですけれども、弥生土器が含まれていたのです（第16図）。これは、だれが見ても、日本列島の弥生土器です。時代でいいますと、中期の初めから前半にかけての城ノ越式、あるいは須玖Ⅰ式の段階の土器なんです。そういった弥生土器が今度は逆に朝鮮半島南岸の島で見つかるという事実があるのです。

　おそらく日常的な土器ですから、こういうものが出て来るということは、やはり、その背後に人々の動きを考えるのが自然でしょう。つまり逆にこちらから渡航したこともあったろうかと思います。

　こういった理由で、弥生時代の前期の終わりから中期の初め、さらに前半にかけての時期というのは、弥生時代の対外交流における二番目の大きな節目です。青銅器が流入して来る一方、逆に当時の日本列島からも渡航したりしているということなんです。そうした社会の大きな変化の背景には、日本列島側でいえば弥生文化が定着し、発展した時期です。さきほど述べましたとおり、それまでは、低地の小さな村でしたのが、内陸部に進出し、高い場所にも集落を営むようになりました。かつて、筑紫野市や小郡市の辺りでニュータウンに関連した調査が行われました。あの辺りに行きますと、丘の上すべてといっていいくらい、この時期の竪穴住居とか貯蔵穴とかが見つかっています。その当時の集落の爆発的な出現です。その背後には当然、水田がずっと開発されたということがありましょう。そのように弥生文化の中でも大きな発展期です。その時期に青銅器もどんどん入ってくるのです。逆に、日本から向こうに行くこともあったようです。

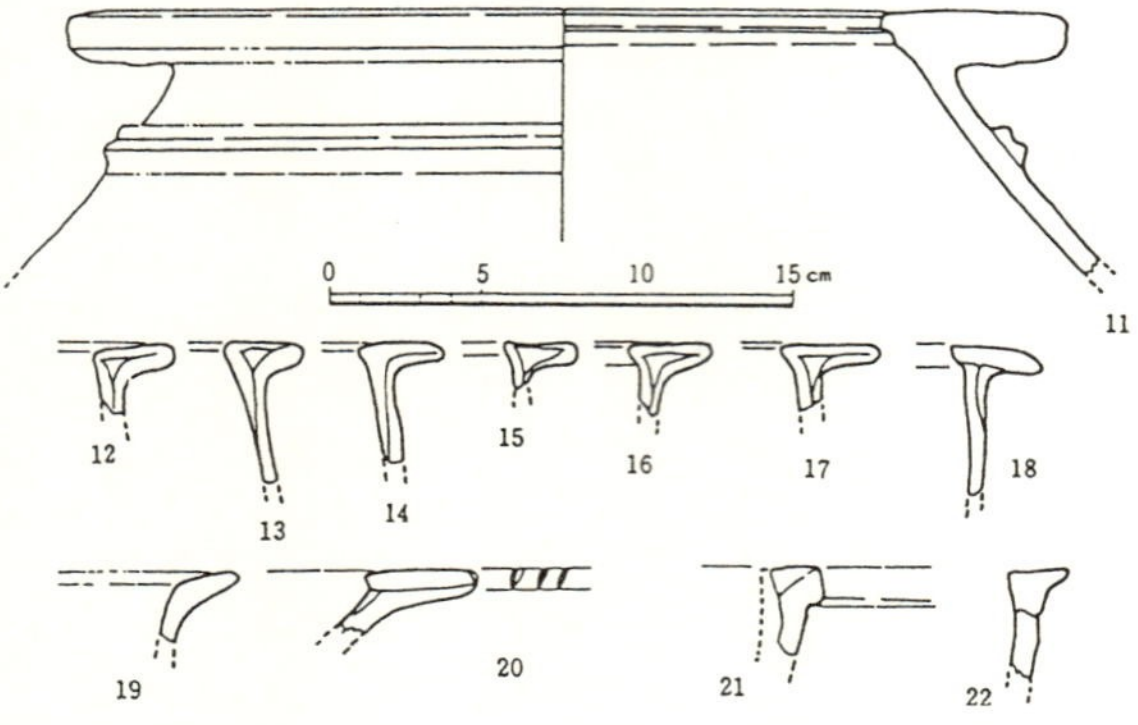

第16図　慶尚南道勒島出土の弥生土器
（『古文化談叢』第20集（中）による）

もう一つ、対外交流という意味で新しい現象は、日本列島でも南の方との交流があったということです（第17図）。これは、対外交流というよりも、日本列島内部の諸地域との交流といった方が適切でしょう。その一例は、かつて九州大学医学部の永《なが》井《い》昌文《まさふみ》先生を中心として研究された事柄です。この時代の甕棺墓などでしばしば、埋葬された人骨に貝の腕輪がはめられていることがあります。福岡市の金隈遺跡でも、もちろん見つかっています。飯塚市の立岩遺跡では片方に突起のある特異な貝殻を使った腕輪が発見されました。これは永井先生の鑑定によって、ゴホウラという珍しい貝であることが分かりました

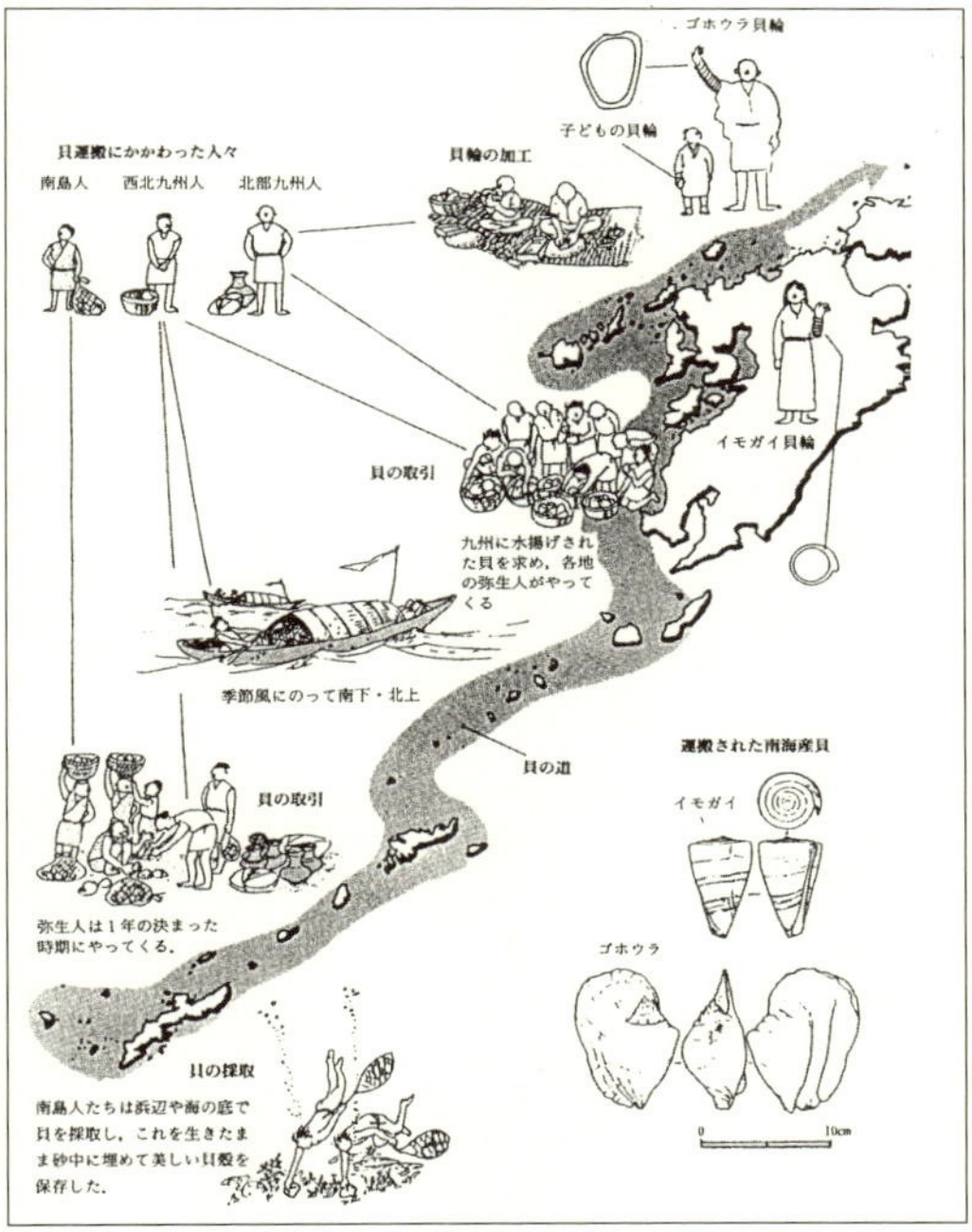

第17図　貝の道　模式図（木下尚子、1996『南島貝文化の研究・貝の道考古学』（財）法政大学出版局より）

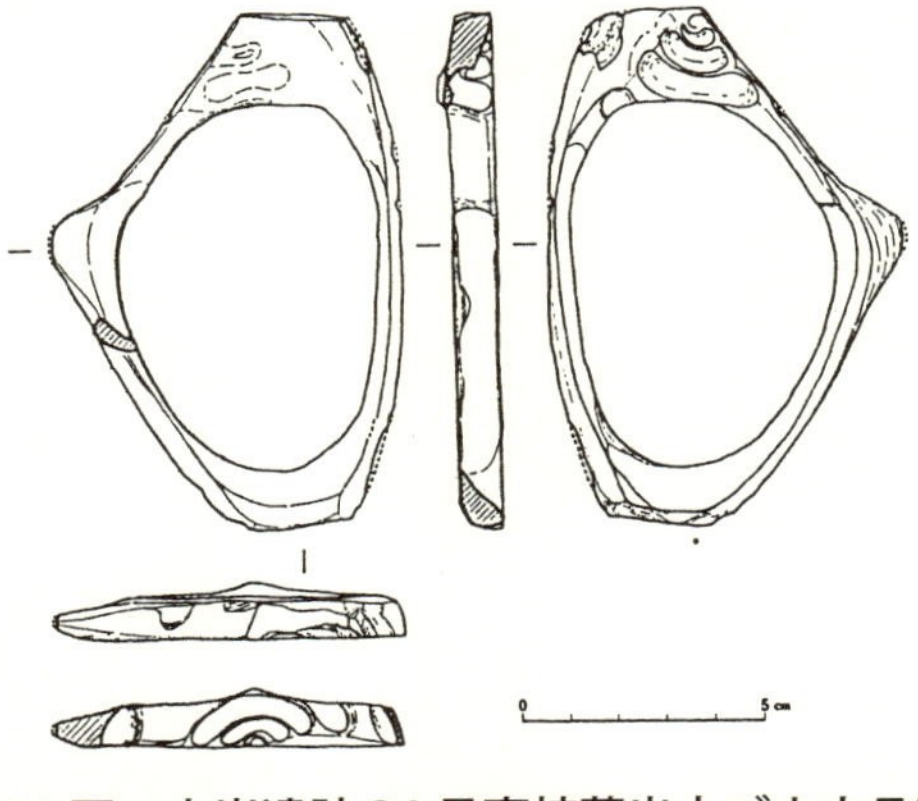

第18図　立岩遺跡34号甕棺墓出土ゴホウラ製腕輪（立岩遺蹟調査委員会、1977『立岩遺蹟』河出書房新社）

（第18図）。北部九州では採れない貝で、奄美・沖縄といった南西諸島の深さが七、八メートルあるいは二〇メートルとかいった深いところにしか生息しない貝です。それを使い、腕輪を作り、腕にはめていた、という例が、北部九州のみならず、西日本の各地で見つかっているのです。

「国」への歩み

青銅器が流入し、製作が始まっても、だれでも青銅器を手に入れることができるわけではありませんので、それを持ちえた人というのはやはり、その時代の社会体制からいえば、リーダー的な人物ではなかったかと考えます。

福岡市早良区の吉武高木遺跡では、一つの墳墓に多数の青銅器が副葬されていました。その一人は何一〇個という管玉を連ねて胸を飾り、何かを入れた小壺とともに葬られていました。その付近では、南北一キロにわたって一〇〇〇基以上の墓が調査されています。しかし、その中でも、吉武高木遺跡の3号木棺墓のように青銅器がたくさん見つかったのは、きわめて一部です。ということは、その地域でもトップに立つリーダー的な人物の墳墓ではなかったかということなのです。

この点につきましては、福岡県教育委員会におられた橋口達也さんがくわしい論文を書いておられます。弥生文化が成立した後、発展期に当たる前期末から中期前半にかけては、村々がどんどん拡がっていきました。そうしますと、当然、それらの村々の間で緊張状態が起こってくるわけです。つまり、それまで一定地域の村の水田でしたけれども、もう少し拡げようと思うと、隣には別の村があって同じように拡げようとしています。そうすると、その場所をめぐって土地争いに発展します。あるいは、水をどのように引いてくるか、また、引いてきた水をどのように配分・管理するか、そういった時に村々の間で水争いも起こりましょう。農業が定着し、発展して行く過程で、村と村との間では、そういった争い事が生じたようです。吉武飯盛《よしたけいいもり》地区では、銅剣の切先や、矢じりが刺さったりした人骨が見つかっています。実際、村々が水や土地の争いを通じて、戦争もしたでしょう。また別の場合には、村と村とが話し合ってうまくまとまっていったこともあったでしょう。

この時代、村と村とが集まり、一つの地域集団もしくは地域社会を形成したようです。それを私たちは農業共同体と呼んでいます。つまり、農業という新しい生産形態の発展に伴って、水争いや土地争いなどを通じて村々が集まって一定地域で共同体を形成します。難しい言葉でいえば、部族とかあるいは部族国家が形成されるのです。そういうものが弥生時代の成立、発展とともに紀元前一世紀か二世紀のころに形成されたらしいのです。そのような村々が集まり、一つの共同体を作りますと、当然、全体を統括するリーダーが必要になってきます。そういったリーダーが、舶来品をたくさん手に入れるとか、あるいは武器を墓にまで入れて行く、そういう新しい地域社会の成立、発展です。そのような動きと青銅器の発展が、どうも係わっているらしいのです。

こういった農業共同体もしくは部族国家、つまり村々が集まった地域社会というのは、具体的なイメージとして考えていただくのには、古代以後の行政単位である郡という規模の地域を念頭においていただいたらよいかと思います。

弥生社会の発展と変容

「国」の形成

北部九州におきまして稲作農業社会の発展とともに、北部九州の各地に現在もあるような、地方行政単位としての郡程度の規模の共同体が形成されていたと考えます。そして、その後、共同体と共同体、いい換えますと部族国家と部族国家の間でまた、新たに問題が起こります。領域争いが起きるのです。一つの地域社会ができると、人口増に伴ってもっと水田を拡げ、より多くの人々を従えようとします。それが歴史の自然な現象だと思います。

そうなりますと、共同体と共同体の間で、さらに新たな緊張が起こり、強大な共同体は弱小の共同体を自分の味方に加えようとして争いが起こってくるわけです。

そこで、そのような共同体で何をしたかというと二つの手段があります。一つはもちろん共同体内部の社会的発展、つまり、よりいっそう一生懸命働いて生産力を上げ、共同体をしっかりした豊かで、力強いものにするという内的な問題です。もう一つは外交に訴えることで、新たに外部勢力に頼ることによって、共同体もしくは部族国家の存続と発展、安全を図ろうとするわけです。その外交ということで、何をしたかというと、漢という帝国に朝貢することにより、その強大な勢力をバックにして、他の共同体ににらみをきかせようとする、そういう動きが出てきたと考えています。北部九州を中心にした地域社会が漢帝国に朝貢したことは、『漢書』地理志に出てくる記事によってうかがえます。『漢書』には、「楽浪海中に倭人あり、分かれて百余国を為す」とあるように、百余りの国々があったようです。実際に百余りであったかどうかは別問題としても、たくさんの国々があったということは、中国の歴史書からうかがえるわけです。

それ以前に、いま述べましたような農業共同体、つまり地域的な部族国家が生まれていましたが、漢帝国に朝貢することにより、広い意味では間接的な支配下に入ることです。そこで中国がそのような地域社会に対して「国」と呼んだのです。『後漢書《ごかんじょ》』という記録によると、倭に奴国という国があり、そこには国王がいたことが記されています。つまり、北部九州の地域社会が中国に朝貢して行き、属国視化されます。その段階で中国が、朝貢して来た地域社会に対して、国と呼び、そのリーダーを国王と呼んだのです。つまり、この時点で、漢と倭人のあいだに外交関係が成立したということになります。

そのような社会状況を、『漢書《かんじょ》』『後漢書』という中国側の記録によって知ることができます。そのことを裏付けるかのような物的証拠があります。ご承知のように、福岡平野にあった奴国の国王が朝貢した時に印綬を与えたという記録がありますが、実際にその時の金印が福岡市内の志賀島で発見されています。また、金印と同年代もしくは少し古い時代のものとして、中国の前漢や後漢の銅鏡がたくさん出てくるのです。

その最たるものは、糸島市の三雲《みくも》・井原《いわら》遺跡で、その南小路《みなみしょうじ》1号墓と2号墓から五二面というたくさんの銅鏡や、それ以外にもガラスの壁というきわめて珍しいものまで出土していることは、ご承知のとおりです。また、奴国の領域下では、現在の春日市・須玖岡本遺跡B地点というところで、三〇面以上

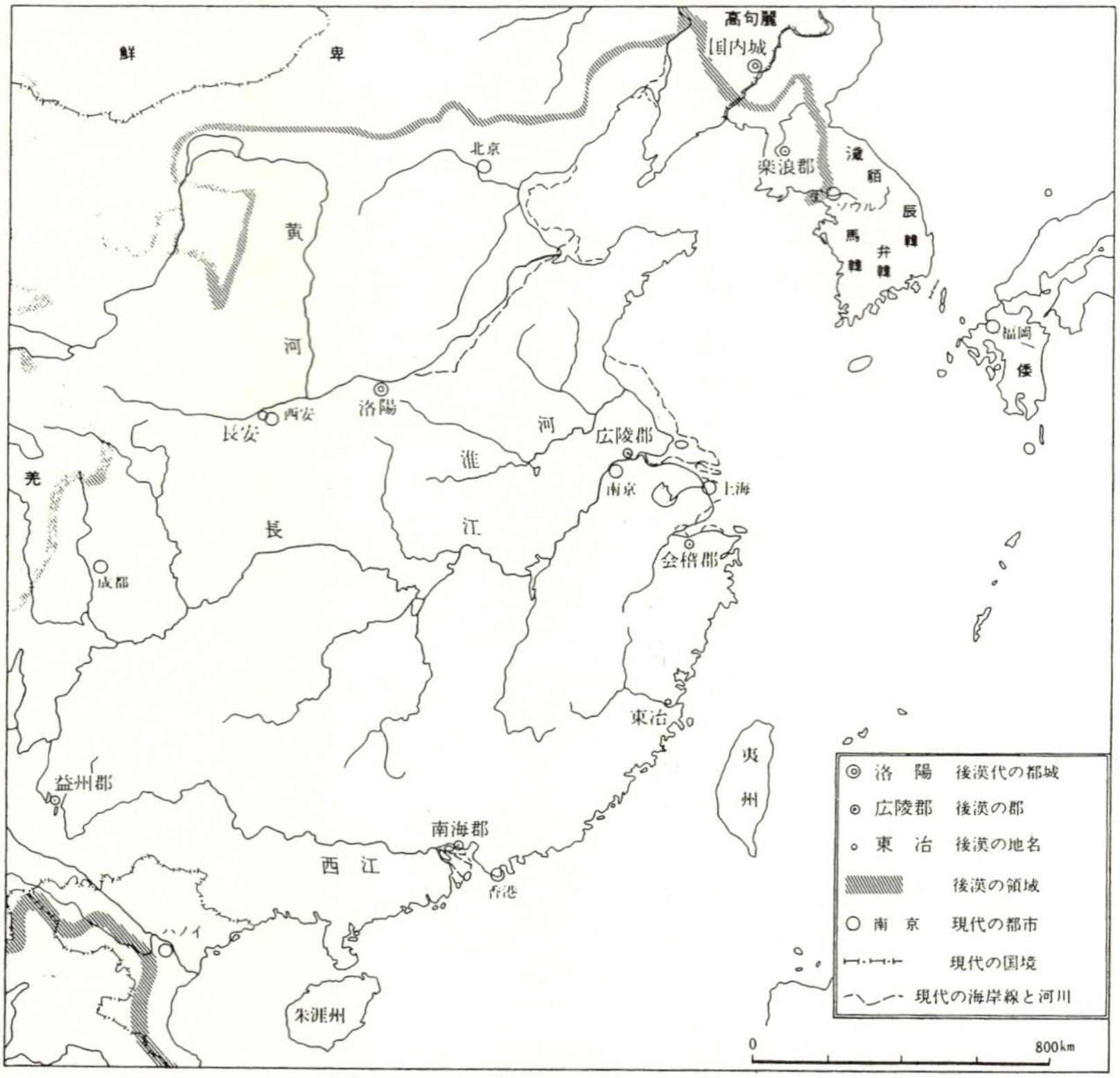

第19図　金印時代の東アジア
（箕驤主編、1982『中国歴史地図集』第2冊より）

の銅鏡が出土したということから、漢との関わりの深さを理解することができます。

弥生時代の発展期ともいうべき段階は、今から二〇〇〇年ほど前の弥生時代中期の後半から後期の前半にかけてのことです。そのころになると、北部九州の地域社会が中国に朝貢して行き、その結果、中国の歴史書に記載されます。また、外交関係を裏付けるかのように金印が見つかったり、銅鏡が出てきたりします。そのようにしまして、従来の朝鮮半島との交流に加えて新たに中国大陸との交流が始まるのです。この点に大きな歴史上の節目が見られます（第19図）。

対外交流の質的な変化

漢帝国は周辺の国々から朝貢して来た地域共同体に対して属国視化しました。その結果、銅鏡や金印などを与えたりします。日本の場合は、福岡平野にあった奴という地域社会が出かけて行って、奴国あるいは奴国王として認められ、その結果として金印がもたらされたのです。同じようなことが中国の南の方でも見られました。たとえば、現在の雲南省に石寨山《せきさいざん》という遺跡があります。その辺りに滇《てん》という地域がありまして、そこが前漢の時代に奴国と同じように外交関係を持つわけです。それに対して、漢はその滇という地域を滇国と呼び、そのリーダーを王と認め、その証しとして、「滇王之印《てんおうのいん》」と刻んだ金の印章をその地域社会のリーダーに与えました。そのときはまだ、その地域のことは王に任せていたのですが、後漢の時代に入りますと、もっと関係が深くなりまして、中国はここに益州郡をおいて、直轄経営するようになります。

日本の場合は、前漢時代に朝貢しましたが、後漢になっても同じような状況が続きました。ここが大きな違いです。当時、中国

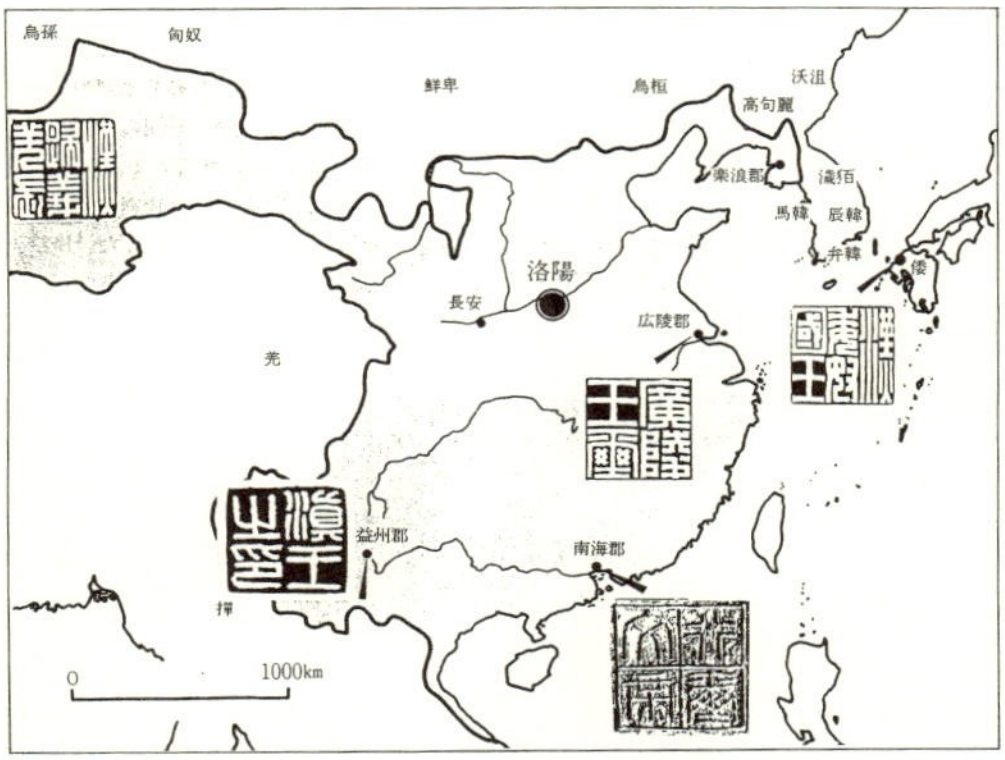

第20図　東アジア各地の印章

では朝鮮半島北西部までは直接経営しました。それが楽浪郡ですし、そこの長官は、楽浪郡の太守ということで、その証左になる印章を持っていました(第20図)。そのように漢帝国は、国内を統一すると同時に、周辺の諸国を味方につけることによって、非常に強大な帝国に発展したということです。

漢帝国と周辺諸地域 ―東夷《とうい》・南蛮《なんばん》・北狄《ほくてき》・西戎《せいじゅう》―

ところで、この時代になぜ日本が朝貢しなければならなかったのか、あるいは漢帝国がなぜ、二〇〇〇キロ以上も離れた日本列島の小さな地域社会を属国視したのか、つまり国王と認証して間接的に支配下に入れようとしたのかという問題があります。

私は、日本側と中国側にそれぞれの理由があったと思うのです。日本側の理由は、さきほど述べましたように、共同体と共同体との関係の中でより有利に立ちたいので、漢という強大な勢力をバックに持とうとし、出かけて行ったということです。寄らば大樹の陰、ではありませんが、漢帝国に出かけて行って、自らの共同体を守ろうとしたようです。

一方、漢帝国においては、何も遠くの日本列島の小さな地域社会と付き合うことはないのに、大事にあつかい、金印まで与えているということは、漢という統一された大帝国に外交の論理があったのです。それはどういうことかといいますと、漢帝国にとっては、周辺の諸地域を味方につけることによって対抗しなければならない強大な勢力が他にあったのです。すなわち、北方には匈奴《きょうど》という遊牧民がおりました。この民族が絶えず南の方に侵入して来たのです。そこで、戦国から秦の時代にかけて城壁を築いて、北からの侵入を防ごうとしました。秦の始皇帝はいわゆる万里の長城を二〇〇〇キロ以上にわたってつなげ、防御体制を堅めたのです。その状況は漢の時代にもひきつがれました。大帝国ができたものの、絶えず北方からの遊牧民の侵入がありました。そこで、それから守るための方策の一つとして外交手段に訴えたわけです。何もしないにしても、朝鮮半島や日本列島がもし匈奴と手を結べば、一緒に攻めてくる可能性がありました。何もしないにしても、日本列島が匈奴を支援することで、匈奴がより強くなるわけですから、漢帝国としましては、北方民族などへの牽制から、周辺の諸地域を味方につけたということなんです。

ついでにいっておきますと、漢の武帝の時代に、漢帝国はシルクロード上のオアシス地帯をつぎつぎと直接・間接に支配下にいれ、現在の敦煌《とんこう》とか新疆《しんきょう》から、西は現在のアフガニスタン北部、東は日本列島までを間接的に味方につけることによって、北から攻めてくる匈奴に対抗しようとしたわけです。そういう国際関係がありました。それは何も東西だけではなく、南の方の雲南省や現在のベトナム辺りも、ちゃんと押さえておかないと、その辺の民族が反乱したりすると、国内の動揺をきたしますので、やはりその地域まで勢力を伸ばしています。実際にベトナム辺りで、弥生時代の遺跡から出てくるのと同じような中国製の銅鏡が発見されているのも、そういった中国の南方政策の結果です。

「国々」の構造

この時代、日本列島の北部九州には、奴国をはじめとしてたくさんの国々があったということは、そういった中国の鏡などの出土によって考えられるわけですけれども、当時の日本列島の中で中国と関係

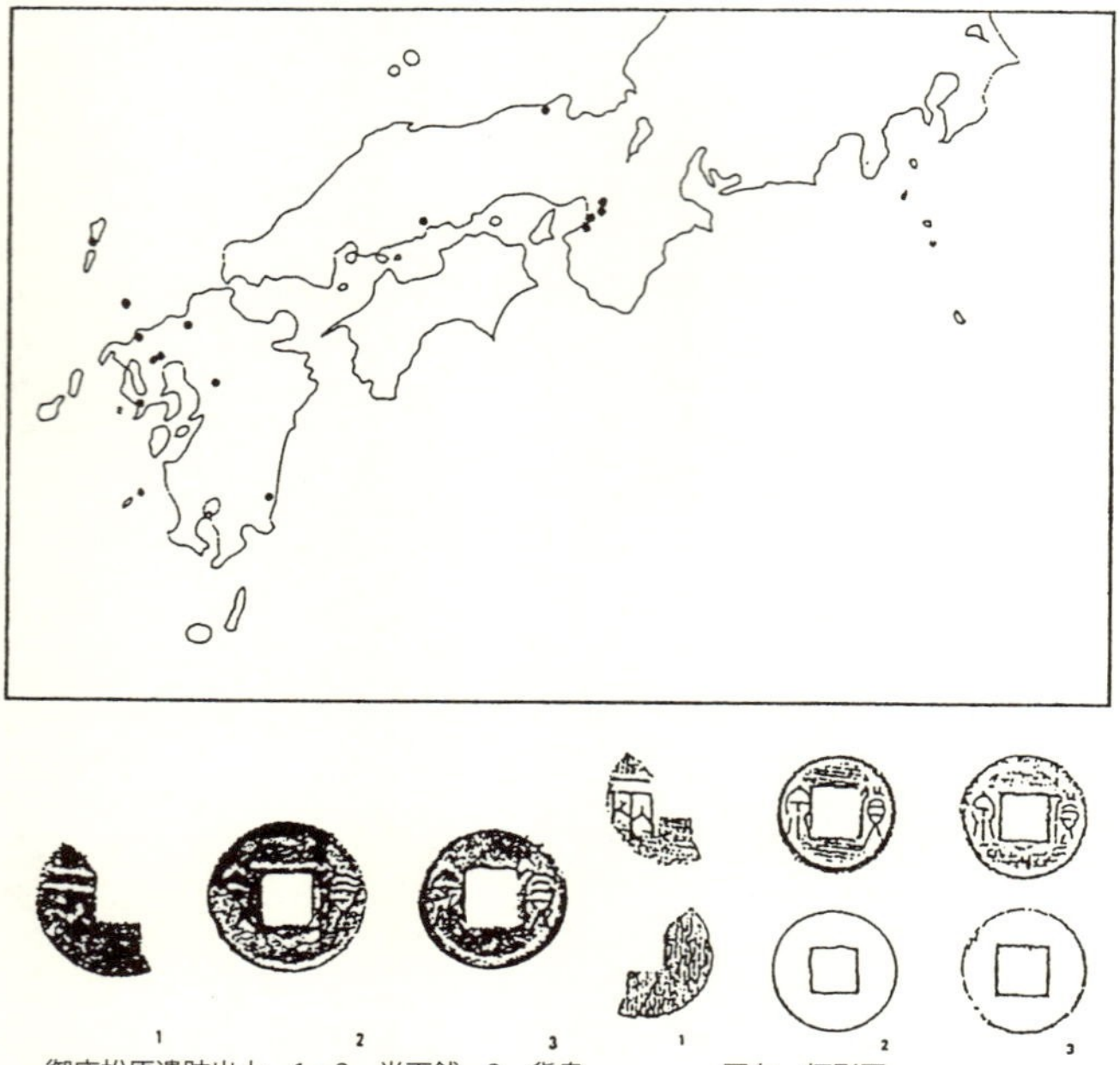

御床松原遺跡出土　1・2　半両銭　3　貨泉

同左　拓影図

第21図　貨泉とその出土分布図（奈良県立橿原考古学研究所附属博物館、1983『三世紀の九州と近畿』による）

を持った地域は北部九州だけかという問題を、ここで考えてみたいと思います。『漢書』に「分かれて百余国を為す」と出てきますが、この百余国は北部九州だけのことをいっているのかどうかという問題です。結論からいいますと、そうではなくて、百余国というのは、どうも近畿地方まで含んだ西日本各地に国々がたくさんあったことを示していると考えたいのです。

前漢の貨幣である半両銭が、さきほどの御床松原遺跡と、新町遺跡でも出ています。前漢と後漢のあいだに王莽《おうもう》の建てた「新」という国がありました。その時代の貨幣が貨泉《かせん》です。半両銭・貨泉のほかにも五銖銭《ごしゅせん》があります。そういった貨幣の分布状況を見ますと、九州地方だけではなく近畿地方にも、もう一つの中心があるということなのです（第21図）。その後も、四国で見つかったりして、かなり分布が拡がっています。いまのところ貨泉に関していえば、いちばんたくさん出ているのは近畿地方の大阪湾沿岸で、九州ではないのです。当時、前漢から後漢にかけての時代というのは、中国側から見れば、北部九州だけではなくて、近畿地方まで含んだ西日本全体にその視野があったということではないかと思います。それでは一体、銅鏡はどうかといいますと、確かに北部九州では、たくさん出土していますが、実は近畿地方でも出ているのです。

兵庫県の森田町とか、大阪市の瓜破《うりわり》という遺跡から、前漢型式の鏡の破片が出ています。近畿地方では、後漢鏡は弥生時代の遺跡からほとんど出ていませんが、その次の時代である古墳時代の古墳から前漢や後漢の鏡がたくさん出てくるのです。ということは、おそらく北部九州では、鏡が甕棺墓や土壙《どこう》墓に埋納されますが、近畿におきましては、その時代の墓には埋められずに、それが伝えられて次の時代の古墳に埋められるというようなことがあったのです。結局のところ、北部九州において鏡が入って来るのとほぼ同時的に、近畿地方に鏡が入っていたと考えたらどうでしょうか。前漢と後漢を通じて、漢の時代というのは、北部九州だけでなく、近畿地方にまで交流が拡大されていたのではないかと考えるのです。

後漢の時期、つまり弥生時代でいいますと、後期に入ったころになりまして、灰陶質《かいとうしつ》土器―やわらかい質ですので瓦質《がしつ》土器ともいいます―が弥生土器といっしょに出土します。いまのところたくさん出るのは北部九州の糸島市、すなわち伊都国のあったところですが、実は近畿地方でも弥生時代後期の末ごろのものですが、対馬でも見つかったような灰陶質土器が出ています。

つまり、前漢から後漢の時代にかけて、漢という強大な国家と交流を持ったのは、北部九州だけではなく、近畿地方まで含んでいたということをいいたいわけです。鏡に関しては、実際は出て来ないけれども、つぎの時代の古墳に副葬されているといえましょう。その点で、注目されますのは、北部九州東海岸の豊前地方の築城《ついき》町に十双《じゅっそう》遺跡という遺跡がありまして、そこでたいへん珍しい遺物が見つかりました。つまり朝鮮半島北西部に設置されていた、漢帝国の出先機関の楽浪郡で作られたと思われる土器―楽浪郡というのは漢の出先機関ですから、その意味で漢式土器と呼んでいます―が見つかりました。と同時にもう一つ注目されますのは、銀製品が見つかったのです。これは、小さな板状の破片で、いったい何に使ったかは分かりません。銀製品といえば、非常に珍しいもので、私が知っているかぎりでは、銅矛の鋳型が出た佐賀市大和町の惣座《そうざ》遺跡で指輪が見つかっています。土器はいっしょに出ていませんけれども、おそらく弥生時代後期、つまり後漢のころのものといわれています。この二例ぐらいだと思っていましたが、その後調べますと、北海道でも見つかっていました。北海道根室地方の南方に羅臼《らうす》町というところがありまして、そこから何かは分かりませんが、十双遺跡と同じような銀製品が見つかっています。これが見つかったのは、北海道では続縄文時代といって、縄文時代に続く時代で、本州からいえば、弥生時代に相当する時期の初期に当たります。この場合、弥生時代中期から後期にかけて、おそらく楽浪郡から入ってきたと思われる銀製の指輪なり、その他の銀製品が九州の佐賀とか豊前、そしてずっと飛んで、北海道からも出ているということです。北海道には、アムール川流域周辺から入って来たことも考えられなくはないのですが、おそらくまず九州に入り、ついで近畿に入ったか、あるいは九州から山陰の方をまわって行ったのではないかと思っています。

「国々」の拡がり―弥生文化の拡大―

銀製品が北海道でも出て来ることがまったくの偶然ではないということが、別の面からうかがえます。こんどは札幌のずっと南のほう、伊達市というところで有珠という遺跡が見つかりました。ここで、やはり続縄文時代の、イモ貝で作ったペンダントのような装身具が見つかっています。このイモ貝はさきほど述べましたように南島の奄美、沖縄で採れる貝です。そこで採れる貝が西日本にずっと拡がっていますが、さらにずっと北海道にまで行っているという事実です。イモ貝が北上している話をしましたが、当然、逆のことがあってもしかるべきです。そういった見返りとして九州から南方へ行ったと思われる資料が次々と見つかっています。それは弥生系の遺物です。具体的には弥生土器です。

沖縄本島からちょっとはずれた島にある遺跡で、四〇〇〜五〇〇個の弥生系の土器の破片が出ています。これらは弥生といっても、北九州ではなく南九州の土器です。つまり山ノ口式土器などが出ています。沖縄本島の具志川市の宇堅《うけん》貝塚では、なんと熊本の人吉盆地を中心として分布する免田式土器が見つかっています。それは、重弧文という文様が刻まれた非常に特徴がある土器で、福岡県でも八女とか、あるいは佐賀県でも出ているものです。この遺跡では、鉄器も出土しています。また鏡の破片も見つかっています。それには鋸歯文とか複線波状文が見られる小さな破片ですが、おそらく舶来の後漢鏡の一部と思われるものです。そういうことで、弥生系の土器ばかりか、もちろん磨製の石器もあります。石包丁はいまのところ見つかっていませんが……。

南の方からゴボウラ貝とかイモ貝とかが北上する一方、見返りとして九州本土、あるいは九州南部のものが逆に、南方にも下って来るということがあったようです。弥生時代中期から後期にかけて、漢帝国と交流を持った時代というのは、北は北海道から南は沖縄本島まで、直接的にも、間接的にもそういう壮大な交流の時代であったといえるのではないでしょうか。

このようにしまして、弥生時代の中期から後期に中国との交流がいっそう広まる中で、日本では小さな国々がしだいにまとまっていき、やがて三世紀に入って行きますと、弥生時代も終末期を迎えます。

弥生社会の終末　──国家形成への胎動

それは今から一七七〇年ほど前のことで、あの「魏志倭人伝」の時代です（第22図）。

漢帝国の政権を王莽が奪取したり、後漢によってふたたび統一されることがあったりして、中国の歴史が流れていきます。後漢時代も終わりになりますと、内部の乱れから、後漢は分裂しまして、いわゆる三国時代に入ります。つまり中国大陸がふたたび分裂して、魏・呉・蜀という三つの国に分かれます。日本列島では弥生時代も終わりに近づき、いよいよ古墳時代に向かって行く時代です。有名な「魏志倭人伝」、魏の歴史書ですが、それによれば邪馬台国をはじめとする三〇ほどの国々が魏王朝に通交した

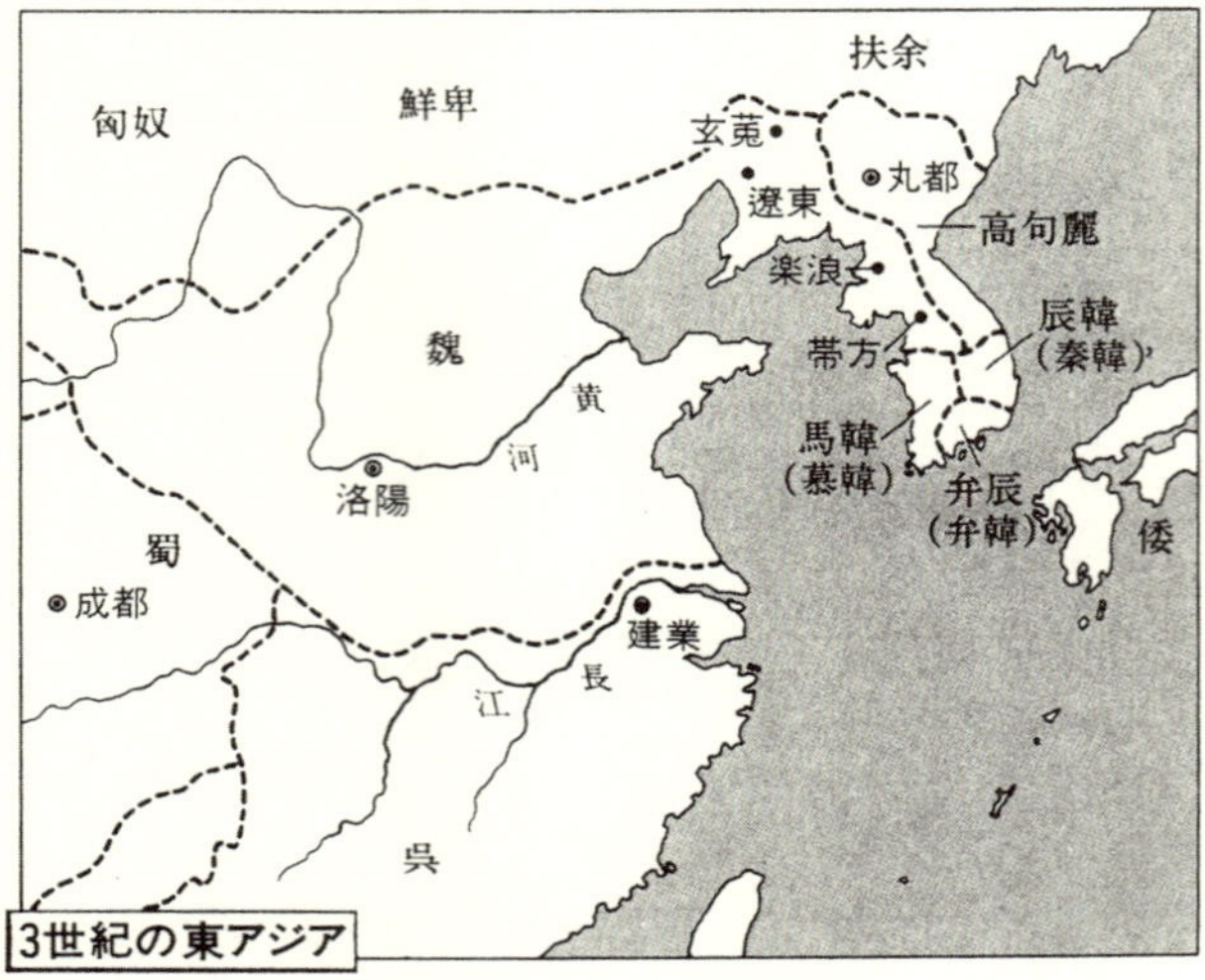

第22図　3世紀の東アジア（朝日新聞社、1990『古代日本の国際化―邪馬台国から統一国家へ』より）

ことがうかがえます。魏にとっては、呉や蜀に対抗するために、周辺の諸国を味方につけることが必要です。そこで、はるばるやって来た邪馬台国をはじめとする国々に対して丁重に対応したわけです。邪馬台国にとっては、狗奴《くな》国という、対抗する強大な勢力がありました。そのため、魏王朝をバックにつけ、狗奴国を牽制し、そしてやがては、支配下におさめましてヤマト王権の統一へと向かって行くわけです。そういったことが日本側と中国側のそれぞれに働いて、積極的な国際交流が展開したということではないかと思います。

おわりに　―倭人の世界

「魏志倭人伝」に記載された邪馬台国の世界(6)がどういう舞台であったのかということを、ひとこと最後に申し述べたいと思います。

邪馬台国の世界というのは、北部九州だけのことをいっているのかという問題ですが、このことはもうお分かりのように、すでに漢の時代から、舞台が近畿地方まで含んでいました。間接的には、北は北海道から、南は南島まであったということを申しました。つまり、漢の時代、日本と中国との関係において、日本での舞台といいますのは、非常に広大な範囲であったということです。そういう時代があって、邪馬台国の時代に入るわけです。結論から申しまして、邪馬台国の舞台も、やはり、日本列島の広範囲な地域であり、九州だけの問題ではないということをいいたいのです。銅鐸を例にとりましても、東は関東から、西は九州まで、近畿地方を中心として共通な祭祀が、広範囲で行われています。そしてまた、さきほどいいましたような、朝鮮半島で作られた灰陶質土器も九州だけではなくて、近畿地方まで分布しています。そういったことに加え、さらには卑弥呼がもらったといわれる銅鏡に擬せられる三角縁神獣鏡を見ましても、東は群馬県の古墳からも出てきますし、もちろん西は九州からも出土します。

そういうことで、邪馬台国、「魏志倭人伝」の舞台というのは、九州だけではなくて、日本列島の広範な地域を舞台として展開したのです。そこでさきほど南島の話をしましたが、その点についても一つ、気がついたことがあります。沖縄の方々に失礼かもしれませんが、見ていて小柄な感じがします。もちろん背丈の高い人もおられますが、全体として、小柄な印象を受けます。そういう意味で、「魏志倭人伝」の記事を見ておりましたら、その「女王国の東」、東というのは間違っていると思いますが、海を渡ると侏儒《しゅじゅ》国があって、そこはやはり倭種、つまり倭人の国であると記されています。そこの人々は背丈が三四尺の小柄である、と書いてあります。それに続けて、さらに裸《ら》国があり、そして黒歯《こくし》国という国がある、という記事が出てきます。

そういったことがらを見ますと、いずれにしましても、南の方の地域のことに言及しているということと、そういった国々は海中の島々に点在しているとあります。それは、日本列島にはおおきな本州があり、その周辺には小さな島々があった、そういう地形を表現しているようです。つまり、侏儒国とか裸国とかいうのは、どうも、南西諸島の奄美、沖縄まで含んだ地域を表しているように思われます。そして東は関東まで、そういう舞台を背景として、倭人伝が書かれているのです。

そのように、稲作文化を朝鮮半島から受け入れ、やがて定着し、発展して行く中で、国々が生まれ、それらがまとまって、統一的な国家の形成に歩み出して行きました。その過程で常に、朝鮮半島、さらには、中国大陸と交流を持ちながら日本古代国家の成立に向かって、大きく胎動していったのが、弥生時代です。そういう意味で、弥生時代というのは、日本の歴史の中で非常に重要かつ画期的な時代です。しかしそれには、細かくいえば、いくつかの節目があって、その節目ごとに、中国あるいは朝鮮との交流があり、そういう交流が大きな糧となって、日本が古代国家として大きく発展していったといえるのではないでしょうか。また、とくに弥生時代中期後半以後、後期にかけましては、直接・間接的に、広大な日本列島が対外交渉の舞台となっていたということを申し上げました。

以上、話がだいぶ駆け足になりましたけれども、倭人の世界を主にしまして、弥生時代における対外交流の概観を振り返った次第です。

〔注〕

(1) 後藤直、一九八八「弥生時代の開始」『MUSEUM』№451、東京国立博物館。
(2) 西谷正編、一九九七『東アジアにおける支石墓の総合的研究』九州大学文学部考古学研究室。
(3) 中橋孝博、二〇一五『倭人への道─人骨の謎を追って』吉川弘文館。
(4) 志摩町教育委員会、一九八七『新町遺跡─福岡県糸島郡志摩町所在支石墓群の調査─』『志摩町文化財調査報告書』第七集。
(5) 西谷正、一九九三「朝鮮半島の道─環濠集落にみる農耕文化」『月刊しにか』第4巻第8号、大修館書店。
(6) 西谷正、二〇〇九『魏志倭人伝の考古学─邪馬台国への道』学生社。

第5章　漢とローマ　―倭とケルト

この問題に関する研究は、私が一三年前の二〇〇二年（平成一四）一月に九州大学の最終講義で話して以後、ストップしています。今日のお話はそのときの内容から変わっていませんので、あらかじめお断りしておきます。

それに、私はもちろんケルトが専門ではありませんし、あまりよく知りませんので、これから研究したいと思っているテーマとして、その辺のお話をしたいと思っています。

まずはじめに、私たちが住む福岡は、今から二〇〇〇年前の古代、弥生時代の中ごろに当たるころ、奴国と呼ばれていたということは、ご承知のことと思います。その「奴」という言葉は、現在も那の津とか那珂川という固有名詞として残っています。那珂川の「か」は「の」が「か」に音便変化しているのです。元々「那の川」であったのが、「那か川」に変化したのです。二〇〇〇年前に奴と呼ばれた地域、そこに国があって、その名残りがいまも生き続けているわけです。その奴国の時代に、福岡は国際化の仲間入りをしています。それは当時の中国と外交関係を始めたということです。いまから二〇〇〇年前のことですから、大変なことといえます。それは当時、朝鮮半島の北西部、現在の朝鮮民主主義人民共和国、いわゆる北朝鮮の一角に楽浪郡という漢帝国の出先機関が設置されたことと係わりがありま

第23図　志賀島金印出土地　1998年9月30日撮影

す。中学校で学習されたと思いますが、その楽浪郡を通じて奴国が中国と外交関係を持ったのです。なぜそういえるかというと、中国の漢には前漢と後漢がありましたが、その後漢の歴史書である『後漢書』の中に建武中元二年、倭の奴国がやってきて印綬を与えた[1]と書かれています。西暦の五七年に当たりますが、奴国が楽浪郡まではるばる出かけて、そこで金印を受け取ったのでしょう。このことが中国の国家編纂の歴史書に記録されているのは大変なことです。それを裏付けるように物証があるのです。いまから二三一年前の天明四年に、福岡市の志賀島で偶然、金印が発見されました。その金印に「漢委奴国王」と五文字が刻まれていました。『後漢書』に記録されている、時の光武帝が与えた金印が志賀島で発見された金印であることは間違いないことが分っています。金印というのは大変なもので、中国を含めてもまだ二〇例も出ていません。そういう金印が志賀島で発見され、奴国王の持ち物であったということが分かったのです（第23図）。金印はきわめて重要なもので、そうあちこちで出るものではありません。一般的には、その時代の外交関係や、交流を物語る文物としては銅鏡があります。中国の前漢・後漢各時代の銅鏡が、奴国各地の遺跡で出ていますし、もちろん西隣りの伊都国の遺跡からも出土しています。銅鏡とか当時の中国の貨幣であった五銖銭《ごしゅせん》や半両銭も出土してい

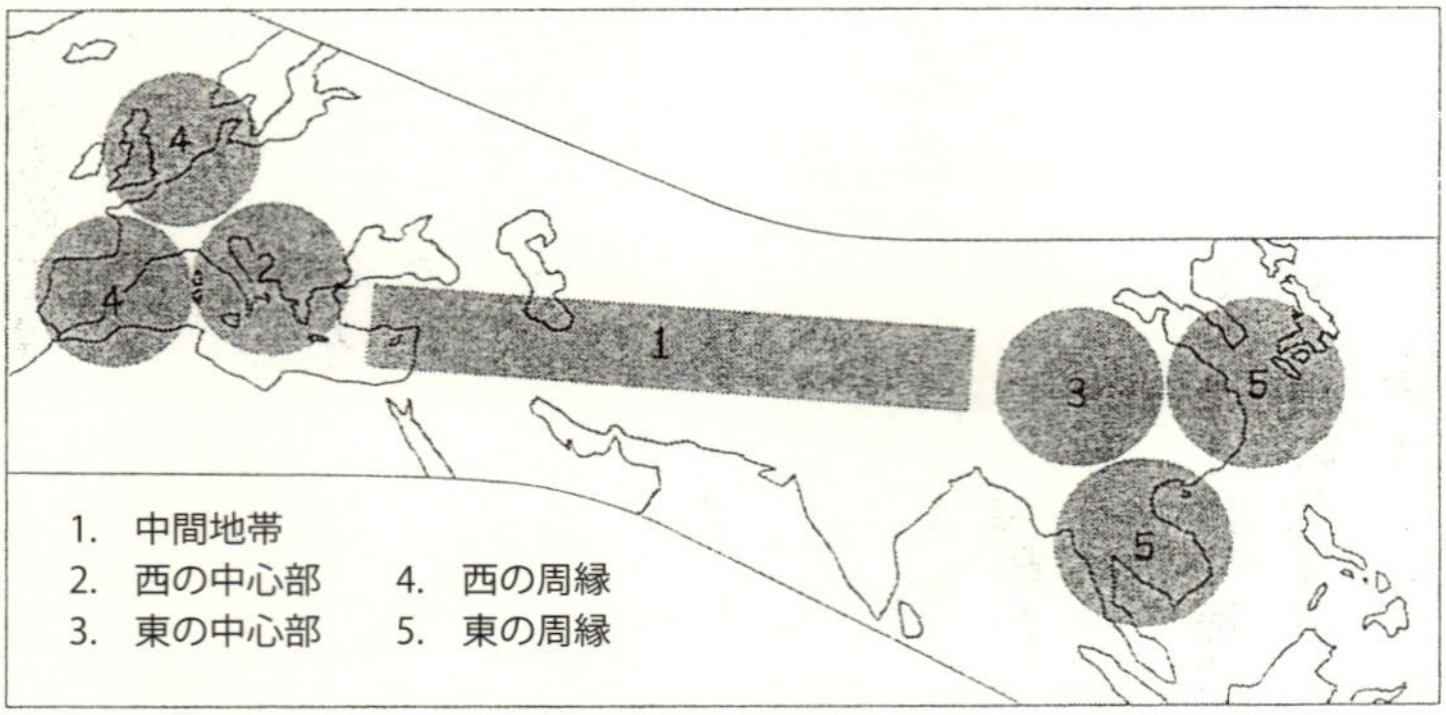

第24図　ユーラシア文化圏の空間モデル（若山滋、1990『ローマと長安―古代世界帝国の都』講談社現代新書より）

ます。そのように金印をはじめとして、銅鏡とか貨幣など、漢の文物が今から二〇〇〇年前の奴国を中心として、北部九州各地から出てくるのは、『後漢書』に記載されている奴国が朝貢していって、金印を賜ったという記述と合致します。と同時に前漢の時代に、これも皆さん中学校で習われたと思いますが、やはり中国の記録『漢書』に登場しているように、「楽浪海中に倭人あり、分かれて百余国を為す」とあります。楽浪郡の海の彼方に倭人が住んでいて、百余りの国々に分かれていた、と書かれています。中国の歴史書に記録されていることと、そのことと符合するかのように、中国・前漢の銅鏡や貨幣などが出土するということです。漢帝国周辺の漢文化というところで、弥生文化を取り上げ、その例の一つとして、いま奴国の話をしました。

ここで、若山滋《わかやましげる》先生の講談社現代新書に含まれている書物[2]の地図を引用しましたが、これはとても分かり易く興味深い地図です。それはユーラシア文化圏の空間モデルです（第24図）。すなわち、ユーラシア大陸における文化圏の東西に二つの中心があって、その周辺に異民族の文化があるということです。この図の網がかかっている右の方に、三つの大きな丸がありますが、その中の3番には東の中心部と書いてあります。ここが、奴国と外交関係を持った

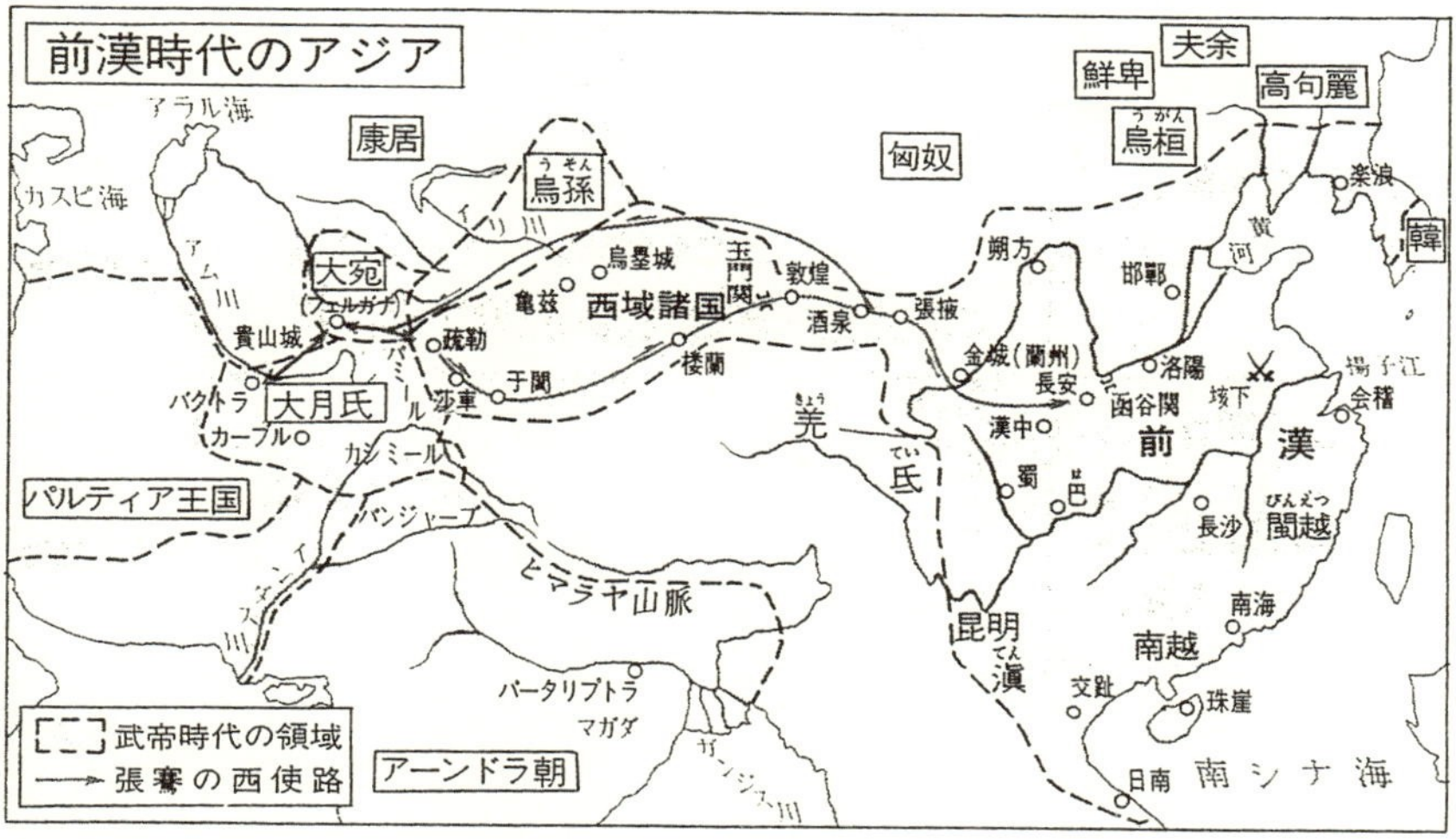

第25図　前漢時代のアジア（福井重雅、1983『基礎からよくわかる世界史』旺文社より）

漢の、とくに前漢大帝国の版図です。その漢帝国の5番として、東の周縁と書いてありますが、漢帝国東の周縁に異民族の文化圏が二つあったということです。この5番のところに、奴国も含めて私たちの祖先である倭人がいたのです。倭人が住んでいた倭もしくは倭国があり、そして、当時の朝鮮半島南部には韓という国々がありました。中国の漢帝国を中心として東方には韓とか倭があったのです。そういった異民族がそれぞれ独自の文化圏を作っていました。

同じように東の周縁にはもうひとつ5と書かれていますが、同じ東の周縁の南方ということで、中国の記録でいうと南越《なんえつ》とか滇《てん》とかが知られています。南越というと現在の広東省辺りです。第25図として、その当時のアジアの地図が出ていますが、右下（東南）辺りに南海郡と出ています。この付近が南越という国があったところです。さらにその西の益州郡は、現在の雲南省の辺りに、滇という国がありました。ユーラシア大陸の東に漢帝国という一つの中心があり、さらにその東側・北側そして南側に異民族の周辺国家があったという関係です。日本列島でいうと弥生時代に当たります。福岡平野でいうと、現在の福岡市から大野城市、春日市、那珂川町にかけての辺りが奴国の領域です。もう一つ、当時の国の実態が分かる例は、海を挟んで北方の壱岐島に「一支《いき》」という国がありました。そこで一支国の例を取り上げてみたいと思います。

今、当時の漢帝国の周辺に国々があった実態を、奴国の例で少しお話しました。同じように一支国の場合ではどうか、ということでお話をしてみたいと思います。一支国の場合、国都もしくは王都と目される遺跡がありまして、それが原の辻遺跡です。邪馬台国のことが登場する「魏志倭人伝」によりますと、「倭人は山島に依りて国邑《こくゆう》を為す」と見えます。これは奴国にしろ、一支国あるいは伊都国にしろ、国には邑があるということです。そこで、邑とはどういう意味かというと、国の都という意味に解釈されます。今流にいえば首都で、一支国の首都ですから国都ともいえます。それぞれ国には王がいましたから、王の都、王都といってもよいでしょう。国邑に相当する中心的な集落がそれぞれの国にあったわけです。奴国の場合は、JR博多駅から南にかけて比恵・那珂という地域がありますが、どうもその辺りが中心だったようです。それに対して、一支国の場合は原の辻遺跡でした。ここでは長年にわたって調査が進んでいて、一支国の王都の遺跡と特定できることから、国の特別史跡に指定された大変重要な遺跡です。第26図にあるように、二重三重の濠に囲まれた大規模ないわゆる環濠集落という形態をとっています。この遺跡の発掘を通じて、権《けん》がこの丘の中心部から少し北へ行ったところで出土しました。権は、小さな青銅製のもので、今でいう秤《はか》りの錘《おも》りです。秤りには、竿秤りと天秤《てんびん》秤りの二種類ありますが、権は竿秤りの錘りとして使うものです。権というのは、もともと中国の言葉で、分かりやすくい

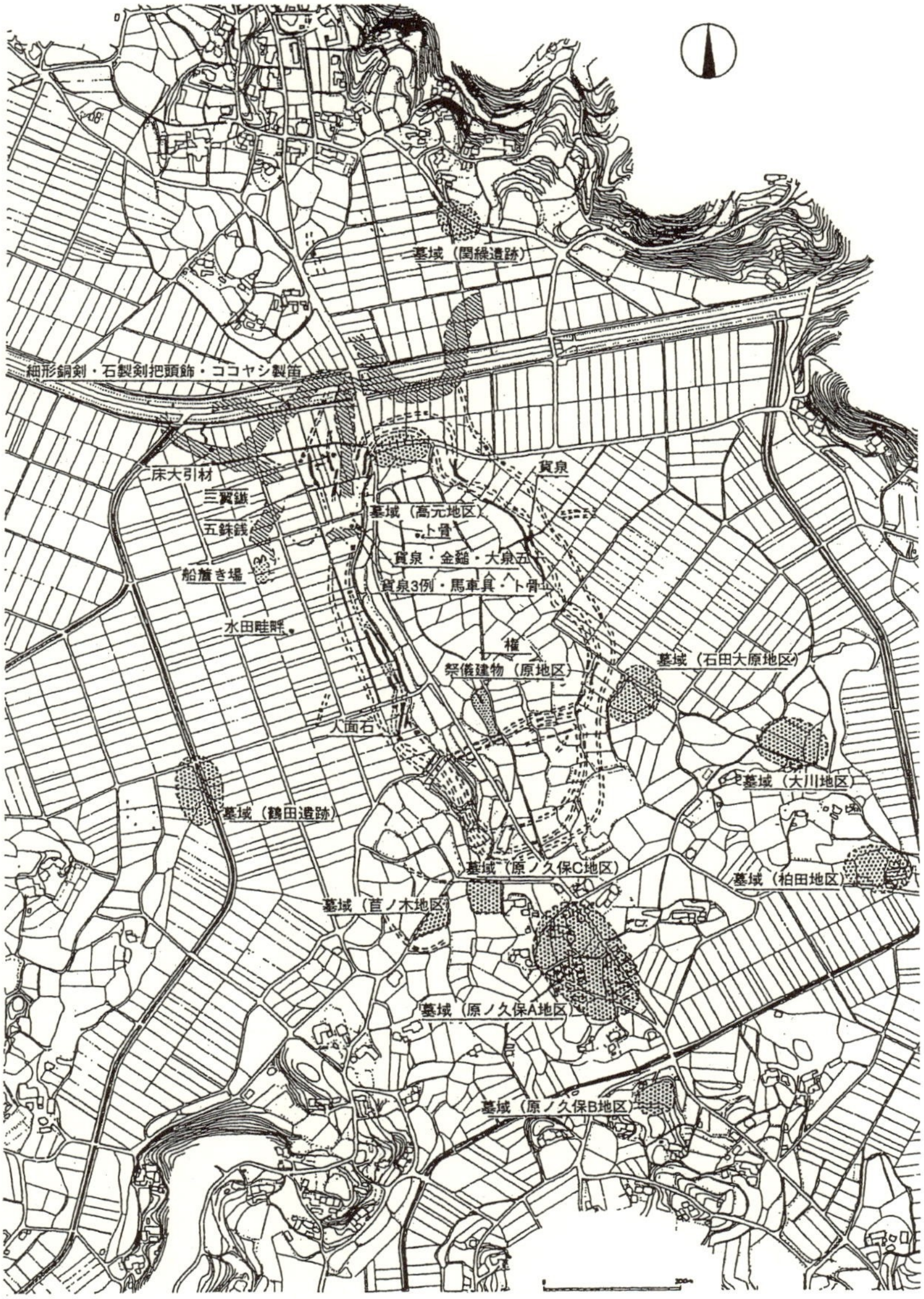

第 26 図　原の辻遺跡の概要（中尾篤志、2004「一支国」における生産基盤」『考古論集』より）

えば秤りの錘りということです。こういった珍しい物が見つかっています。これは弥生時代では日本列島唯一ですが、中国でもほとんど出ていない遺物です。あるいは貨泉《かせん》三例が知られます。貨泉といえば、中国の前漢と後漢の間に新という国がありましたが、その新の時代の貨幣です。そして、車輿具《しゃよぐ》は馬車などの車軸頭のキャップに当たる部分です。そのほか、五銖銭は前漢の貨幣です。さらに三翼鏃《さんよくぞく》は銅鏃で、断面で見ると翼が三つ広がっているような形をしています。これらはいずれも中国の前漢あるいは後漢、そして、その間にはさまれた新の時代の文物です。それから前漢ならびに後漢時代の銅鏡も数点見つかっていますので、漢の文物が比較的種類も多く出土しているといえます。そういった漢の文物があるということは、中国の記録に出てくる「楽浪海中に倭人あり、分かれて百余国を為す」という記事と符合し、中国との外交関係の証しであろうと考えられます。

同様なことは南方へ下りまして、東南アジアを見ても、現在のハノイの辺りで漢の墳墓が見つかっていまして、そこから前漢鏡をはじめいろんな遺物が見つかっています。当時の南海郡つまり現在のベトナム辺りが漢帝国の領土の南端に当たります。東アジアでは、朝鮮半島に楽浪郡を設置したのと同様に、ベトナム中部地方、現在のダナンの辺りに日南郡という郡を設置した記録が残っています。また、南海郡と日南郡の間に交趾《こうし》郡がありまして、その辺が現在のハノイですが、その付近から漢の銅鏡が見つかっています。そして、ダナン付近からは福岡周辺の甕棺のように、大型の甕棺が出土し、新の貨幣である貨泉が出たりしています。日南郡の設置という文献史料と、それに関する漢の文物という考古資料が符合することが分かります。さらに、滇国という国に益州郡を設置しました。そこの国王に与えた印章が滇王の金印です。漢帝国が領土を周辺に拡大して行く過程で漢の支配下に入った地域に対して、国と王を認証して金印を与える、といった印章制度に基づいて地方統治が行われました。そのことを裏付けるかのように、そういった各地で、漢帝国から与えられた金印などが見つかっているのです。

同様に、中央アジアでも(3)例が見られます。第27図にあるのは、銅印です。それを見ますと、志賀島で見つかった金印とよく似た文字が刻まれています。右に「漢」、真ん中に「帰義」つまり漢の支配下に入ったという意味の文字があります。そして、左上に「羌《きょう》」という文字が見えます。これは漢帝国が羌族と呼んだ民族で、チベット系の民族です。その下には「長」とあります。つまり羌族の長のことを示しています。すなわち羌族の長が漢帝国の支配下に入ったことから与えられた銅印、ということになります。このように「漢帰義羌長」という、日本の「漢委奴国王」と共通する文字を刻んだ印を与えられているのです。この「漢帰義羌長」印の素材は青銅です。それに対して、奴国王のものは金印です。中国の印章制度は非常に厳密で、印章の素材は皇帝が玉、王侯クラスは金で、その下は銀、さらにその下は銅です。身分によって材料が、玉・金・銀・銅と大きく分かれていました。この印は銅印であることから、この地域の王というより、国の中の村長クラスの人物に与えられたものではないかと推測されます。現在、新疆ウイグル自治区の、タクラマカン砂漠の北

第27図　新疆ウイグル自治区沙雅県出土「漢帰義羌長」銅印

の方にクチャ（庫車）という地域があります。かつてこの付近に亀茲《きじ》国という国がありまして、その辺りで出土しました。いま中央アジアでもその一例を見たわけですが、中国の何カ所かで見つかっています。漢帝国は東の中心でありましたが、その東側から南東側にかけて、また一方では西側に、現在の中央アジアまで漢の文物が及んでいるのです。つまり漢帝国がその地域を領域化した時に、そういった文物を与えていることになろうかと思います。

次に、漢帝国の外交戦略と倭について考えてみましょう。まず、漢の郡国制度と楽浪郡・倭人百余国の問題を取り上げます。ところで、漢帝国はずい分と広く領土を拡大しました。その当時の領土を示す広い範囲の地図（第25図）（八三頁）がありますが、破線で囲んだ地域が武帝時代の領域となっています。この地図にありますように、たとえば、朝鮮半島北西部に楽浪郡を設置し、そこを直接支配しました。それに対して、その南方の韓、さらに海を渡った倭とは冊封関係という外交関係を結ぶことによって間接的な支配の傘の中に編入しようとしました。一方で南では日南郡に、すなわち、現在のベトナム中部に当たる地域まで領土を拡げました。他方、西ではさらに西域諸国まで勢力を拡大して行ったのです。第25図の地図に西域諸国とある、すぐ右に玉門関《ぎょくもんかん》、その下に楼蘭《ろうらん》・敦煌《とんこう》・酒泉《しゅせん》・張掖《ちょうえき》と見えます。この地図には出ていませんが、張掖の右下に武威《ぶい》がありました。これら敦煌から武威までをいわゆる河西四郡と呼びます。つまり黄河の西方に四郡を設置して直接支配しました。もっと西方はどうかというと、おいおい支配を拡げて行きました。玉門関の辺りまでは、朝鮮半島に楽浪郡や、あるいはベトナムに日南郡を設置したように、中央アジアに河西四郡を設置し、そこまでは官僚を派遣して直接支配しました。さらに遠くをどうしたかというと、国という形で間接的に支配しようとしました。日本の場合は奴国・伊都国というように、また同様に西域諸国においては亀茲国・楼蘭国とか、亀茲国の南には于闐《うてん》国《こく》とか、そのように国という形で間接的に領域化しようとしました。それが当時の中国の外交戦略としての郡国制度です。郡というのは、直接コロニーを置き官僚を派遣して支配するやり方です。それに対して国は、秦の始皇帝の地方統治制度を引き継いで導入したものです。国とはいわば、封建制ということです。その地域のトップ（領主）だけを捉まえて、後はそのトップに任せておくというやり方です。たとえば、日本近世の福岡藩のことは黒田の殿様に任せるという封建制です。もっともときどき隠密を派遣して、うまく藩政が行われているか監察することはあったらしいですが。したがって、直接的支配の郡県制と、その土地の領主の自治に任せるという封建制が併用されたのです。封建制とは周の時代の制度ですが、大昔の周時代の封建制と、新しい秦の郡県制を合わせた、新しい郡国制という形で、漢は直接そして周辺の地域を間接的に支配する、そういう形で広大な領土を治めて行こうとしました。漢帝国の外交戦略の枠組みの中に、朝鮮半島南部の韓や、日本列島の倭の諸地域は郡国制度の国として編入されて行ったことになり、その結果、漢の歴史書に「楽浪海中に倭人あり、分かれて百余国を為す」という形で記録されるに至ったということです。

片や西方ではどうかというと、第25図の地図にありますように、西域諸国は北の天山山脈と、その南方のタリム盆地、ここはタクラマカン砂漠です。さらに西に大宛《だいえん》（フェルガーナ）という地域がありました。そして、その南には大月氏《だいげっし》とかがいました。この辺の異民族をどうするかは漢帝国の大きな課題でした。そこで大宛の東西の疎勒《そろく》・莎車《さしゃ》とか于闐に対しては、国という形で間接的な支配下に入れようとしました。しかし、それより西の先にある大宛や大月氏をどうするかという問題がありました。そこで行ったことは、張騫《ちょうけん》という将軍を派遣して同盟関係を結ぼうとしたのです。それは、北方の草原地帯に匈奴という非常に勇猛な遊牧民族がいて、絶えず南の漢族の地域に南下して来ようとしていました。その匈奴から国を守るために、いわゆる後に万里の長城といわれる城壁を二千数百キロにわたって築き、匈奴の侵入を防ごうとしました。匈奴の西には烏孫という、やはり遊牧民族がいて、漢帝国にとっては悩ましい民族でした。烏孫も機あらば南に進出しようとしていた状況がありました。こういう匈奴とか烏孫が、西の大宛や大月氏と手を結んで同盟すれば、漢帝国にとっては大変な脅威になります。そこで張騫を派遣して大宛や大月氏と手を結んで、匈奴や烏孫が南下することから、外交関係もしくは外交戦術で広大な領域を守ろうとしたようです。もし大月氏らが匈奴と手を結べば、西の方は匈奴の支配下に入っていく恐れもあったので、そういうことを考えたと思われます。実際には漢は匈奴とは度々戦争をしています。しかし、時には漢帝国の王女を匈奴へ嫁にやって、つまり婚姻関係を結んで牽制しようとしたこともあったようです。同様に烏孫にも王女をずい分と嫁がせています。そのような記録が『漢書』や『史記』に出てきます。それから大宛や大月氏に張騫を派遣して同盟関係を結ぼうとしたことですが、このことは『史記』の大宛伝のところに、「匈奴の右臂《うひ》を絶つ」という言葉が見えます。匈奴からすれば漢帝国を見て、右肘に当たるのが大宛や大月氏の地域なのです。そういう表現がされていることから十分に理解できます。広大な領土を拡げた漢帝国が、北方の遊牧民族の南下から国を守るために物理的に万里の長城を築く一方、外交戦略で味方をできるだけ多くつけ、匈奴や烏孫に対抗しようとしたのです。同じようなことが日本列島の倭に対しても認められます。漢は匈奴対策で西域に張騫を派遣して同盟関係を結んだことと、同じような戦略で、倭とか朝鮮半島の南部の国々を支配下に治めようとしたと

第28図　ローマ帝国の発展（福井重雅、1983『基礎からよくわかる世界史』旺文社より）

いうわけです。その場合、大宛や大月氏を右肘と表現すれば、韓や倭の国々は左肘に当たります。匈奴の南下を両腕にたとえ、同盟関係や郡国制に編入することによって国を守ろうとした、そういう壮大な外交が働いていたのです。それが漢と倭の関係ということになりますと、漢という大帝国と周辺の少数異民族国家との関係でもあるのです。

第24図（八二頁）の真ん中のところに、ユーラシア大陸の東の端に漢帝国と周縁の国家群がありました。そこと西方の間、つまりユーラシア大陸の中央部を結んでいたのが、ご存知のシルクロードです。シルクロードには、北の草原ルートと真ん中のオアシスルートと南の海のルートと三つのルートがありました。この東の一つの極と西の極を繋ぐのがシルクロードのオアシスルート、あるいは北の草原ルートです。このシルクロードで結ばれた西方にローマ帝国がありました。そのローマ帝国の領域については第28図が参考になります。

第25図の左上に、「前漢時代のアジア」(4)とあるすぐ左下にカスピ海と書いていますね。このカスピ海の左（西）が第28図の「ローマ帝国の発展」の図で、ローマの右上の方にカスピ海が見えますので、第25図と第28図はカスピ海で繋がります。この第28図のようにローマ帝国の発展した時期の領土は、スケールは違いますが、第25図にある漢帝国の発展した時期の領土と相並ぶ東西二大大国であったことが地図からもうかがえると思います。第28図の左下のところに凡例があって、第2ポエニ戦争終了時のローマの領土と、アウグストゥスの時代、そして、ローマが最大限に版図を拡げた二世紀ごろになると、破線で示されたように現在のヨーロッパ大陸の北部、地中海周辺部、東はカスピ海の近くまで、さらにこれからお話しますイングランド、ブリタニア辺りまでとローマ帝国は広大な領土を手にしたことになります。ローマ帝国の版図が拡大されていった様子は今述べましたように、皆さんもよくご承知のことと思います。ローマが侵略して領土を拡げていく過程で行ったのが、Roman Fort の建設(5)です。ローマがイングランドに渡り、領土化していく際、その拠点として建設して行ったのが、ローマンフォートと呼ばれる、要塞もしくは軍事拠点です。これは第29図のイングランドの地図に示されているように、全域につぶさに軍事拠点を築いていきます。それらを結ぶ道路も整備されました。道路の上を馬車あるいは戦車で進撃して行ったのです。あちこちにローマ時代の一直線の道が残っていて、現在も使われていきます。第29図に四角く二重で囲って中を黒く塗りつぶしたところは、軍団に相当する施設があった場所です。丸印だけのところは軍団に所属する部隊だと思います。この図でも分かるように、部隊でも、大部隊から小部隊まであるように、それが丸の大きさの差で示されています。この図から分かるように、イングランド全域に軍事拠点を作って北上したり、あるいは周りに進撃しました。そのために道路も

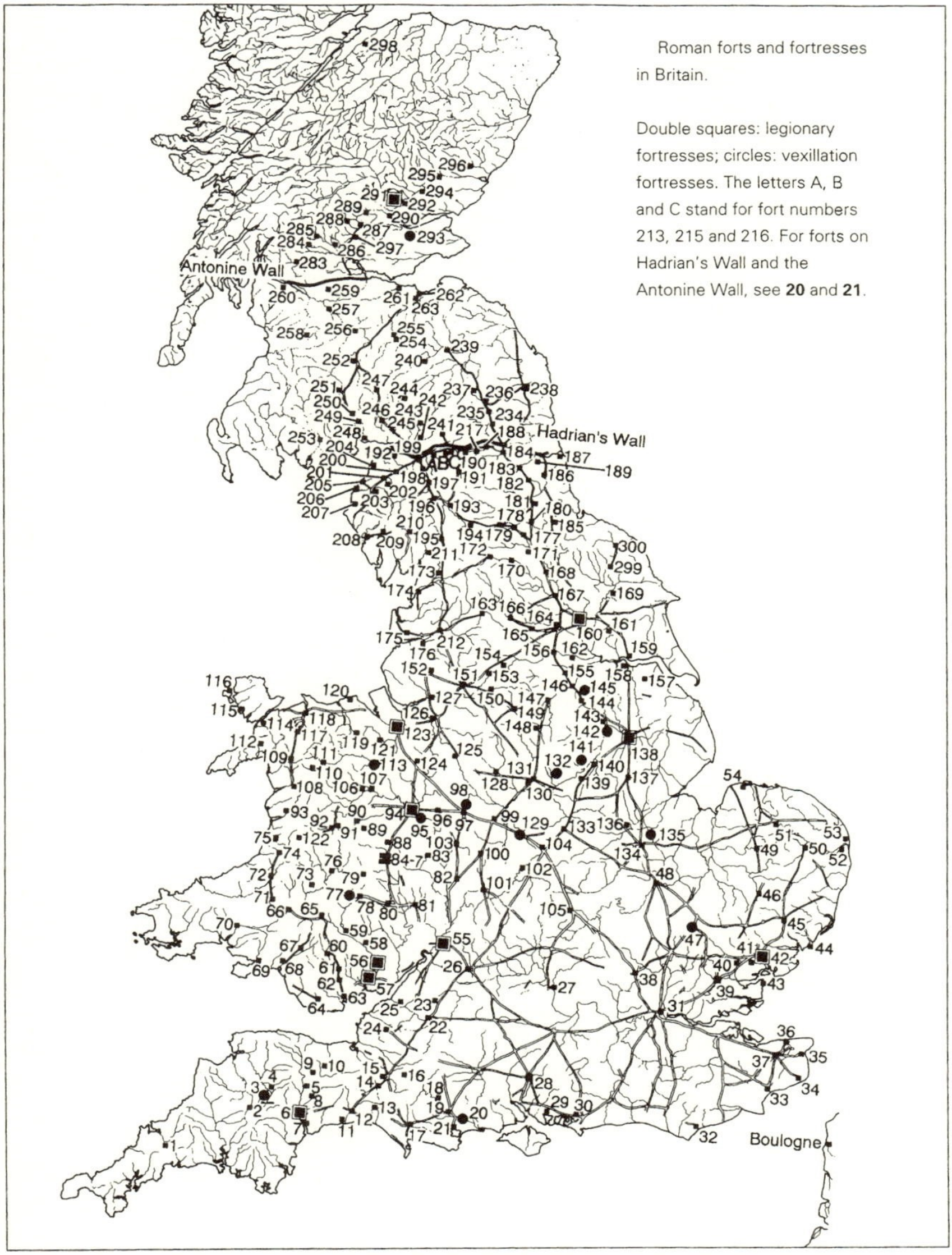

第29図　ブリテンにおけるローマの要塞（Paul Bidwel,1997,Roman Forts in Britain,London より）

第30図　カーリオンの兵舎（Roger Wilson,1980,Roman Forts,London より）

整備することが行われました。その実例として取り上げたのが、「CAERLEON」（カーリオン）軍団の遺跡が発掘された例[6]です。ウェールズに位置します。軍団ですから兵舎、倉庫などいろいろな施設があります。その建物の跡がこうして出て来ているのです。地表から少し掘り下げるだけで遺構が出て来るようです。第30図の右上隅に土手状のものが見えますが、これは建物群を囲っていた土塁、つまり塀のような物です。

　ほぼ全面が発掘された例としては、第31図のホッドヒル「Hod Hill」の遺跡[7]が知られます。第31図の右が北で上が西になります。西から北にかけては土を盛り上げて城壁のようにした、平面L字状の土塁が築かれています。それに対して南から東については、黒く塗った線が城壁ですが、その外に濠を廻らしています。城壁と濠を設けた堅固なものです。土塁はその上におそらく丸太を並べた塀のような木柵があったと思われます。佐賀県の吉野ヶ里遺跡の場合、濠が巡っている環濠があって、その外側に土塁があって、そこに杭のような木を打ち込んで塀のようになっていますが、ああいうものをイメージしていただいてよいと思います。ホッドヒルで全面的に発掘された結果、分かっ

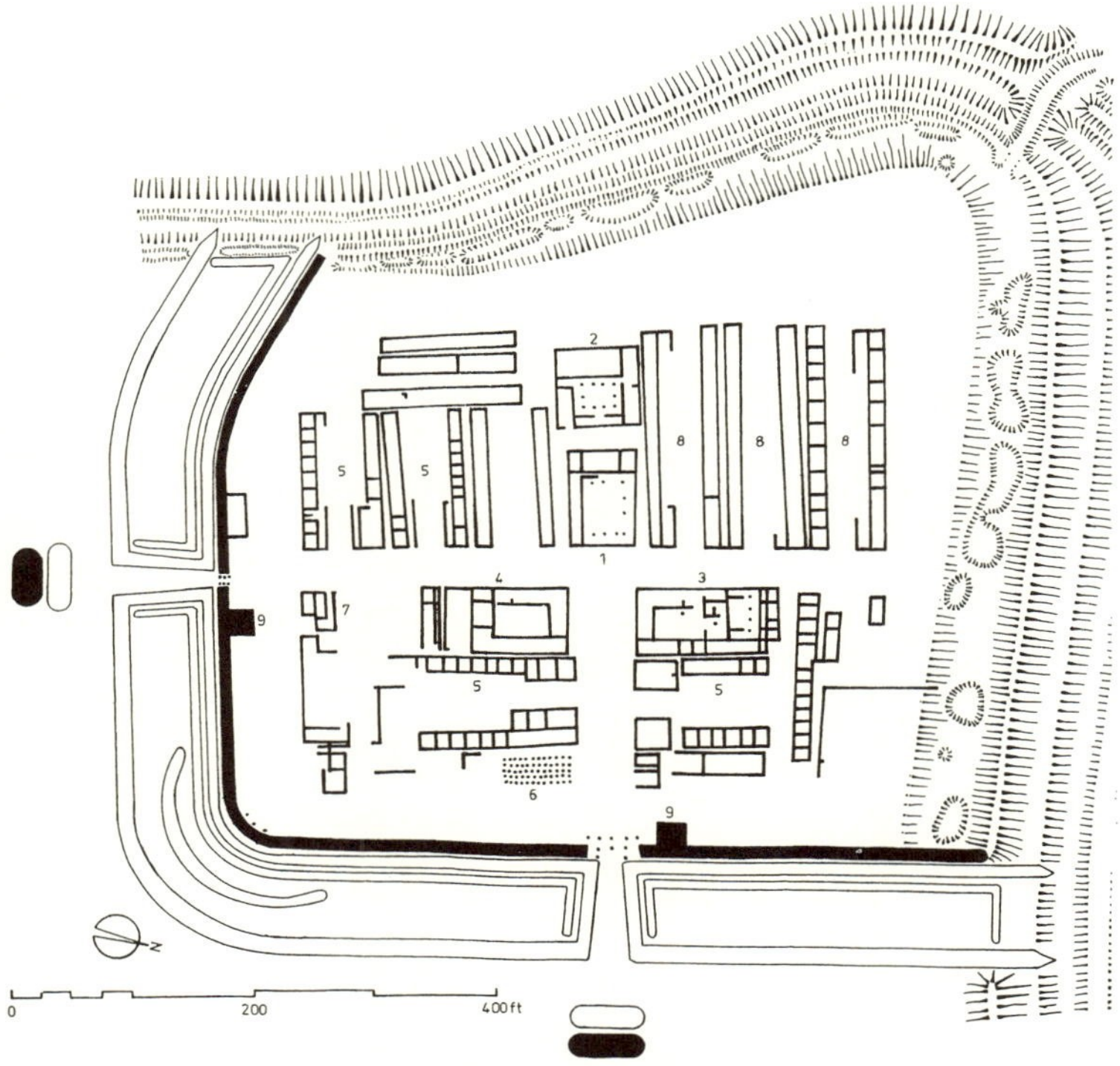

第31図　ホッドヒルのローマの要塞（Roger Wilson,1980,Roman Forts,Londonより）

たことは、東側に出入り口があり、出入り口から真っ直ぐ西に道路があって、建物に突き当たったところで左右にまた道路が延びていることで、平面T字型に道路が中央部にあったことが分かります。第31図ほぼ中央にある1番がヘッドクウォーターということで、部隊長のいた中枢部でしょう。8番は馬小屋、5番辺りは兵舎に相当するところでしょうか。4番はホスピタル、病院ということです。何をもって病院としたかは調べていないのですが、手術の器具か何かが見つかったのでしょう。東門を入ってすぐ左の6番は倉庫といわれます。軍事拠点ですから、一番必要なのは、兵舎、武器・武具などの装備を納める武器庫、食料を入れる倉庫、さらに馬車の馬小屋といった、軍事拠点に相応しい種々の機能を持った施設群がこの中に所狭しと建てられていたことが分かります。具体的な例としては第30・31図のようなごく二例しか挙げていませんが、こういった軍団なり、その編成下にある部隊の拠点が、ローマ軍の進撃に伴って第29図のようにイングランド全域に建設されていったのです。ウェールズも含めてですが、イングランド全域に、何と二九八カ所もあります。当時のローマは、広大な領土を持っていたといいましたが、これはローマ全軍の十分の一に相当し、兵力としては四~五万ではなかったかといわれています。ちなみに第29図の真ん中ちょっと上のＡＢＣと書いたところでは、西海岸から東海岸にかけて城壁が築かれています。それが有名なハドリアンウォールです。このいわば長城は、ＡＤ一一七年から一三八年に在位した皇帝ですが、ハドリアヌスがここまで進撃して、ここに東西に城壁を築いたのでした。遺跡は現在もよく残っていまして、延々と一〇〇キロ近くに渡って延びています。北方のケルトとか在地の民族から自分たちの領土を守るために、つまり新しく治めた領土を守るために城壁を築いたわけです。中国の万里の長城ほどではありませんが、東西に海から海の間を城壁で守っています。もちろん城壁ですからところどころに守備隊の基地など、いろんな防御施設がありました。さらに北上して第29図の上に少し行ったところに、やはり西海岸から東海岸にかけてアントニンウォールとあります。これはアントニウスの時に築かれた城壁ということです。アントニウスは在位がＡＤ一三八年から一六一年です。こういう形で進撃し、また軍団を作って、どんどん北上して行く、その途中に城壁を築いて行ったのです。アントニウスの城壁よりさらに北にも軍団を設置して進撃したことがローマンフォートの分布状況から分かります。そういう形でローマ帝国が領土を拡大して行ったということです。一方、在地というか昔からその地に住んでいた人たちはどうして行ったのでしょうか。それが最後に取り上げる、ブリトンのケルトの問題です。

この在地の住民であるケルト族がどうしたかですが、それはヒルフォート「Hillfort」の建設です。フォートはフォートでも丘の上にあるところから、ヒルフォートと呼ばれます。やがてこれらはローマに攻撃されて滅びて行きます。その後どうなったかというと、中には懐柔されてローマ化し、引き続き地域の領主として生き長らえた者がいました。その仲間がVilla、つまり荘園とか別荘を営みます。そういう形でケルトの一部には、支配者であるローマの影響下に入って、ローマ風の邸宅を建て、その地域の農業生産や牧畜に精を出した人もいたようです。まず、ヒルフォートについては丘の上の要塞と呼ぶべきでしょう。しかし、いろんな訳語があるようで、丘の上の砦つまり丘砦《きゅうさい》という言い方もあるようです。要するに防衛的、軍事的な集落ですが、通じて丘の上にあるのでヒルフォートと名付けられています。そのヒルフォートの分布が第32図に出ていますが、先ほどのローマの部隊とほぼ重なるということです。ケルトは丘の上に非常に防衛的な集落を作って対抗しますが、そこへローマ軍が攻めて来て、焼き払われて滅びることも多々あったでしょうが、戦争ばかりではなく、ローマとの話し合いというか、戦いを交えずして下ることも当然あったことでしょう。日本の古代国家形成期にもそうでしたが、近代でもよく似たことがありました。つまり異民族を治める場合、武力で治める場合が多いのですが、中には話し合って同盟関係を結ぶ場合もあります。もう一つは婚姻関係でもって同盟関係を維持することでした。お隣りの朝鮮半島では、李朝時代末期には日本から梨本宮家の方子《まさこ》さまが李王家に最後の皇太子妃として嫁いだこともありました。政略結婚は戦国時代では当たり前のことだったのです。そのようにいろんな手段で領土が拡げられ維持されていくということです。ここの場合はローマ軍とその要塞の分布状況が重なるようにして、ケルトの地域住民の防衛的な集落があるということは、ケルト人がやはりローマ軍と果敢に戦ったことをうかがわせます。しかし、ケルト人の集落が滅ぼされたことが多かったことでしょう。ところで、集落の状況は今も世界の国々でそうですし、日本もそうです。大小様々な規模の県があったり、集落にも大小様々あるわけで、それを調べたのが第32図です。面積が六ヘクタール以上、二ヘクタール以上〜六ヘクタール未満、そして、二ヘクタール未満のヒルフォートと、大きく三つの規模に分けられるのです。この図は岡山大学の新納《にいろ》泉教授がイギリスに留学していた時に調べ上げた分布図[8]です。日本の場合にしても、奴国・伊都国など何十ヘクタールというところもあれば、二、三ヘクタールという小さなところもあるといったように、そういうことは世界共通です。このようにケルトの集落が大きく三つに分けられるというのは新納さんの研究によるものです。六ヘクタール以上の例としては、デーンバリー「Danebury」（第33図）とメイドゥン・カースル「Maiden Castle」（第34図）の二つの例を挙げられています。ヒルフォートの中で調査が進み、実態が分かっている二つの例を挙げておきます。メイドゥン・カースルは、発掘した人は一八ヘクタールといっていますが、別の人は一九ヘクタールともいっています。いずれにしてもその程度の規模です。一八、一九ヘクタールといえば、一支国・原の辻遺跡の環濠集落が二四ヘクタールありますので、あれよりちょっと狭いですが、実際に行ってみるとメイドゥン・カースルの方がはるかに大きいといった感じがします。まあ一支国における原の辻遺跡に近いと連想していただければよいと思います。これについては第26図（八五頁）にあります。申し遅れましたが、ケルトならびにローマの時代は完全に鉄器の時代です。そのメイドゥン・カースル

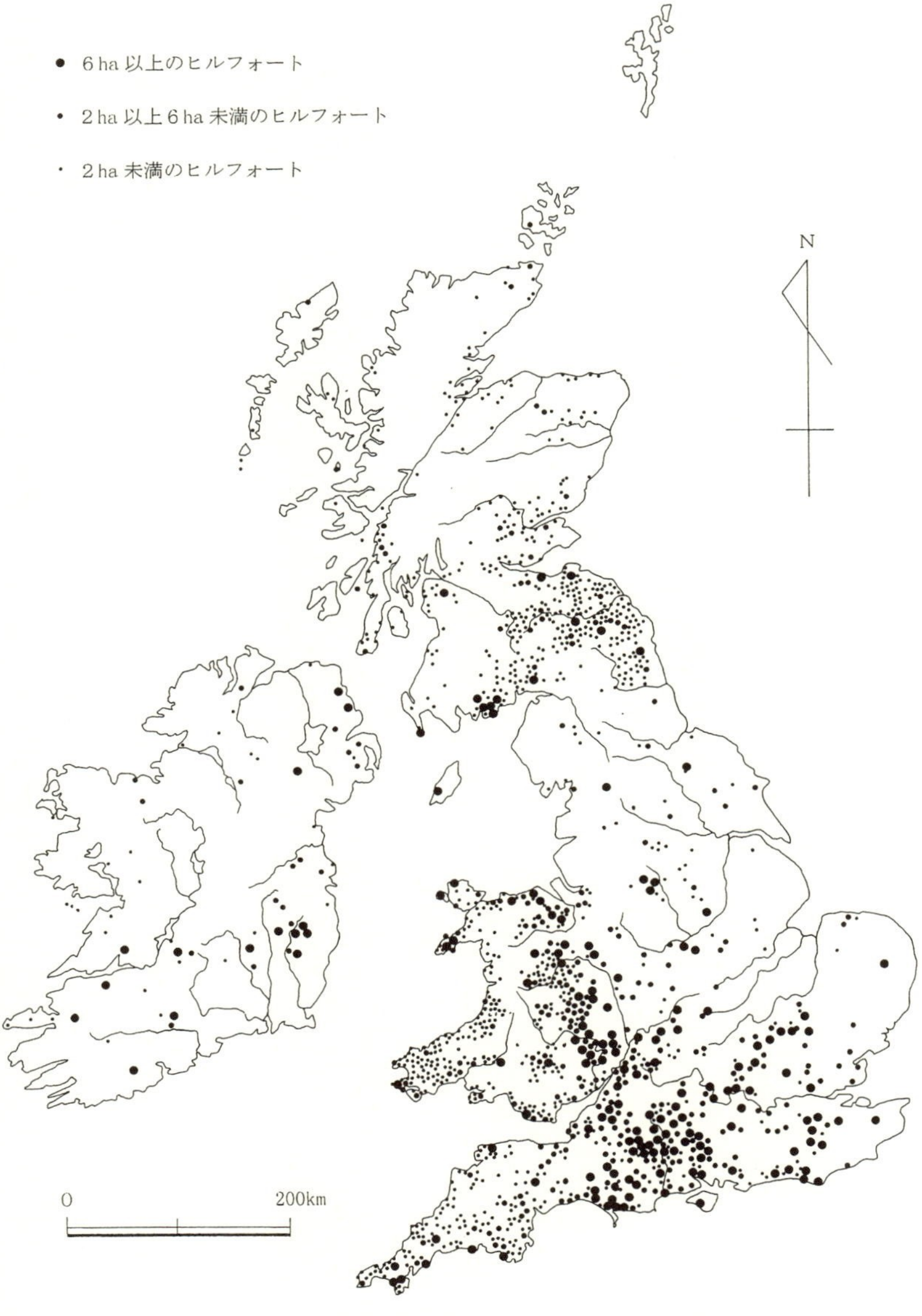

第32図　ヒルフォート（丘砦）の分布（新納泉、1999『鉄器時代のブリテン』岡山大学文学部研究叢書17より）

の場合、鉄器の時代が大きく四つの時期に変遷が分けられます。それはどこでもそうです。吉野ヶ里遺跡もそうですし、一支国・原の辻遺跡もそうです。ともに弥生時代の前期・中期・後期にわたっています。ここも鉄器時代は鉄器時代でも1期、2期、3期、4期と大きく4時期があるといわれていまして、紀元前後から三〜四世紀にかけてのものです。フェーズⅠつまり第Ⅰ期は、BC二〇〇年ごろに当たります。第Ⅱ期がBC一世紀の初め、一番下の第Ⅳ期が紀元前一世紀の後半ということです。その拡大された図面が第35図（右）です。一八ないし一九ヘクタールという広さですが、三重の濠によって囲まれています。濠の内側には土塁を巡らせていますが、濠の深いところは二〇メートルほどもあるといいます。本当かな、と思う規模ですが、よく残っています。日本の場合は上部が畑などで削られていますから、本来の深さより大分浅くなっていることが多いのです。ここの場合は非常によく残っています。確かに非常に深い濠と、そして土塁を盛っていますから、防衛的にはきわめて堅固な城郭といってよいような、そういう集落であるということです。もう一つ、西方に当たりますが、正門、つまり正面の入口があります。そして、東側が後門になります。とくに西側の門をご覧いただくと、中に入るのに三重の濠と、さらに外に部分的に一重の濠があり、しかも通路が迷路のように入り組んでいます。これではローマ軍が簡単には攻め込めないように、とくに入り口を複雑にしているということです。これは後世、日本で近世の城郭に発達した枡形門に相当します。ただの城壁ではなくて、敵が攻め込んで来れば周りから迎え撃つことができます。こういう複雑な城門は、日本では近世の福岡城でもこんな感じになっています。江戸城とか金沢城とかもそうですが、入り口を非常に複雑にして簡単には突き破れないようにしていることがこれで分かります。ということは、それほど緊張状態が発生していたということになると

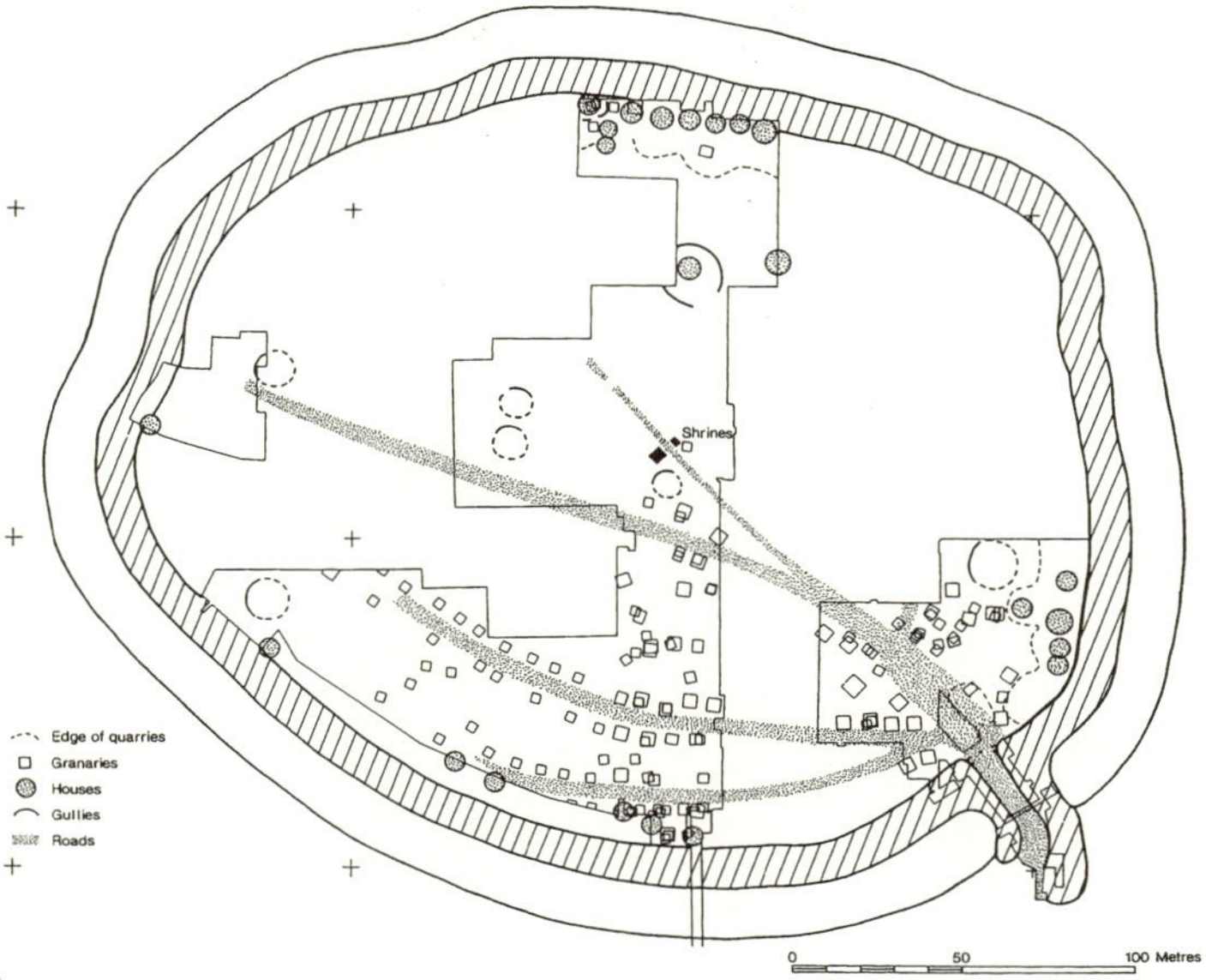

第33図　デーンバリーのヒルフォート（丘砦）（Barry Cunliffe,1986, Danebury,London より）

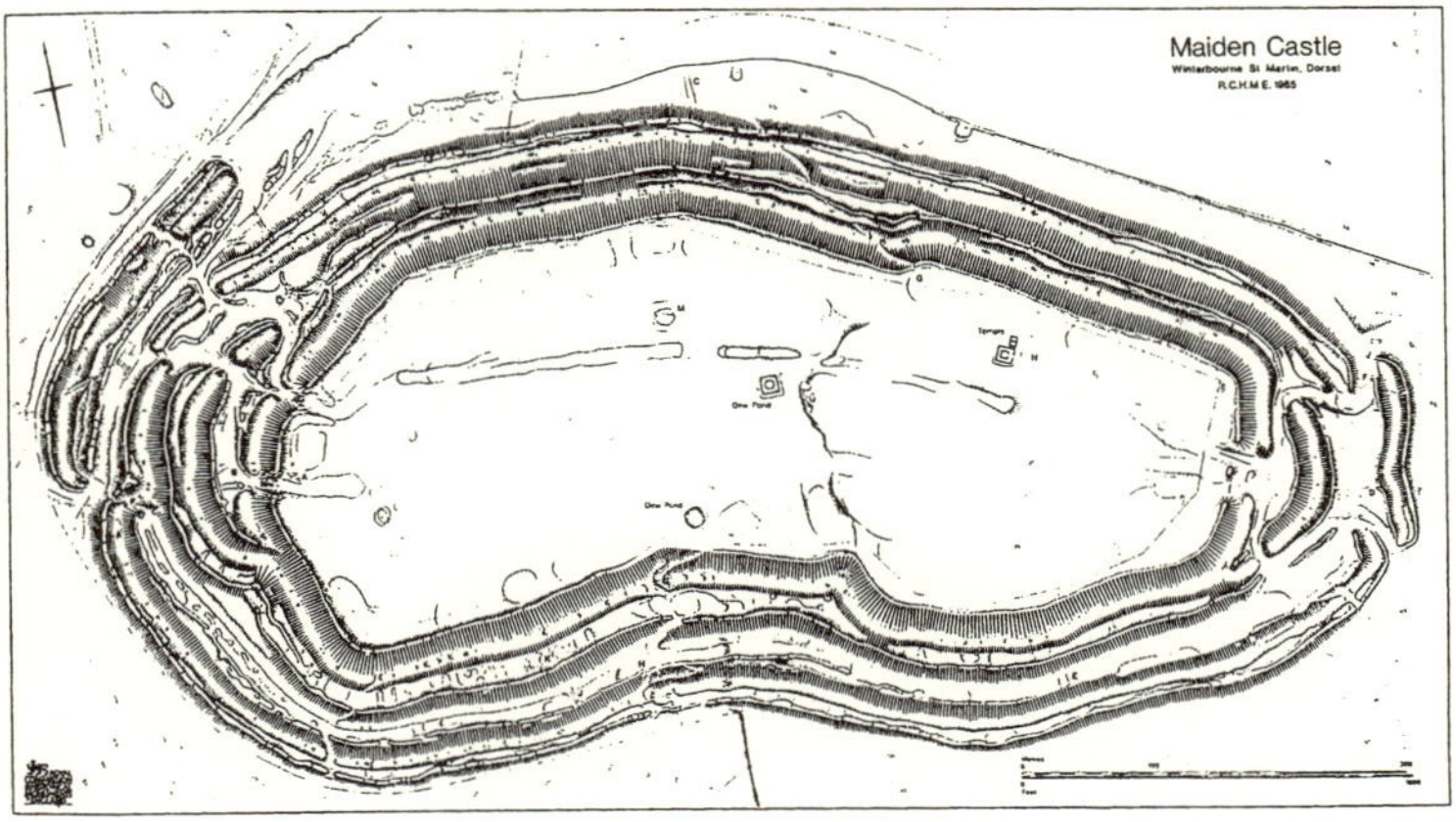

第34図　メイドゥン・カースル測量図（新納泉、1999『鉄器時代のブリテン』岡山大学文学部研究叢書 17 より）

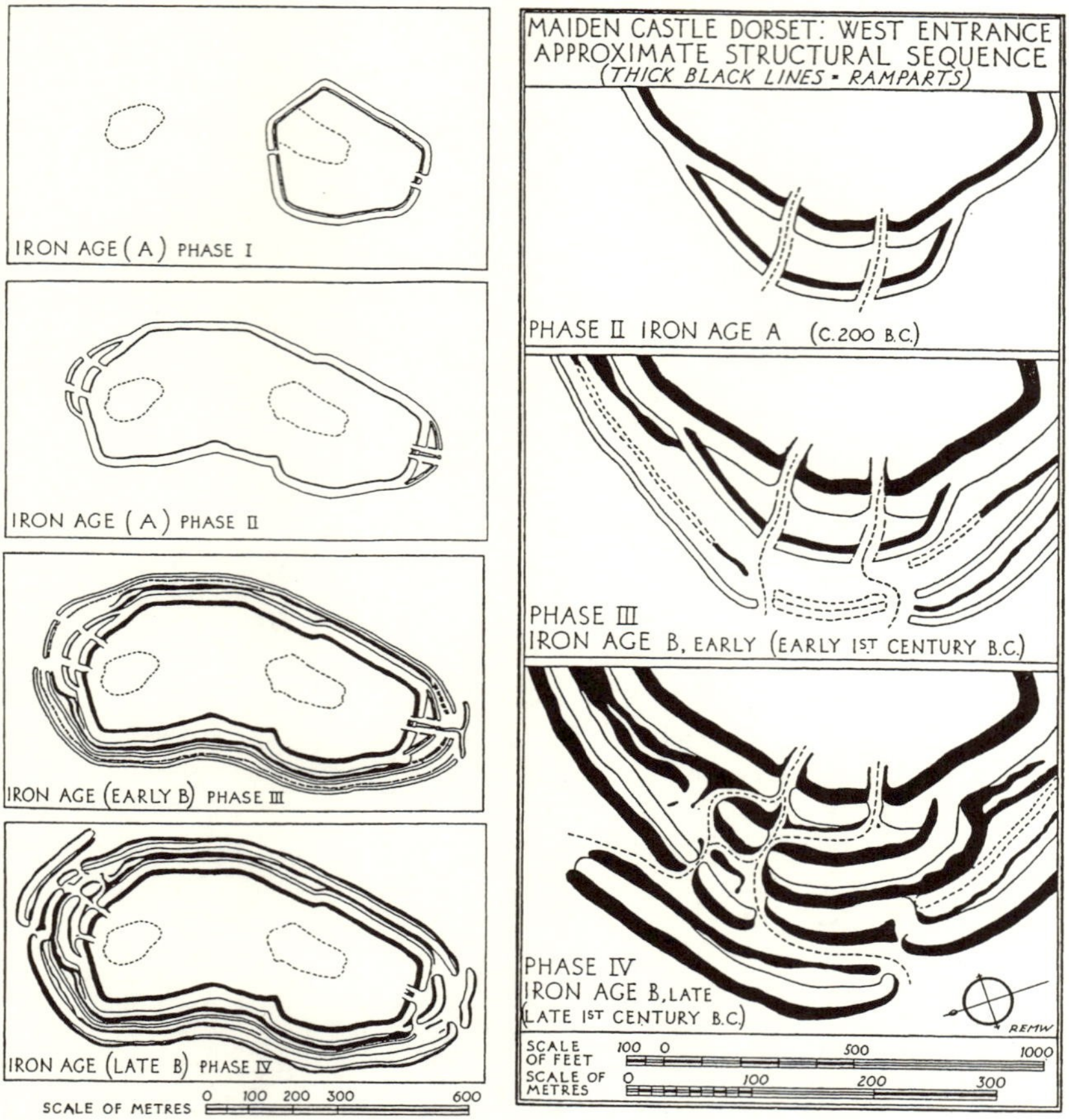

第35図　メイドゥン・カースルの発達過程（新納泉、1999『鉄器時代のブリテン』『岡山大学文学部研究叢書』17より）

思います。西側が非常に複雑ということは、ここがおそらく正面だと思います。東の方はそうはなっていますが、西門ほど複雑ではないので後ろ門、搦《から》め手《て》門というべき門だと思います。東門の辺りを発掘した時、墓が見つかりました。これはローマ軍によって滅ぼされ、この城が落ちたそのとき犠牲になった戦士の墓だと評価されています。城としては落ちていて機能しませんから、ここが戦争犠牲者の墓となったのです。かつての丘の上の砦を墓地として利用したということでしょう。そのように、メイドゥン・カースルがヒルフォートの代表的な例として知られています。

もう一つだけ紹介しておきます。それはデーンバリーです。[9] 第33図のように、全体が濠とその内側に土塁が巡らされていて、その内部がずっと発掘調査されてきました。白抜きの部分はまだ未発掘ですが、半分近くは発掘が進んでいます。長年に渡って発掘してきたのが、バリー・カンリフという著名な人です。この人のザ・セルティック・ワールドが『図説　ケルト文化誌』（一九九八、原書房）という形で翻訳されている、その本の著者です。デーンバリーの調査結果によると、内部に道路・住居・倉庫・神殿・採石坑などが見つかり、集落構造がかなりよく分かります。

要するに、ローマの侵入に対して、ヒルフォートという防御《ぼうぎょ》集落を営んで対峙したのです。同じ防御集落を発達させた日本列島の倭の場合は、漢帝国との間で冊封・朝貢という外交関係を結ぶことによって、平和的に共存しました。漢とローマという、二つの強大な帝国と、倭とケルトという二つの周辺異民族との間には、共通点と相違点が見出せます。こうした二つの地域の比較研究を通じて、歴史の法則性と個別性を学び取りたいと思います。

〔注〕

（1）西谷正、一九八四「漢帝国と東アジア世界」『「漢委奴国王」金印展』（図録）、福岡市立歴史資料館。

（2）若山滋、一九九〇『ローマと長安―古代世界帝国の都』講談社現代新書。

（3）西谷正、一九九一「西城の印章」『古代九州の国際交流』九州歴史大学講座。
（4）福井重雅、一九八三『基礎からよくわかる世界史』旺文社。
（5）Poul Bidwell,1997,Roman Forts in Britain,London.
（6）Roger Wilson,1980,Roman Forts,London.
（7）注（6）参照。
（8）新納泉、一九九九『鉄器時代のブリテン』岡山大学文学部研究叢書17。
（9）Barry Cunliffe,1986,Danebury,London.

第6章　東アジアのクレタ島　―壱岐島

はじめに

さて、「東アジアのクレタ島―壱岐島―」というテーマを聞かれて、「何でだろう」「どうして」あるいは「何の話」というふうに思われるかもしれません。実は去る二〇〇三年（平成一五）一二月一六日に『原の辻遺跡埋蔵文化財センター等基本構想』を金子二郎知事に提言書という形でお渡しいたしました。その最後の委員会が同年一一月四日にありました。そのときに壱岐の島のグランドデザインをどういうふうに考えるかというところで、テーマとしては、「時を翔《か》けるシルクロード・壱岐」としました。第5回目の最後の委員会が終わって、雑談しておりました折に、委員長の私は、シルクロードもいいけれど、壱岐の島は地中海のクレタ島に匹敵するという話をいたしましたところ、委員の一人であった黒川紀章さんが、「西谷さん、何でもっと早くいわんのか」とおしゃいました。そのときは思いつきでいったんですけどね。それから何カ月か経ちまして、そういった手前、責任を持たないといけないというので、このテーマを掲げてみました。

結果的には、「時を翔けるシルクロード・壱岐」、このテーマがやはりいいと思うんです。しかし、これからますます研究が深められる過程で、さらに、具体的にこの壱岐という島は、東アジアのクレタ島だというキャッチコピーが、うまくいけば通用するかと思って、その問題提起の話をさせていただきます。

クレタ島とエーゲ文明

クレタ島とエーゲ文明という話をするには、まずクレタ島がどういうところかということから簡単に説明いたしますと、第36図にユーラシア大陸を挟むブリテンと日本の位置関係が書かれています。ユーラシア大陸を挟んで東の端に日本列島、そして、西の端にブリテン諸島があります。その中で、日本列島の西の方に壱岐が位置します。

そこから、ずうっと西の方に目を向けていただきますと、地中海の東の方、つまり東地中海の中に浮かぶ島、そこがクレタ島であります。その位置をもう少し拡大したのが、第37図の真ん中にある「地中海」におけるクレタ島の場所です。地中海は東西に長いわけですけれども、その東の方に位置する島でありまして、現在はギリシャ

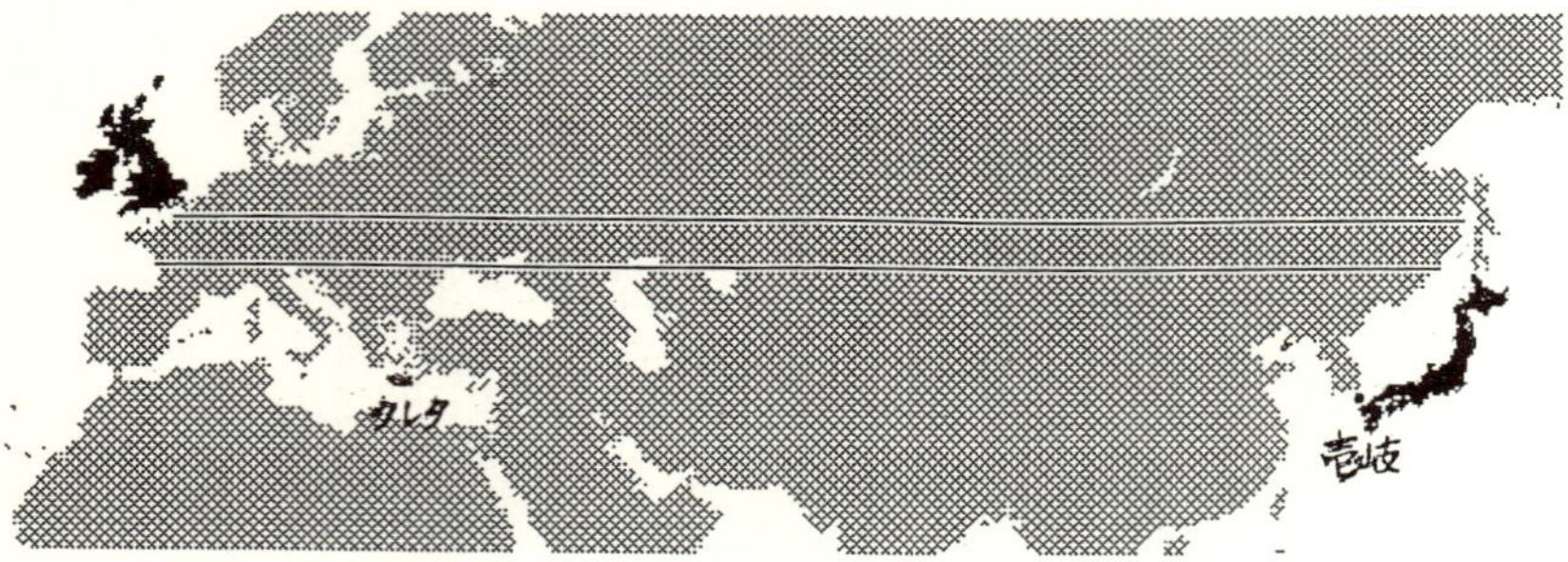

第36図　ユーラシア大陸を挟むブリテンと日本
（新納泉、1999『鉄器時代のブリテン』岡山大学文学部研究叢書 17 より）

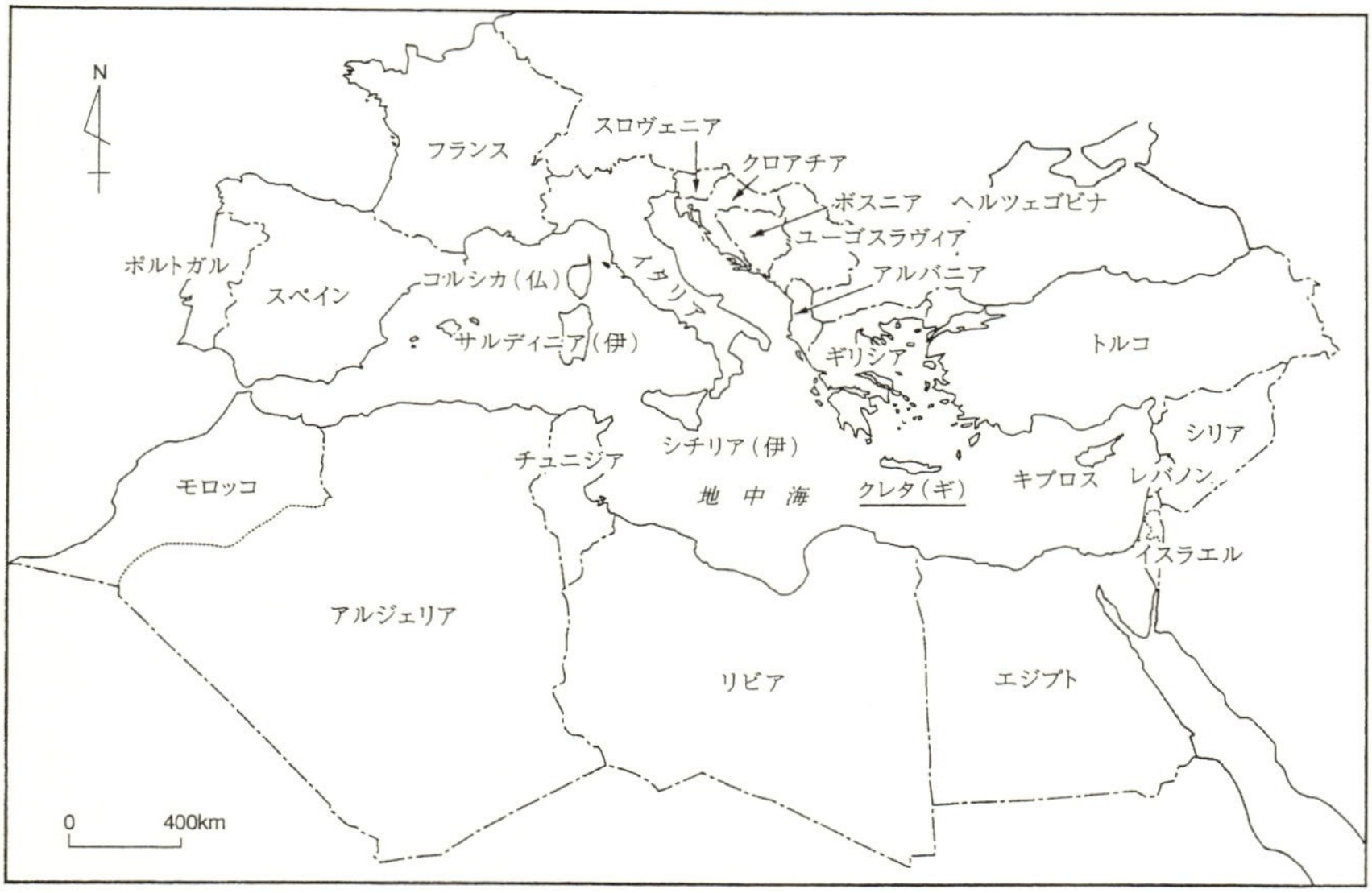

第37図　地中海におけるクレタ島の位置
（太田秀通、1968『ミケーネ社会崩壊期の研究』岩波書店より）

領のクレタ島ということですね。エーゲ海では最大の島です。第37図をもう一度ご覧いただきますと、ギリシャの東の方にエーゲ海がございます。その一番南の島ということになるわけです。そこの左下のところにクレタ島として、東西に長い島の表示があります。東西が二五〇キロ、南北が広いところで五八キロ、狭いところでは一二キロあり、現在、人口がおよそ五〇万人という島です。そういう点では、壱岐よりは何十倍も大きいというところは違います。そういうわけで東地中海に浮かぶ島としては、現在、エーゲ海最大の島であり、エーゲ海の南端に位置しているところです。このクレタ島の歴史は、古くからあるわけですが、今のところ旧石器時代については、よく分かっていません。その点は壱岐島では、二、三万年前の旧石器時代の後期から、人が住みついていたということは、当時の石器が発見されますので明らかですね。クレタ島の歴史がはっきりと刻まれますのは新石器時代からです。日本でいえば縄文時代に相当します。人類の祖先が土器を発明し、そして、磨製石器を使った、そういう時代です。合わせて、農業と牧畜によって生活をする時代で、新石器時代・文化と呼んでいます。その時代からは、はっきりとこの島の各地で、土器や石器が見つかっています。新石器時代の始まりにつきましては、諸説あります。たとえば、第37図でご覧いただきますと、東の方の現在のトルコの辺りから移住してきたとか、あるいは、南側にありますアフリカの北岸から渡来してきたとか、要するに島外から渡ってきた人々が住み着いて、そのような新石器文化を生み出したというのがこの時代の特色です。それから紀元前三〇〇〇年ごろですね、今から五〇〇〇年ほど前にこの地域は青銅器時代に入ります。

同じく、簡単な年表では、紀元前二〇〇〇年の中期青銅器時代からしか書いてありませんが、その前の紀元前三〇〇〇年ごろにこの地域が青銅器時代に入るのです。壱岐のちょうど原の辻遺跡のころ、つまり、弥生時代のころに青銅器や鉄器といった金属器が入ってきます。文化の水準としては、原の辻遺跡のような内容の時代が、この地域の青銅器時代ということになるわけです。そのように日本・壱岐の島よりもはるかに古く、紀元前三〇〇〇年ごろ、今から五〇〇〇年ほど前に青銅器時代が始まるという歴史が知られます。このようなクレタ島のことが世界的に有名になりましたのは、やはり、遺跡の発見です。それは、イギリスの考古学者で、アーサー・J・エバンズという人がここクレタ島のほぼ中央になりますけれども、そこから四、五〇キロ東北の方の海辺に近いところにあるケハラの丘というところで発掘いたしました。その結果ですね、数十年かけて調査したところ、巨大な宮殿が見つかりました。それが有名なクノッソス宮殿です（第38図）。このアーサー・J・エバンズによるクノッソス宮殿の発掘によって、クレタ島が一躍有名になり、今日に至って、現在では世界的な観光地になっています。実は、それにはその前に歴史がありまして、一九世紀の後半に、やはり有名なドイツのシュリーマンという人がいました。この人はもともと銀行員から出発した実業家でしたが、ギリシャのホメロスの叙事詩である、オデュッセイに書いてあることは詩とはいえ、真実、史実だと信じました。そのためにお金をたくさんもうけて、最後は私財をすべてその叙事詩の実在・真実を明かすために費やし、一生懸命発掘を続けていくわけですね。つまり、エーゲ海の周辺で、たとえば、トロイとかミュケーネあるいはミュケナイといったところを集中的に広範に発掘をします。その結果、エーゲ海の周辺には、非常に優れた青銅器文明があったということを発掘を通じて証明するわけですね。そのシュリーマンは、そういう調査を進める中で、いよいよク

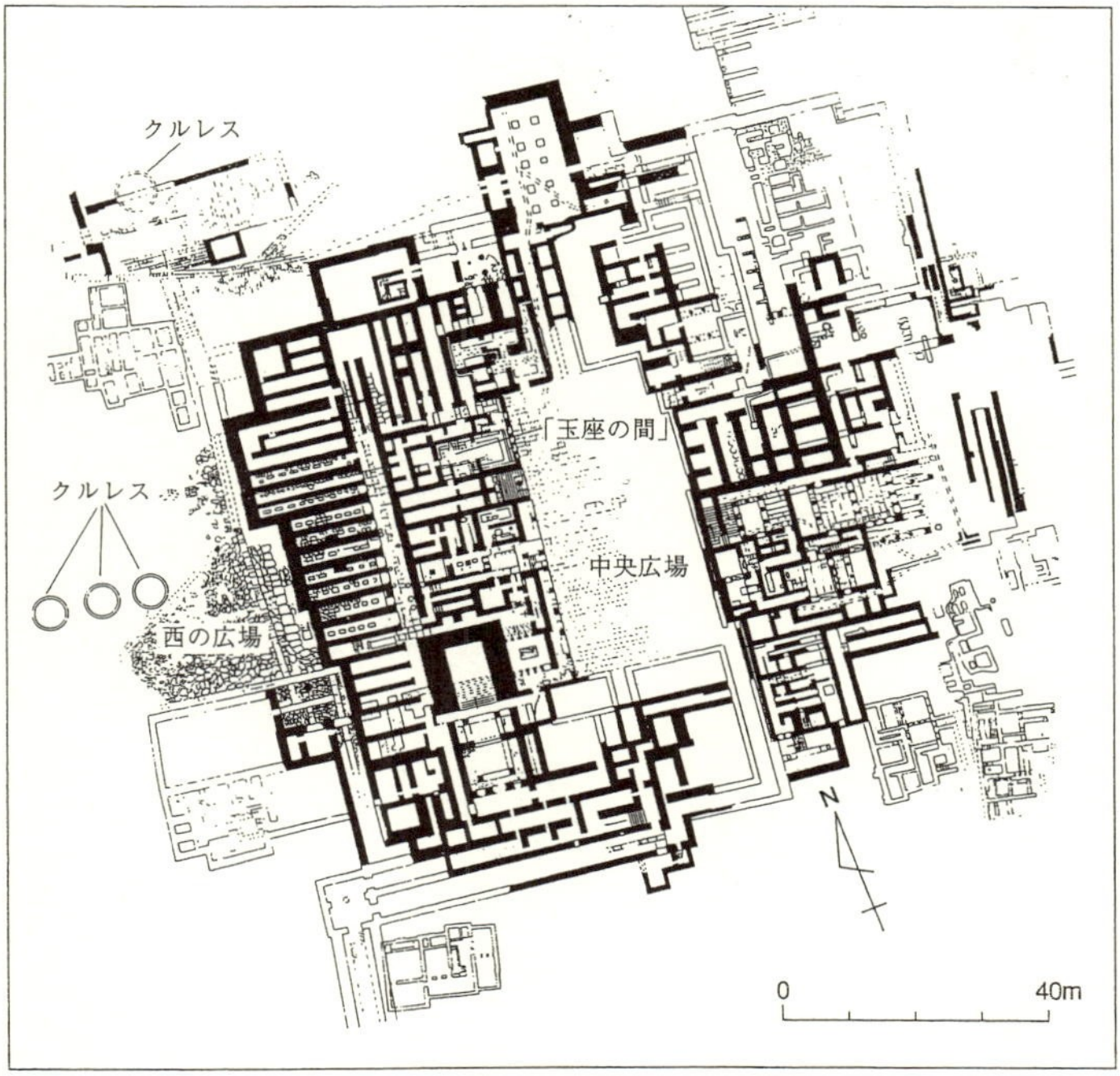

第38図　クノッソスの宮殿
（太田秀通、1968『ミケーネ社会崩期の研究』岩波書店より）

レタ島のケハラの丘の発掘を計画するのです。ところが当時、クレタ島はトルコの支配下に入っていまして、トルコの発掘許可が得られずに、シュリーマンはクレタ島の発掘を行えないままに亡くなってしまいました。そういう前の歴史があって、アーサー・J・エバンズが、シュリーマンの夢を果たすかのようにして、一九〇〇年代に入ってこの発掘を始めるのです。エバンズが発掘を始めたのは、ちょうど、一九〇〇年なんですが、それから一九四一年に亡くなる時まで発掘していたようです。私は一九三八年生まれですので、私の三歳の年にエバンズが亡くなるまで発掘を続けるわけですね。その結果、このクレタ島にクノッソス宮殿に象徴される、優れた青銅器文明があったことが証明されました。この青銅器文明をミノス文明、あるいは、クレタにあるのでクレタ文明と命名し、それが世界的に発信されて、考古学界の大きな発見として世界的な認知を受けるようになって行くわけです。このことに関連して、有名なギリシャのツキジデスの『歴史』とかで、あるいはさきほどのホーマーのオデュッセイといった文献記録によりますと、クレタ島にはミノスという王がおり、軍事力を持って、その周辺の制海権を握っていると出てくるわけですね。エバンズが発掘した、まさにこのクノッソス宮殿が文献記録に出てくる、いわば伝説上のミノスという王の宮殿であろうということになりました。その文明こそミノス文明、あるいは、今、いいましたようにクレタ文明です。ミノスをミノアというふうに読むこともあるようで、一般には、ミノア文明ともいわれます。そういう文明がここにあったということが明らかにされて行ったのです。その前にシュリーマンがトロイを発掘した後、ギリシャ本土で、ミュケナイを発掘していて、そこに優れた青銅器文明があるといいましたけれども、ギリシャ本土のミュケナイあるいはミューケーネと、このミノアもしくはクレタ文明、この二つを総称して、一般にエーゲ文明[1]と呼んでおります。後からも話に出てきますが、エーゲ文明を考える時にこのミノス文明にミューケーネ文明[2]というのは、非常に深い関係があります。そのようにして、このクレタ島に大変すばらしい文明が青銅器時代、つまり今から四〇〇〇年から三〇〇〇年前に、四、五〇〇〇年くらいの間にかけて花開いたということが明らかになってきたわけです。その中で、さきほどからお話をいたしておりますクノッソス宮殿のことですが、これは、紀元前一七八〇年のころに、クレタ島で宮殿が再建されましたが、それを新しい宮殿ということで、新宮殿と呼んでいます。ミノア文化が大きく花開いたといいましたけれども、新宮殿という以上は、その前の紀元前二〇〇〇年のころにクノッソスをはじめとして、相次いで立派な宮殿がいくつか建てられました。宮殿がいくつか建てられたといいましたが、何回か破壊もされるんですね。その後、新たに作られたのが新宮殿ということで、紀元前一七八〇年のことです。ここで、東西がおよそ一〇〇メートル、南北がおよそ一七〇メートルという範囲に、第38図の平面図にあるように無数といっていいほどの空間を持った宮殿が、四〇年間ほどかけて発掘し尽くされたわけです。これは、右側、つまり東側からですね、下の方つまり南側から東南の方が傾斜面になっているのです。傾斜面に建っていますので、東側の３階部分は、西側でいえば１階に当たります。さらに傾斜が深いところでは、４階建てになっています。そのような傾斜面に建てられて、部分的には３階建て、４階建てということになるんです。とくに１階建て部分が傾斜面の下からいえば４階建てになるところもあるといいましたけれども、１階だけでもですね、一〇〇以上の部屋があるということが明らかになっています。まさに無数といってよいほどの部屋で仕切られた、そういう宮殿であるのです。その中で、まず真ん中には南北に広い空間があります。ここは東西が三〇メートル、南北が四〇メートルという、そう広くない空間ですが、ここを中央広場とか、あるいは中庭と呼んでいます。この左上のところに玉座《ぎょくざ》の間と書いていますが、北西部西側のところの広場から、西に入って行くような形で玉座の間というのがあります。これはエバンズが名付けたんですが、この部屋を入って行くと周りに小さな小部屋があるんです。入って行った一番奥にアラバスターという石でできた椅子が据えられております。その背後に壁画があることから、エバンズはそれがまさに、ミノス王をはじめとする歴代の王が座った玉座ではないかというところで、ここに玉座の間というのを設定したというわけです。そのすぐ南側には、王妃の間と解釈したところが見つかっています。その周辺には、風呂場やトイレといった付属施設があります。真ん中の中央広場と玉座の間の空間が、非常に特徴的な施設ですけれども、周囲にはさらにいろんな手工業製品を作る工房、アトリエ、武器を保管する倉庫とか、あるいは酒倉などがあります。さらに大変興味深いのは、ここでは文字資料が見られるのです。ミノア文明において非常に重要なことは、このような壮大な宮殿があるということと、この中から文字が出てきたということです。文字をどのように刻んでいるかというと、粘土の板に非常に細い鋭利なもので、線で文字を書いています。そこで線文字というういい方をしています。そういう線文字が何百枚と見つかりました。今なら紙の書類ですけれども、当時は紙がまだなかったのか、粘土板に文字を書いて文書の代わりにしていたのです。そういう文書を保管してある部屋とか、さらには皆が集まって飲食し、舞踏会を開いたときの観覧席まである部屋とか、ともかく当時の政治・経済・宗教・文化などあらゆる側面を機能分担した、そういう部屋がたくさんあったということが、明らかになってきました。そのような宮殿がクレタ島の一角にあるということは、これは大変なことですね。年表にも、ここにクノッソスをはじめとして各地に宮殿が建てられたと書かれていますが、東西二五〇キロほ

第 39 図　クノッソスの宮殿西側正面復原見取図
（江上波夫監修、1984『図説　世界の考古学４　古代地中海世界』福武書店より）

どのクレタ島に五カ所ほど宮殿が見つかっているのです。その中でもとくにこのクノッソス宮殿がだんとつに巨大なのです。そしてまた、ここからだけ粘土板に文字が記された資料が出て来るので、やはり、クレタ島の中では、クノッソス宮殿（第39図）が中枢部であろうと解釈されているわけです。ところで、これだけの宮殿を作るとなれば、相当な労働力を結集し、動員して作るということになりますね。あるいはひょっとしたら、クレタ島以外の島に住む人々も動員して作ったかもしれません。つまり、相当な労働力を集約して作ったとすれば、そういう組織力が問題になりますね。それからまた、そういう組織を動かすリーダーが問題です。そういうことから、これだけの宮殿があるということは、組織力と、その頂点に立って指導する指導者の存在が推測できるのではないかということなのです。この点については、やはり解釈ですから、考古学的な資料からいいますと、ミノス王というのは、ギリシャ神話に書いてあるんですけれども、ギリシャ神話には、ミノス王という王と書いてあるんです。ですから、考古学的なこういう発掘データーから推測される強力な指導者、そして文献史料に出てくる、何々王というようなことから考えると、やはりクレタ島には、クノッソス宮殿に住み、そこで行政、あるいは統治した強力な支配者がいたということが推測できるのではないでしょうか。この支配者の性格については、神官《しんかん》王《おう》という表現がなされていまして、神官・神様・神主の神です。

神官王といいますと、神官ですから、これは宗教儀礼の司祭者《しさいしゃ》ということです。宗教儀礼の司祭者である王というのは、現実的な政治の権力者でもあるのです。日本の古代もそうですけれども、よく司祭者的首長という言葉がありますね。祀りもできて、実際に日常の行政も行えるという首長です。今はもう政教分離ですから、政治は政治家だけ、宗教は宗教家だけとなっております。古代においては祀りもできなければ、現実の支配もできないというわけです。現実の政治的な支配をするには、そういう一般人とはかけ離れた、一般人にはない宗教性というか、宗教的な権威がなければ務まらなかったのでしょうね。この種の関連書物では、神官王はプリースト・キングというふうに呼ばれています。そういう人がいて、ここに住まいし、政治・経済・行政を掌握して、クレタ島を治めていたという状況ではなかったかと考えられるのです。

それでは、このように周囲一〇〇〇キロほどの小さな島に、これだけの巨大な宮殿ができ、そして、いってみれば文書行政もやっていた、そういう勢力がどうして成立したかということが問題になります。これは地理的位置をご覧いただくとよく分かると思います。クレタ島は、東地中海の中にあって、ほぼ中心に位置しています。エーゲ海では、一番南の端ですけれども、さらに南に行くとアフリカ大陸に至ります。そこにはエジプトとリビアがあります。リビア海というのが、この北側に位置します。クレタ島からいうと、エーゲ海の北端よりも、アフリカの北端の方が距離的に近いのです。現に地図でご覧いただきますと、クレタ島のずうっと北にデロス島があって、そのさらに北に、サモス島というところがあります。ここでですね、クレタ島で使われていたミノア風の、さきに述べました文字を記した粘土板が発見されているんです。

一方、エジプトの方では、現在のナイル川のデルタ地帯に、その時代の遺跡があるのです。最近、ここから壁画が見つかりました。壁画は壁画でも、これはフレスコ画という壁画です。つまりこれは、石の壁とかに漆喰《しっくい》を塗りまして、その上に色んな色彩を使って、絵を描くわけです。さきほどの玉座の間にもですね、玉座の後ろにグリフォンという想像上の動物が描かれています。これは頭は鳶で、身体がライオンなんですが、いってみれば想像上の、一番の権力者の象徴のような壁画が、玉座のすぐ後ろに描かれていますが、このミノア文明の大きな特徴として、そういうフレスコ画が非常に発達したんです。漆喰を塗って、その上に様々な絵を描きました。当時のそのような絵は、宮廷生活の様子とか、とくに宮殿の場合は草花や動物とかですね、非常に平和的で華麗な絵が描かれていて、戦争をしている姿とかは非常に少ないのです。あることはあるんですが、少ないといわれています。そういうフレスコ画がこのミノア文明の大きな特徴の一つですけれども、それがですね、さらに南方のアフリカ大陸の北岸の遺跡でも見つかっているということがありまして、クレタ島と北、南との交流の結果であることが分かります。さきほどクレタ島の新石器時代の人々は、現在のトルコの辺り、あるいは、エジプト・リビアの方から移住したといいました。そしてまた、一時、トルコの領域に入っていたともいいました。この地図における地理的な位置から見ましても、クレタ島というのは東西、あるいは、南北、そういう諸地域と盛んな交易を行って、それが、富を築き上げる大きな原動力になったのではないかと考えられます。

富といえばですね、この島は東西に長い島ですけれども、真ん中に標高が数百メートル級の高い山があって、北側と南側を隔てる障害のようになっているのです。また、山が非常に多くて、農業が余り発達していません。もちろん、今、農業といいましたのは、主食としての麦や粟といった物で、あまり発達していないのです。壱岐島の場合、少し田地はあるけれども、足りないので南北に市糴《してき》すると「魏志倭人伝」に記されています。壱岐島でも、やっとですね、住民が食べられる程度の穀物しか生産できなかったようです。それに対してクレタ島では、果樹栽培が非常に盛んでした。それは、葡萄とかオリーブなどです。したがって、ここで栽培された、つまり果樹栽培を通じて得られた葡萄酒やオリーブ油が交易の大きな資源になったのです。もう一つは、牧畜ですね。羊をずい分飼っていました。さきほどの粘土板の中に、羊が一〇万頭いたという記録もあります。もちろん、豚や牛も飼っていました。しかし、だんとつに羊が多いのです。もちろん、羊は肉としても利用されますが、何といっても毛皮ですね。羊毛生産を行って、それを外に出して交易したということです。果樹栽培と羊毛生産、羊飼育ということが、交易の大きな資源として、採用していたようでありまして、これだけの文化を残した財力、富の一端がうかがえるということなんですね。それにしましても、非常に大きな問題は、周辺の地域との間で、交易、貿易活動を通じて富を得てこれだけの文明を築き上げたということになろうかと思います。そういうわけで一つの問題は、何度もいいますように、世界的に見てもこれだけの類を見ないほどの宮殿を残し、小さな島でありながら、巨大な文明を残したその理由の一つが、そこら辺りにあるということです。

ミノア文明の終焉

次にお話しますのは、その後、どうなったかという問題です。それほど、巨大な文明であったのが、その後、どうなったかという問題です。表3の年表にもありますように、紀元前一四五〇年にクレタ島のクノッソス宮殿をはじめとする、数カ所の宮殿が壊滅するんです。それはどうしてかというと、これも諸説ありまして、未だに決着がついていません。年表の紀元前一六二六年のところに「?」マークがついていますが、クレタ島の東北、サントリーニ島で火山が大爆発を起こすんですね。その結果、アクロティリ遺跡が埋没するのです。そのようにこのころ、盛んに火山災害が発生します。とくにこのサントリーニ島の大爆発というのは、大変大きな災害をもたらしたようです。火山の大爆発は地震を起こしたり、あるいは、火災を起こしたりとか、そういうことがありますので、自然災害によって、この宮殿をはじめとする様々な施設や生活の場が、壊滅したんじゃないかという自然災害説があるんです。この説が今のところ、非常に有力なんです。しかし、そうじゃなくて、他所の勢力、たとえばギリシャ本土から攻め込んだとか、軍事的な解釈をする人もいるんです。今のところ自然災害説が有力ですが、今から三〇〇〇年前とか、四五〇〇年前に大規模な火山爆発を伴う自然災害によって、この文明が壊滅して、あまりにも被害が大きくて、すぐには立ち直れないというようなことがあったのか。もう、その後は宮殿が再建されることはなかったようであります。そうして、ミノア文明が消滅するわけですが、その後どうなるかということなんです。その後はですね、さきほどもお話しました、ギリシャ本土のミケーネ

表3　クレタ島関連年表

B.C.	時代区分	関連事項
2000	中期青銅器時代	クレタ島でクノッソスなど各地に宮殿が建てられる
1780	後期青銅器時代	クレタ島で宮殿が再建され（新宮殿）、ミノア文化が繁栄する
1650		ミケーネ文化の諸都市に円形墓域が成立する
1626 ?		サントリーニ島で火山が爆発し、それに伴う大地震によってアクロティリ遺跡が埋没する
1450		クレタ島の宮殿が壊滅する

文明の影響下に入ります。

ミケーネ文明というのは紀元前一二世紀の末ごろに、もう鉄器時代に入っていますが、北の方からローリア人が入って来まして、そのミケーネ文明も滅ぼすということになるわけですね。ミノア文明は自然災害によって滅び、さらには、ミケーネ文明がローリア人によって滅ぼされるということになったようです。その後さらに紀元前の一〇〇〇年期の後半ぐらいになりまして、ギリシャの周辺各地で、今度は都市国家が成立して行きます。いわゆるアクロポリスという、独立した勢力圏が各地に出来て行きまして、何かあるとそれらが一緒になって、合議するというそういう形態へと変わって行くようです。そういう都市国家、いわゆるポリスがギリシャ本土周辺に一〇〇〇以上あったといわれています。この点、おそらくそのころ、クレタ島にも、もうだいぶ時間が経っていますから、都市国家が生まれていた可能性はないだろうかと思うところです。そのようにしまして、紀元前の八、九世紀、七、八世紀とか、あるいは四、五世紀のころに、相次いでこの一帯に都市国家が成立していくという時代に入って行きます。クレタ島においても、おそらくそういう都市国家の一つが生まれていたのではないかと推測されます。そのような都市国家群の中で一番強力な都市国家といえば、アテネ、当時アテナイといったところになります。ここが都市国家の中でも強力で、主導的な地位にあったのではないかといわれています。

その時代に非常に興味深い話が一つあります。それは、ペルシャがギリシャに攻め込もうとした時に、都市国家群が連合してペルシャと戦い、結果的にはペルシャの侵略を防ぎました。都市国家群がまとまる時に、宗教同盟を結んだのではないかといわれています。もちろん、同盟を結ぶという時には、政治的政略とかいろんなことがあるわけですけれども、この場合は宗教を媒体として、ポリス群が一つの連合体を作って、ペルシャの勢力を排除したといわれており、その同盟をデロス同盟と呼んでいるわけです。それにつきましては、クレタ島のずうっと北の方にデロス島というのがあります。ここは、周囲三・六キロといいますから、非常に小さな島ですね。ところがここには、非常に信仰心の強いというか、霊験あらたかなというか、わかりやすくいえば、そういう宗教母体がありました。そして、ここの神様を祭ることによって都市国家群が一体になって、宗教同盟を結んだのです。それが、デロス同盟です。もう皆さんお話を聞かれたと思いますけれども、原の辻遺跡のことではずいぶんお世話になった金関恕《かなせきひろし》先生(3)が、弥生時代に、そういうデロス同盟があったんじゃないかとおっしゃっていますね。つまり、最近、弥生時代の大規模遺跡では非常に巨大な掘立柱の建物があります。原の辻遺跡にも、丘の一番高い所に祭殿があったといっておりますが、それは一つの集落の神殿とか祭殿ではなくて、さらには周辺の国々ですね、ここでいえば、対馬《つま》国とか一支《いき》国とか、そういう国々が一つの宗教を媒体として、宗教同盟を結んだのではないかということを、デロス同盟にヒントを得て、おっしゃっています。ギリシャの都市国家の時代にそういうことがあったということでありまして、金関恕先生がおっしゃるように弥生時代の解釈に、新たな視点を提示しておられます。今後、検討すべき問題であるとは思います。そのようなギリシャの都市国家も、やがてはローマの支配下に入っていくということになりますね。ここクレタ島におきましても、紀元前六七年にローマ軍によって征服され、ローマの属州になっています。ちなみに東アジアにおきましては、同じころというか近いころ、紀元前一〇八年に朝鮮半島の北西部が漢帝国の支配下に入って、楽浪《らくろう》郡が設置されるわけです。つまり、ほぼ同じころに西のローマと東の漢という二つの巨大帝国が周辺諸国を領域化していくという現象が見られるのです。そのようにしまして、このミノア文明以後の歴史が歩まれるのです。今、クレタ島がローマの支配下に入っていくといいましたが、そのことと関連して非常に興味深い問題があります。それは、東アジア地中海という問題提起です。

今も述べましたように、紀元前六七年にクレタ島がローマの支配下に入ることによって、あるいは三〇年余り経った紀元前三〇年には、クレタ島をさらに通り越してというか、南に南下してアフリカ大陸北岸のエジプトもローマの支配下に入ることになります。ですから紀元前の一世紀の中ごろから後半にかけて、クレタ島そしてエジプトといった形で東地中海がローマ世界に入っていく、もっといえばローマの内海になっていく現象が見られまして、文字どおりここにローマ帝国による地中海世界が形成されていくということになるわけですね。そのちょっと前に北東アジアにおきましては、朝鮮半島の北西部が楽浪郡の設置という形で、漢帝国の支配下に入ります。その漢帝国の出先である楽浪郡を通じて、さらにその南の現在の朝鮮半島の南部、当時は韓国の韓と呼ばれた地方、そして海を隔てた現在の日本列島、当時倭と呼ばれた地域が、漢という巨大な帝国の直接・間接の支配の傘の中に入って行くのです。そういうふうに考えますと、朝鮮半島の東側の東海（日本海）、日本列島の北側の日本海（東海）、朝鮮

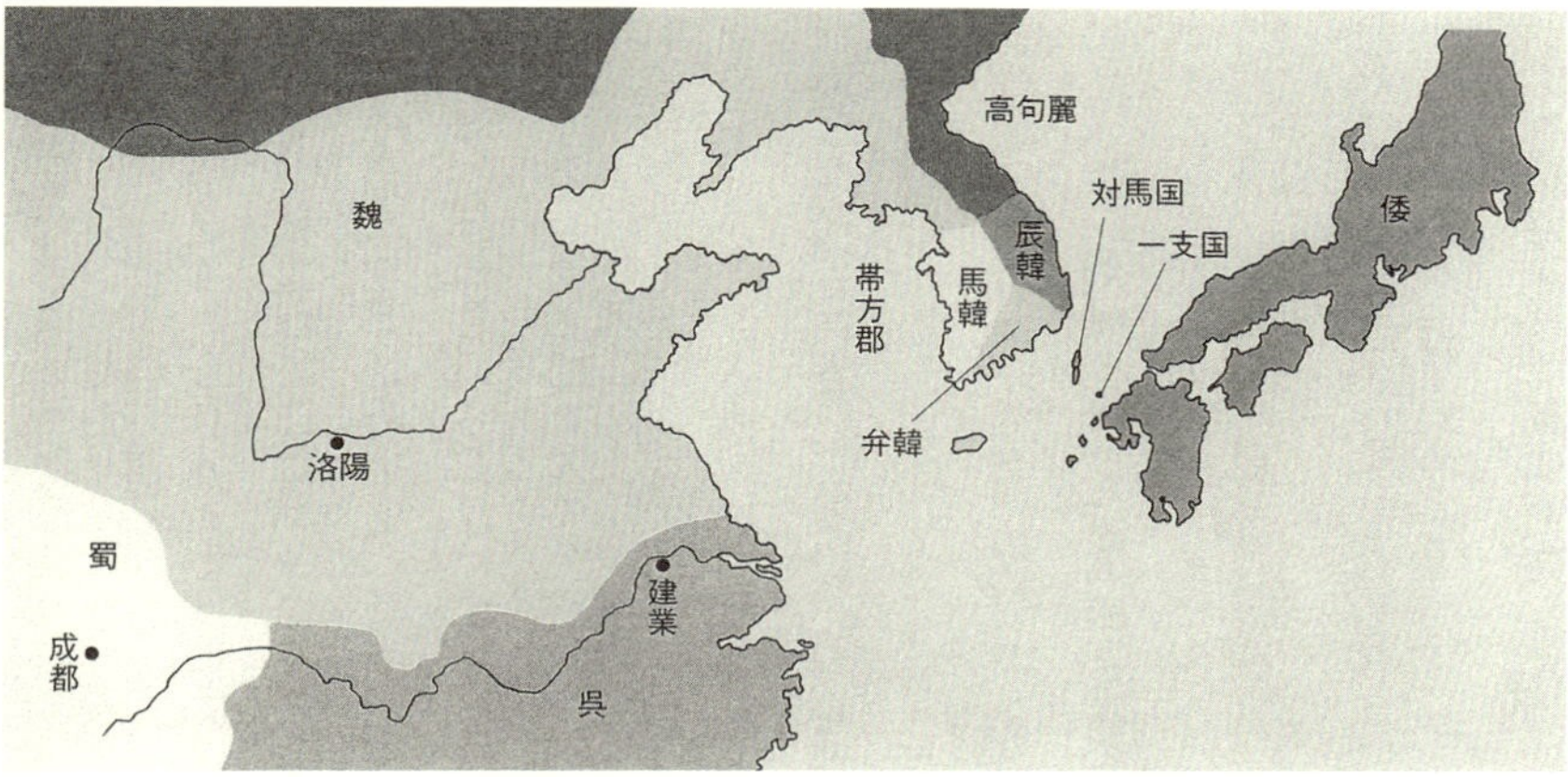

第40図　３世紀中頃の東アジア
（原の辻遺跡調査事務所、2002『壱岐・原の辻遺跡』より）

半島と山東半島の間の渤海湾・黄海、そして、その南の東シナ海といった周辺の海が、陸の延長線上で漢帝国の文化圏の中に入っていくのではないでしょうか。そういうことが考えられまして、いってみればローマ帝国の地中海が、東アジアにおいては、漢帝国の東アジア地中海ともいうべき世界にですね、朝鮮半島、日本列島、中国大陸、さらに、その周辺諸地域の海が入っていくのではないかというわけです。それはさらに漢の後、魏《ぎ》の時代へと引き継がれていきます（第40図）。要するに西の地中海で起ったような現象が、東アジアにおいても起ってきているんじゃないかという意味で、東アジア地中海という概念をここで考えてみてはどうかということなんです。そうしますと、非常に不思議なことですが、私がそういうことを考えていて、こういう公の場でいうのは、今日が初めてなんです。今、東アジア地中海という説を出しましたが、これまでに書いたこともなければ、いったこともありません。ところがやはり、同じようなことを考えている人がおられました。私、不勉強で知らなかったんですけれども、去る二〇〇二年（平成一四）の四月に、京都の国際日本文化センターの千田稔《せんだみのる》先生が、(4)『海の古代史』という書物で「東アジア地中海考」というサブタイトルの書物を角川書店から出版されているのです。私が今いうすでに二年前に出版しておられるということは、さらにその前に研究会をやっておられたのです。ですから、私が初めていうことではないということを最近知ったんです。そういうわけで、東アジア地中海という概念で、中国大陸、朝鮮半島、日本列島、そして、その周辺諸地域の海を西の地中海にたとえて、比較してみてはどうかということです。そういう問題提起がすでに一五年も前に行われ、そして私、今日初めて、こうしてお話しているんです。今後、新たな視点として内容を深めていく必要があるんではないかと思います。

東アジアのクレタ島　―壱岐島

最後にお話したい問題は、クレタ島のいわば、東アジア版が壱岐島だということをお話しないと結論にならないわけです。つまり、西の地中海と、東アジア地中海があって、それぞれにクレタ島と壱岐島があるわけで、その両者をどのように見ていったらいいかという問題です。まずは、西の地中海とわが東アジア地中海では、いずれも重要な地理的位置にあるということです。このことは、佐伯弘次《さえきこうじ》先生が『海東諸国紀《かいとうしょこくき》』の中で壱岐の島が非常に大きく書かれていると、(5)いわれています。それは壱岐島が非常に重要な地理的位置にあったことから、そういう表現になったんじゃないかとおっしゃっています。まさにそれですね。クレタ島も壱岐島もそれぞれの地域で地理的に重要な位置にあるということです。

もう一つはそのことと関係するんですが、西の地中海がローマの支配下に入るというか、ローマ世界の中に取り込まれたことが、そういった一つの文化圏の中に繋がるということです。片やわが北東アジアでは、漢ならびに魏のいってみれば、間接的な支配下、それは冊封《さくほう》体制という朝貢《ちょうこう》関係によって、主君と臣下という感じで政治的関係が結ばれるわけです。つまり、直接支配するのではなくて、冊封体制という間接的な枠組みの中で、漢・魏という巨大な帝国・王朝と、朝鮮半島や日本列島が一つの政治圏、文化圏の中に入っていくという共通した体制が見られるのではないでしょうか。そこで、第41図に中国の漢から新にかけての貨幣である五銖銭、半両銭、貨泉の分布図がございます。朝鮮半島南岸地域から、対馬、壱岐、北九州、列島本土、四国でも出ています。こういったものは、いずれも漢の時代には楽浪《らくろう》郡から、そして魏の時代には帯方《たいほう》郡からもたらされた物だと思います。貨泉に関していえば、たとえば、東は山梨県の甲府盆地でも、弥生時代の後期の遺跡から見つかっています。五銖銭に関していえば、ずっと南の沖縄本島でも、原の辻遺跡で出るのと同じような、中国の後漢の鏡の破片と一緒に五銖銭が出ています。日本列島に種々の文物をもたらした楽浪・帯方両郡とですね、東は山梨、南は沖縄、それらの3点を結んで一つの円を描きましたら、ここ壱岐島の一支国がちょうど真ん中ぐらいに来るんです。ですから中国貨幣の分布という意味でも、朝鮮半島と、日本列島では、一支国が中心になるという、重要な地理的位置にあるというわけです。それは、さらに魏の時代の勢力圏で見ましても、壱岐の島を中心に考えていただくと、朝鮮半島から倭の南方に当たる現在の琉球の辺りまで含めて、大きな一つの円の中心にここ壱岐島がくるという、重要な地理的位置にあるという問題です。

それから、そういった共通点、ならびに重要性があるということと、もう一つは、さきほどから述べ

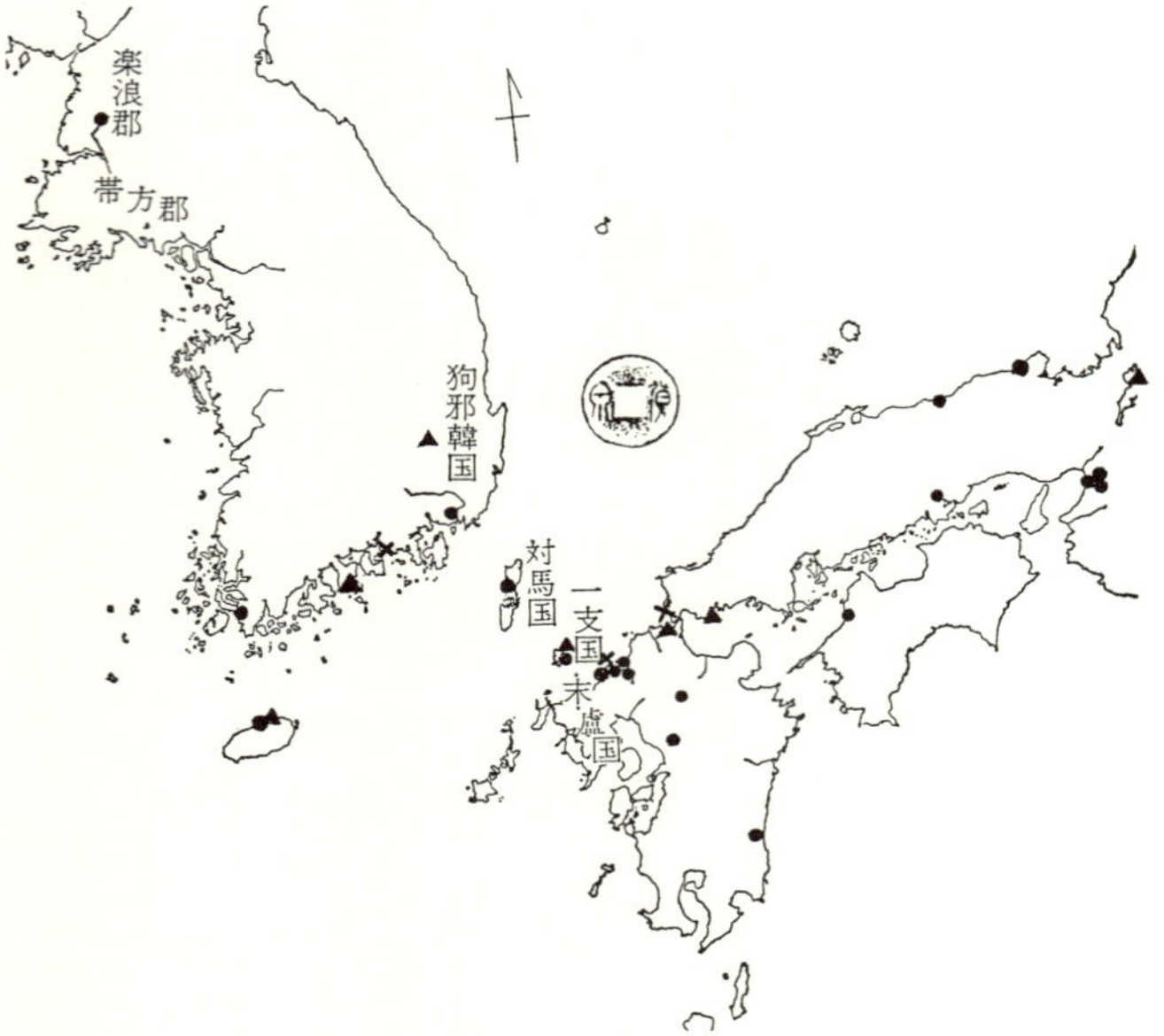

第 41 図　貨泉（●）五銖銭（▲）半両銭（×）出土分布図
（佐伯有清ほか、1976『邪馬台国のすべて』朝日新聞社より一部加筆）

ましたように原の辻遺跡は、一支国の王の都つまり王都、あるいは国都と評価されているわけです。クノッソス宮殿につきましても、クレタ島にあった王国の中枢部の宮殿です。クレタ島にクノッソス宮殿があり、そして、壱岐島に原の辻遺跡ありということで、それぞれの島に中核、拠点、中枢部があり、それがクノッソス宮殿と、原の辻遺跡であるということです。そういう意味では、原の辻遺跡の調査が進む過程でいろいろと、どう考えるかという問題がありますけれども、クノッソス宮殿のあり方というものは、ずいぶん規模や構造は違いますけれども、これを考えることによって、原の辻遺跡の解釈にヒントが与えられるんじゃないかと考えるところでございます。

そういうわけで三つほど大まかに見まして、共通点があります。もちろん、違う点も多々あり、そしてまた、分からない今後の課題もたくさんあります。たとえば、一つ上げますと、さきほどもいいましたように、クレタ島では文字があるということなんですね。それは2種類あって、線文字Aと線文字Bです。線文字Bは解読されていますが、線文字Aはまだ解読されないままです。それからもう一つは、印章がありまして、それにエジプト風の文字があって、それで封泥という粘土に印章を押しているという文字資料もあるんです。文字が非常に発達しているということです。そこでここ一支国では、どうかという問題です。先般、伊都《いと》国に関しては、甕棺に鋭利なヘラで刻んだ線が出てきました。記号とも思えるし、文字とも思えるものです。結論的には文字で、鏡という字の金扁のない部分を示している[6]ということが指摘されまして、大きな話題になりました。魏の使いがどんどんやってくる、さかのぼって漢とも交流があったということを考えれば、そしてまた、対岸のですね、狗邪《くや》国付近では、毛筆が出ています。すぐ対岸まで文字があったことは十分考えられますので、クレタ島に文字があったように、当時の対馬《つま》国、一支国、あるいは伊都国といった地域では文字があったんではないかという、類推が可能です。これは大きな今後の課題です。それからもう一つは、ミノア文明が交易によって大きな富を得て、あれだけの大きな王国を築いたといいました。ここでは交易で出荷するものは、羊毛であったり、葡萄酒であったり、オリーブでしたが、一支国が対馬国と同様に、南北に市糴《してき》・交易する時に、一体ここから何を持っていったかという問題なんです。これは大きな課題で、倭人伝などに出てくる生口《せいこう》という人身奴隷じゃないかという人がいれば、塩じゃないかという人もいるしですね、さらに海産物じゃないかと、種々に考えられるんです。これと断定できるものは、まだ分かっておりませんね。

　ここが交易によって栄えた国だったということは、日本列島、とくに西日本各地の土器が直接・間接に入っていたり、あるいは、朝鮮半島南部、さらには北西部の楽浪・帯方郡辺りからの文物が入り込んでいるということが、よく知られています。これだけ日本列島各地から、あるいは海を渡った向こうから、文物が入っているところは、日本列島内で他にはありません。伊都国でもかなり出ていますが、伊都国よりもはるかに多いですね。対馬国ももちろんありますけれども、対馬国よりもはるかに多いのです。当時の弥生時代におきまして、これだけ南北の諸地域との交流の結果もたらされたと思われる文物が出るのは、壱岐島が突出しているんです。その背景には、交易という問題があります。交易といえば対馬島でもやっているわけですが、なぜ、壱岐島がこれだけの場であったかということが、大きな問題になります。その点で、一体何と交換したのかということが、今後の課題です。

もう一つはですね、ミノア文明のクレタ島ではあれだけの立派な宮殿がありながら城壁がないのです。後のポリス国家、つまり都市国家の時代には城壁はあるんですが、この時代にはないんですね。ということは、なくても安全であったということなんです。つまりこれは軍事的に、強力な軍事力を持っていて、軍事的に制圧していたということを間接的に物語るのではないかということもいえます。いってみれば、ミノア国家が中心となって周辺諸地域と軍事同盟を結んでいたのではないかといわれるのです。それが平和な時においては、経済的な貿易活動ということにもなるのです。この壱岐の島では船着き場が見つかって、非常に注目されています。平和な時には、交易のための船着き場であっても一旦戦争になれば、ここは戦争の軍事拠点となるわけですね。そういう交易の島ということは、平和な時と一坦緊急事態の戦争にも、そういう日ごろの海上交通というものが転化されるという問題がありまして、その点も今後、考えていかねばならない問題です。さきほどのデロス同盟とも関連して、宗教同盟という問題も金関先生のお説のとおり、今後の課題として残っているのではないかと考えています。以上、東アジアのクレタ島と題しまして、「一体、どうして、何だろう」と思われたかもしれませんが、私は今までの話で、答えとさせていただきました。これは私が、二〇〇四年（平成一六）に見た初夢「壱岐ドリーム」です。こういった研究成果をさらに深めながら、これを現代の生活に活かしていくという意味では、私は、将来、クレタ島を訪問したり、あるいはクレタ島から来ていただいたり、相互に交流をやったりとか、そのようなことも考えてみてはどうかということを、最後に申して私のお話を終りたいと思います。

〔注〕

（1）太田秀通、一九六九「エーゲ文明とホロメスの世界」『岩波講座　世界の歴史』1、古代1、岩波書店。

（2）太田秀通、一九六八『ミケーネ社会崩壊期の研究』岩波書店。

（3）金関恕、二〇〇二「弥生時代の宗教同盟」『王の居館を探る』大阪府立弥生文化博物館。

（4）その他、国分直一、一九九五『東アジア地中海の道』慶友社や、中井精一・内山純蔵・高橋浩二編、二〇〇四『日本海／東アジアの地中海』桂書房などの研究がある。

（5）申叔舟（田中健夫訳注）、一九九一『海東諸国紀―朝鮮人の見た中世の日本と琉球―』岩波文庫、岩波書店。

（6）平川南、一九九九「福岡県前原市三雲遺跡群の刻書土器」『月刊考古学ジャーナル』№４４０、ニューサイエンス社。

第7章　北東アジアの中の一支国

去る二〇〇〇年（平成一二）、原の辻遺跡が国の特別史跡に指定されました。長崎県あるいは私ども九州が全国に誇れる原の辻遺跡、そして私たち専門家の間では韓国や中国からとても熱い声援を受けておりまして、それほど重要であるわけで、特別史跡に指定されたのです。

全国に国で史跡に指定されているのは一五〇〇位ありますが、その中でも選りすぐりの史跡が特別史跡になるわけです。二〇〇一年に五島に行きまして、五島家ゆかりの明星院《みょうじょういん》を参拝しました。そこにある金銅薬師如来像《こんどうやくしにょらい》は国の重要文化財に指定されていますが、すばらしい仏像でした。重要文化財の一ランク上のものが国宝です。そういう仏像とか絵画などについては、国宝とか重要文化財という呼び方をしています。物の重要文化財に当たるのが史跡で、特別史跡とは物にたとえれば国宝に相当します。そのようにお考えいただければと思います。ですから原の辻遺跡は物でいうところの国宝に値する遺跡なのです（第42図）。

国が、原の辻遺跡をそのように国宝に当たる特別史跡に指定したということは、それ相当の理由があるわけです。つまり、この原の辻遺跡は「魏志倭人伝」に出てくる「一支国」の王都、あるいは国都であると考えられる点がまず第一点です。九州では原の辻遺跡とともに、吉野ヶ里遺跡が特別史跡になっ

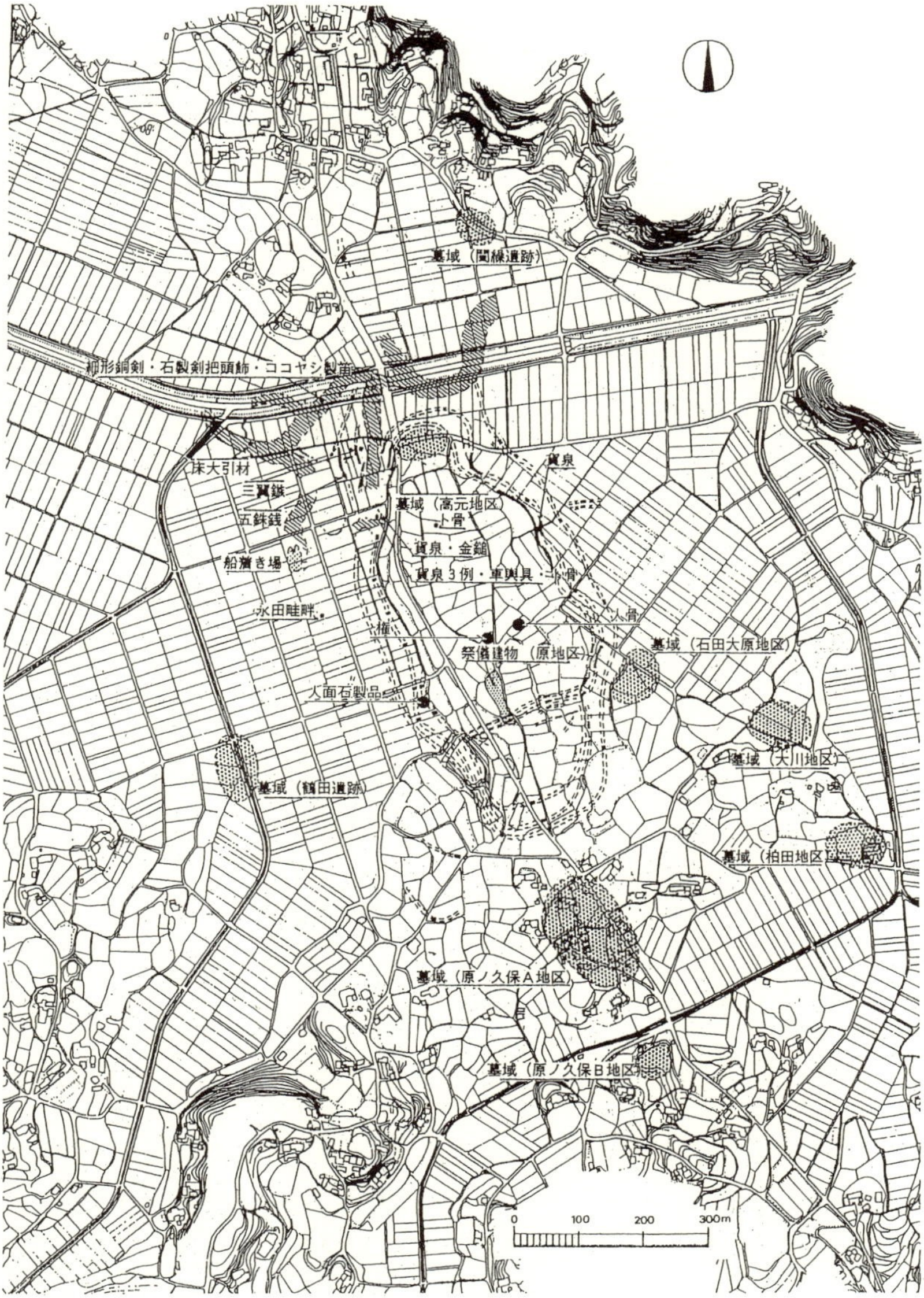

第 42 図　原の辻遺跡概要図
（長崎県教育委員会、2002『発掘「倭人伝」―海の王都、壱岐・原の辻遺跡展―』図録より）

ています。あそこもやはり非常に広大な集落遺跡で、当時の国の都あるいは王の都であることと、その内容が分かるということが重要で、特別史跡になっているのです。残念なことに、吉野ヶ里遺跡の場合は何という国だったか分かりません。それに対して、原の辻遺跡の場合は「一支国」という固有名詞で分かる国の、しかもその都に当たるような遺跡なのです。そういう意味では、原の辻遺跡には吉野ヶ里遺跡以上の重要性があるのではないかと思ってます。今その「一支国」の都の遺跡であるといいました。

ここで、「魏志倭人伝」をご覧いただきましょう。「魏志倭人伝」につきましてはいろんな人が現代語訳を行っていますが、ここでは小南一郎[1]という京都大学出身の中国文学者らが訳された文章を使わせていただきます。この「魏志倭人伝」に一支国が登場することは皆さんよくご存知のとおりです。「魏志倭人伝」はいうまでもなく、『三国志』という一七〇〇年以上前のずいぶん古い歴史書に含まれています。この『三国志』は北宋時代、つまり「魏志倭人伝」が書かれた時代よりも五〇〇年ほど後につくられた書物を現在は利用しています。「魏志倭人伝」を皆さんで簡単に手に入れられるのは岩波文庫に入っていますので、それが便利かと思います。最近では、筑摩文庫のこの小南一郎さんの訳文が非常に新しいものでよく使われています。「魏志倭人伝」は省略してそう呼んでいますが、三世紀の東アジアというと、中国大陸の北部に曹操《そうそう》とか曹丕《そうひ》の魏、東南部に孫権《そんけん》の呉、そして、西南部に劉備玄徳《りゅうびげんとく》とか諸葛孔明《しょかつこうめい》で有名な蜀という、三つの国に分裂していた時代であり、その歴史書が『三国志』です。その中の一つが『魏書』ということです。正確にいいますと、『三国志』の『魏書』の「東夷伝」の倭人の条となります。これでは非常に長くていろいろ不便だということで、省略して「魏志倭人伝」とか、ただ、「倭人伝」とかいっています。このように中国の三国の歴史書の中に倭人伝という形で、当時の日本列島のことが記載されているのです。ところで、今から一七〇〇年以上も前の日本列島のことが中国の歴史書に登場する、あるいは記録されるということは大変なことです。中国の正史に記録されるという大変なことは、一体どういうことかを考える必要があると思います。そこで私は、魏の時代よりさかのぼった漢の時代から歴史をひもとく必要があると日ごろから常々話しています。そういう意味では、原の辻遺跡関連の年表（表4）をご覧いただきますとして、西暦二二〇年のところに後漢が滅亡して三国分立時代へとあります。後漢という大帝国が滅びまして、三つの国に分裂するというそういう時代が、まさに『三国志』の時代・世界です。

それから少し年代を下っていきますと、二三九年のところで邪馬台国の女王卑弥呼が魏に遣使します。つまり外交使節を派遣したのに対し、「親魏倭王《しんぎわおう》」に任じられるという記録が出てきます。その時代に中国の『三国志』に「一支国」のことが登場するのはただごとではないのです。その問題を考えるにはもう少し古く時代をさかのぼって考えていこうというわけです。そこで年表の紀元前二〇二年のところを見ていただきますと、前漢王朝成立とあります。その前に中国は七つの国に分かれて戦闘を繰り返していました。それが戦国時代です。その七つの国の一つの秦という国の始皇帝によって中国大陸が統一されます。その後さらに秦が滅びて漢の時代に入ります。その漢を前漢と呼んでいます。あるいはまた都が西の長安、現在の西安にありましたので、中国では西漢ともいいますけれども、一般的には前漢と呼んでいます。それはともかくとして前漢の時代から歴史をひもとく必要があります。ここで重要なことは、年表の紀元前一〇八年のところを見ていただきますと、前漢の武帝が朝鮮半島に楽浪郡以下四郡を設置したと書いてあります。こういったことは中学校・高等学校で習われてご存知のことなんで

表4　原の辻遺跡関連年表

（長崎県教育委員会、2002『平成13年度原の辻大学講座「一支国探訪」記録集』より）

西暦	時代	時期	日本	中国・朝鮮半島
BC403	縄文時代	晩期	・このころ稲作伝来	・中国・戦国時代に入る
300	弥生時代	前期	・弥生時代始まる	
221				・秦の始皇帝が中国統一
202				・前漢王朝成立
108		中期	・このころ倭国が百余国に分立し楽浪郡に朝貢する	・前漢武帝が朝鮮半島に楽浪郡以下4郡を設置
0				
AD 8		後期		・前漢滅亡、王莽が新建国
14				・王莽「貨泉」初鋳
25				・新が滅び、後漢が成立
37				・高句麗、楽浪郡を襲う
57			・倭奴国王、後漢に朝貢する漢委奴國王の印綬を受ける	
107			・倭国王師升ら、後漢に朝貢	
147～187			・このころ倭国乱れ、相攻伐すること（倭国大乱）歴年、卑弥呼を共立し王とす	
204				・このころ帯方郡が置かれる
220				・後漢滅亡、三国分立時代へ
239			・邪馬台国の女王卑弥呼、魏に遣使し「親魏倭王」に任じられる	
240			・帯方都太守、倭に遣使し、詔書と印綬を届ける	
242				・高句麗、魏の西安平県を侵す
243			・倭王、魏に遣使し朝貢する	・魏、高句麗を討つ
245			・魏帝、帯方郡を通じて倭に黄幢（軍旗）を与える	
247～248			・卑弥呼死す。男王を立てるが国中治まらず、宗女壱与を共立する。壱与魏に朝貢する	
266	古墳時代	前期	・倭女王、晋に遣使（以後413年まで倭と中国との国交記事が中国史書から消える）	・司馬炎、西晋を建国
280				・呉滅亡、西晋中国統一

すが、ちょっとおさらいをしておきたいと思います。そのころ倭国が百余国に分立し、楽浪郡に朝貢《ちょうこう》しています。その前漢時代に、朝鮮半島の北西部に当たるところに漢の楽浪郡が設置されました。その楽浪郡に倭の使いが行っていました。「魏志倭人伝」よりさらに古い漢の時代の正史に日本列島のことがそのように記されているのです。そのように想像もつかないほどの国際外交が見られたのです。その時代の日本列島はといいますと、弥生時代でも中期後半で、紀元前一世紀のころに当たります。そのころ日本列島を見てみますと、大変興味深いことがあります。今から二千数百年位前に稲作が始まって弥生時代に入った後、稲作がある程度定着して村がどんどん増えてゆきます。そういう村々が誕生していく中で特徴的なことがありまして、さきほど述べました吉野ヶ里遺跡のような非常に大規模な遺跡が出現するのです。壱岐の島におきましても原の辻遺跡のように中心部だけでも二五ヘクタール位、周囲まで含めると一〇〇ヘクタールという大規模な集落が出現するんです。以前の歴史にはなかった出来事です。どうしてこういう大きな集落が登場するかといいますと、稲作が始まって農業をやりながら田んぼも人口もどんどん増え、また村も増えていきます。その際、村と村の間でたとえば、水の取り合いなど、水の問題が起ります。あるいは、ある村が水田を拡げようと思うと隣の村も水田を拡げようとするわけですから、そこで土地争いが生じます。そういった諸々の争いの中から村々が一緒になってまとまっていこうとする動きが生まれてきます。たとえば、吉野ヶ里遺跡のある佐賀平野の村々が集まって一つの地域的なまとまりができます。その村々の中にも大きな村や中小の村々などいろいろな村があるのです。そこで、大きな村が中心となって地域をとりまとめていこうとします。そういう動きをし出したようで、その結果、吉野ヶ里遺跡のような大規模な集落が出現したということです。吉野ヶ里遺跡に行きますと、すぐ見えるところに他の遺跡があるんです。吉野ヶ里遺跡は四五ヘクタールともいわれますけれども、周辺には三ヘクタールとかもっと小さい村々もあります。現在、拠点都市とか中枢都市とかに指定されて、地方行政が行われていますが、そういう拠点になるような大集落というのが、弥生時代中期後半に、楽浪郡が設置されたころに出来上がっています。そのような地域の中心的な集落を頂点にいただいた地域的なまとまりは、専門用語でいいますと難しい言葉になるんですけれども、水利問題とか新しい農耕地の拡大に伴う争いごととか、そういう農業との係わりで村々が集まって一つの地域社会を作るということで、農業共同体といういい方をしております。こういう地域集団が出来上がりますと、また新しい動きをするのです。さきほど出てきました中国の楽浪郡に出かけて行くのです。このような地域集団は農業共同体といういい方もしますが、中国の前漢帝国に貢ぎ物を持って出かけて行きますと、中国側でははるばる遠くからよくやって来たということで、その地域集団に対して何々の国と呼びましょうと、そして、その国のトップに立つ首長を国王として認めましょうと、そういう関係をつくるんです。日本の地域集団が中国に出かけて行くのに貢ぎ物を持って行きますので、それを朝貢といいます。それに対して中国は冊封《さくほう》といういい方をするのです。この冊という字の語源は、板きれに墨書してそれに紐を通してつなぐところからきています。中国の漢の時代に、紙はもちろんありますけれども貴重品ですから、竹とか木、つまり木ぎれとか竹べらみたいなものを作りまして、そこに墨で文字を書くんです。一枚の木ぎれというのは幅が狭いですので、これをつなげないと一つの書類にならないわけです。それを木簡とか竹簡といいまして、それらを束ね、結わえていわば文章が出来上がるのです。中国の皇帝が日本のどっかからやって来た地域集団に対して、はるばるよくやって来た、そこで何とかの国と、そのリーダーを国王に任命するという証書をおそらく与えているのです。証書を与えることを冊を封ずるといい、そういう体制を冊封体制と呼びます。こういう形で地域的なまとまり集団が漢に朝貢し、その見返りに冊封を受けました。そして、地域社会が何とかの国、あるいは何とかの王という呼称で中国から認証されたのです。そのことが記録に残ったというわけです。それの最たるものが皆さんよくご存じの、福岡市の志賀島から発見されているのです（第43図）。すなわち、有名な「漢の委の奴の国王」と五文字を刻んだ金印です。福岡市の志賀島で今から二三〇年ほど前に農民が偶然見つけました。つまりこれは、中国が日本列島を委つまり倭と呼び、日本列島に住んでいる人を倭人と呼んでいたのです。ある人の説では中国から見て日本列島に住んでいる人々は小柄であったので、そのように呼んだともいわれます。そして小柄な倭人が住んでいる国を倭国と呼んだのです。漢帝国から見て、倭と呼ばれた日本列島に奴の国があって、その国王に与えた黄金の印であるということになります。こういうことを刻んだ金印は

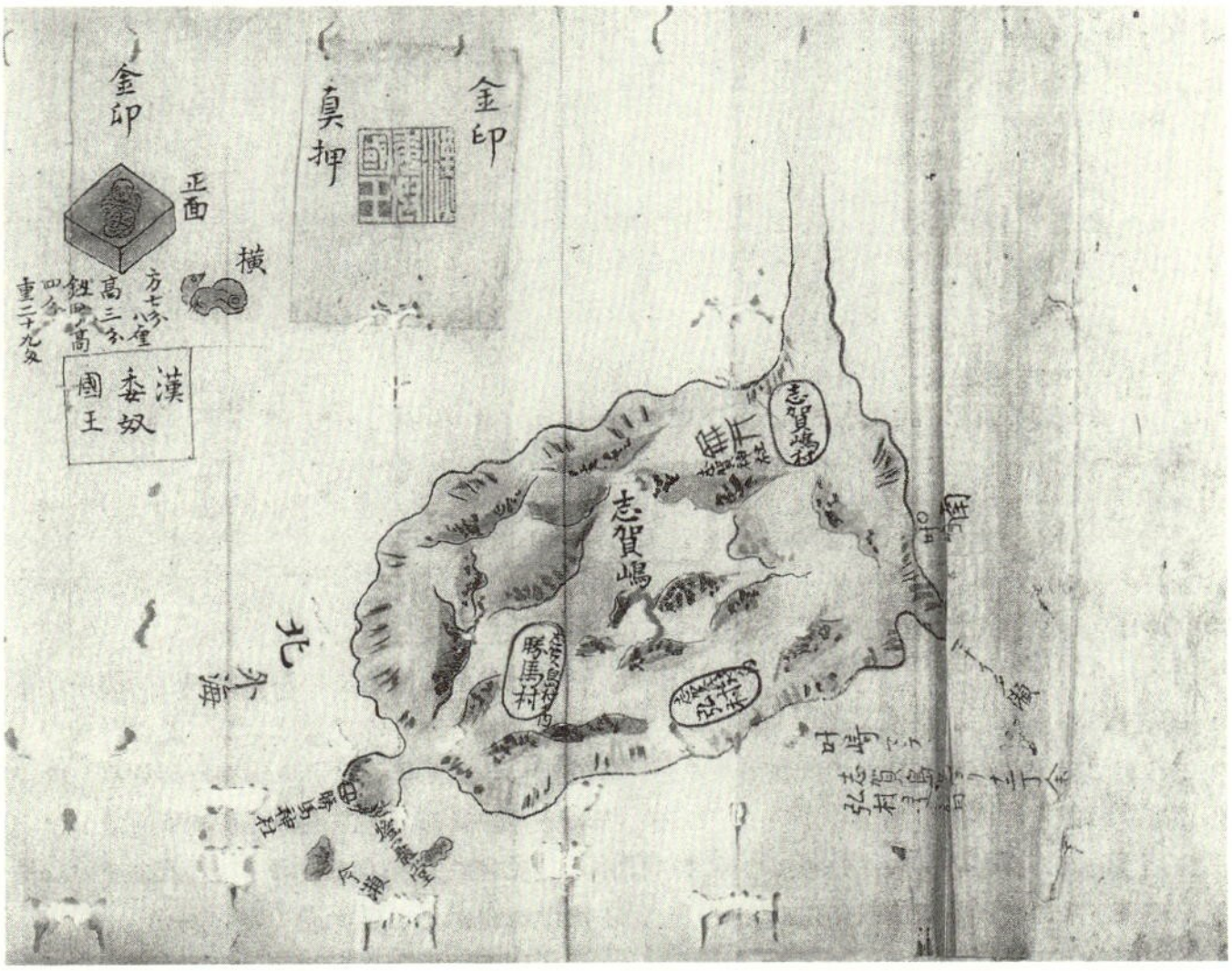

第43図　亀井南冥、1784『金印弁』所載の志賀島と金印
（福岡市立歴史資料館、1984『「漢委奴國王」金印展』図録より）

考古学の資料つまり物的証拠です。そのことが『後漢書』という中国の正史に出てきます。西暦五七年（建武中元二）に倭の奴国《なこく》王が朝貢したのに対して、当時の皇帝である光武帝《こうぶてい》は奴国に印綬を与えた、と記録されています。そのように金印という考古学の物質資料とまったく符合するように、中国の『後漢書』にその内容が記されているのです。文献史料と物質資料とで合致しますので、事実であると思います。この後漢の時代に、福岡市から春日市にかけての福岡平野に形成されていた農業共同体の一つである奴国には、たくさんの村々があって、拠点集落もしくは中心集落を中心として、地域的なまとまりを形成していました。それが後漢に朝貢していって、後漢から倭の奴の国王に認証されて金印をもらったのでした。そういう地域集団が中国との間で外交関係を結んだことによって国と呼ばれ、そして、その首長は国王と呼ばれたわけです。そういう国々が漢の時代に日本列島には百余りあったというのです。これは中国の記録のことですから、たとえば誇張とかありますので百余りあったかどうかというのは問題ではありません。かなり多くの国々が中国との間で外交関係を結んだと考えるべきです。『漢書』には百余国としか出てきませんが、『後漢書』にはその中の一つに奴国があったことが分かります。記録には出て来ませんけれども、漢の時代にすでに一支国も成立していたのではないかと考えています。一支国のことが文献史料・記録に出てくるのは後の「魏志倭人伝」でありまして、約一八〇〇年近く前のころのことです。それよりもさらに二〇〇年以上もさかのぼった時代に一支国は成立していたと考えます。これには根拠があります。原の辻遺跡を発掘していますと、そのことを裏付けるような資料が少なからず出て来ます。奴国にしろこういった国々には、考古学的に裏付けになるいろんな資料があるのです。一つには、国があるということはその国の都の遺跡があるということです。「魏志倭人伝」のちょっと前に「魏志韓伝」という朝鮮半島南部のことを記した部分があります。そこに、国に邑ありという興味深い言葉が出てきます。この邑とはなにかというと、小南一郎先生の解釈では都という意味です。つまり国があると都があるのです。日本国があれば東京都という首都があり、朝鮮民主主義共和国があれば、ピョンヤン（平壌）という首都があります。一支国や奴国があればそこに邑つまり国都・首都があるというわけです。それを考古学的に検証していきますと、まさにそれがさきほどから出て来ました拠点集落という非常に大規模な集落ということになるんです。ここでは集落が濠で囲まれています。そのような集落は濠が一重だけでなく原の辻遺跡のように三重とかもっとあるかもしれません。つまり一重ではなくしばしば多重に濠で囲まれているという特色があるのです。そういう遺跡はもう少し分かりやすくいうと、国都、あるいは、国に王がいたわけですから王都の遺跡といってもいいでしょう。佐賀県の吉野ヶ里遺跡の場合は、国都・王都の遺跡であることは間違いありません。しかし、残念ながら何という国であったか分からないという、もどかしさというか不安がございます。いくらあのように立派な国都の遺跡であっても、何という国であったか分からないというのは非常に寂しい話です。それに比べて、原の辻遺跡の場合は、一支国の王都の遺跡であるということはみんなが認めています。壱岐の何十カ所もある遺跡の中でひときわ際だった拠点的な集落ということで、原の辻遺跡は漢の時代にすでに成立していた一支国の王都の遺跡であろうと、何年も前の調査指導委員会でみんなが議論してそのように特定しました。さきほども述べましたように、原の辻遺跡は非常に重要です。

一支国のことは「魏志倭人伝」にはじめて登場しますが、それにさかのぼる前漢の時代の百余国の中の一つにすでに一支国は成立していたのではないかと思います。といいますのは、この時代の遺跡を見ますと、奴国をはじめとして中国の漢から国としてまた王として認められるわけですから、その見返りとしてこちらから貢ぎ物を持っていきます。その場合、人身奴隷が多いようですが、生口つまり人身奴隷を何十人あるいは百何十人も献上したということもあったでしょう。それに対して中国の漢の方では一番最たるものは金印です。それだけではなくて銅鏡とかそのほか、いろんなものを見返りにくれるのです。その中に銅鏡のほか貨幣とか馬車の部品といったものが含まれているということです。この時代の遺跡として、拠点的な大集落の近くには国王の墓である王墓があり、そこから豊富な副葬品が出土します。

たとえば奴国と並んで、「魏志倭人伝」に伊都国が出て来ます。伊都国についても、伊都国という名前が出てくるのは、「魏志倭人伝」からですが、ここでもさかのぼって前漢の時代の百余国の中の一つの国であったろうと考えています。伊都国は現在の福岡県の糸島市の辺りにありました。そこには三雲・井原という非常に有名な遺跡があります。ここでは甕棺墓が見つかっていますが、その中には中国の前漢の鏡が多いときには五〇数枚と大量に副葬されています。また、珍しいものでは璧《へき》といって、ガラス製でドーナツ状をした権威の象徴物が入っていたりします。そのようなことから伊都国に大集落があり、その一角に墳墓があって、その中の副葬品を見ると中国の漢からもらった鏡とかその他いろんなものが出て来ますので、この墳墓を国王の墳墓であろうと推定しているわけです。

一支国におきましても、その一角で王墓と思われる甕棺墓や石棺墓が出ているところがありました。そこからは中国の鏡の破片が出土しました。それから青銅の腕輪が出たりしまして、一支国が楽浪郡に出かけていって朝貢し、その見返りにもらってきたものを一支国王が死んだとき甕棺に納めたのではないかと考えています。そういうわけで、「魏志倭人伝」以前の前漢の時代に一支国が成立したであろうと、まず申しておきたいと思います。

一支国が設立したということは、中国の漢と外交関係を持ったということだといいました。ここで一体どうしてそういうことが起ったかという問題があります。対馬国・一支国・末盧《まつろ》国・奴国といった国々が次々と生まれていったというのはどういうことでしょうか。その点につきましては、当時の北東アジアの国際関係が反映していると考えます。まず、中国では漢という大帝国が成立します。そして、朝鮮半島があって、九州、日本列島があります。当時、中国から倭と呼ばれていた、その中の一つに一支国がありました。朝鮮半島の北西部にはすでに楽浪郡が置かれていました。遠い大小の国々との間に外交関係が成立するというのはどういうことでしょうか。外交には外交の論理・理由があるわけでして、両方に理由があったのです。中国の漢が遥か遠くの小さな地域集団の首長に対して、一支国の王に任命しました。一方、一支国からも実際に楽浪郡つまり現在の北朝鮮の一角まではるばる出かけて行っているのです。一支国と認証されるのにも理由があったのです。まず、日本側の理由としてはあちこちに地域集団がまとまって行きますが、そういう諸集団の間で国盗り合戦が始まっていくのです。一つの集団が隣の集団を併合しようとする時に武力で抑え込もうとしたこともあったでしょう。「魏志倭人伝」に倭国乱れるとか、『後漢書』に倭国大乱とありますのは、戦争状態を経て諸集団がしだいにまとまっていく状況を示しているのです。漢の時代には実際そういう戦争もあったようです。しかし、時には戦争をしないで婚姻関係を結んで集団間で仲よくなっていったでしょう。そのように、いろんな形で集団間がまとまっていくわけなんです。そして何よりも一生懸命働いて農業生産を向上させ国力をつけることがもっとも大事なこととなります。まず、自分たちの地域を守るために国力をつけねばなりません。生産性を上げて社会を安定させるということもあったことでしょう。

もう一つ働いたのが外交です。つまり一支国は、対馬国あるいは九州本土の末盧国とか伊都国などといった国々に、攻め込まれないように考えて楽浪郡に使いをやりました。楽浪郡は漢の出先ですから、後ろに漢が付いているとなるとうっかり手を出せません。漢に攻め込まれるかもしれないのです。たとえば、北朝鮮が韓国に簡単に攻め込めないのは、韓国にはアメリカ軍が常駐していて、もし北朝鮮が韓国に攻めて来たらアメリカが動いて一夜のうちに制覇するかもしれないのです。ですから簡単には攻められません。そのように国を安定的に守っていくには、非常に強力な勢力を味方に付けるということは一つの手だてだったのです。そこで、朝貢関係を結んで漢と外交を持つということがあったのではないかと考えています。日本列島側でも国々で自分たちの力を付けたり、周辺と仲よくしたり、時には戦争も起したかもしれません。しかし、一方で強力な後ろ盾を味方につけることによって国の安定を図ろうとしました。そういう理由が日本列島側にあったのではないでしょうか。

さらに、中国側にも理由がなければ日本列島と付き合いいたしません。中国側の理由としては、北に匈奴という遊牧民族がいまして、絶えず南下して来ます。漢の時代の前は秦ですが、さらにその前は戦国時代です。戦国時代には、七つの国が相互に緊張状態にあって、自分たちの国を守るために城壁を築いて領土・領域を守っていました。同時に国境の遊牧民族が攻め込んで来ますので、それぞれの国が城壁を築いて自分たちの国を守っていたのです。つまり七つの国が、分かれて、それぞれの城壁を築きました。とくに北側では北方の遊牧民族に攻め込まれないように堅固な城壁を作るという形でそれぞれが国を守りました。秦《しん》の始皇帝《しこうてい》が全国を統一しますと、それらの城壁を全部つなぐんです。いわゆる万里の長城の形成です。現在の万里の長城は明代に修復されたものですが、出発は戦国時代が終わって秦の始皇帝の時代に始まったのです。そのころは塼《せん》つまり煉瓦造りではなくて土をつき固めた土塁です。

第 44 図　玉門関付近の長城（1994 年撮影）

そのように秦の始皇帝によって築かれたいわゆる万里の長城、それが漢の時代に引き継がれて遊牧民族・匈奴の南下、侵略を防ごうとしました（第44図）。しかし、時には城門が破られて入って来られたかもしれません。物理的に堅固な城壁を築いて侵略を防ぐということと、もう一つは周辺の地域と仲よくし、それによって匈奴の侵略を防ごうとしました。たとえば、楽浪郡を設置したということは、この地域を漢帝国が押さえることによって、この方面から匈奴が攻め込むのを防ごうとしました。そういう理由もあったようです。もし朝鮮半島の南部とか日本列島の人々が匈奴と手を結んだ場合には脅威になります。ここは手なずけておいて匈奴と手を結ばないように、朝鮮半島の南部とか日本列島と仲よくする、という理由が中国の漢の側にあったようです。東の方では楽浪郡を設置して、さらにそのさきの地域社会とは外交関係を結んで仲よくするというわけです。一方、漢帝国は西の方では楽浪郡と同じように、敦煌《とんこう》郡・張掖《ちょうえき》郡・酒泉《しゅせん》郡・武威《ぶい》郡といった郡を次々と設置していったのです。このように、現在の甘粛省に当たりますけれども、西では敦煌郡をはじめとするいわゆる河西四郡を設置して、漢帝国の領域をきちっと守ったのです。さらにその先にいる勢力というと烏孫《うそん》や大月氏《だいげっし》です。そこの人々とも仲よくしておかないと、匈奴が烏孫や大月氏と手を結んで漢帝国を西から脅かすという心配がありました。そこで漢帝国の武帝は自分の皇女を烏孫の王の嫁にやっているんです。そのとき金印(2)を与えていると、『漢書』の西域伝に出て来ます。また、大月氏については、武帝は張騫《ちょうけん》という武将を派遣して外交関係を結ぼうとしています。近くでは郡を設置し官僚を派遣して国境を固めると同時に、さらに遠くについては外交関係を結ぶことによって自分たちの味方に付けて国を守ろうとしたのです。そういう外交戦略が中国本土側にもあったということです。大月氏の辺りは現在、まさにタリバンの世界の地です。かつてロシアが旧ソ連時代にアフガニスタン北部に侵攻していました。そのころ高速道路を作るときに遺跡を発掘しましたら、ずい分と墳墓(3)が見つかりました。その墳墓から前漢の鏡が出土しました。それもまさに張騫を派遣して大月氏と仲よくしようとした、その時に前漢帝国がもたらした鏡と思われます。そういう鏡がアフガニスタンの問題のあの地域の発掘で出て来ました。ですからはるか八〇〇〇キロ離れた西のアフガニスタンと東の日本列島でまったく同じ鏡が出るということは、漢帝国の外交戦略の結果であると考えられます。そういう状況で、中国が倭と呼んだ、あるいはそこに住む人々を倭人と呼びました。中国の正史である、『漢書』地理志に、倭に百余国があったという形で登場します。漢のあと後漢に移りますと、後漢の記録が『後漢書』です。おそらく百余国の中の一つである奴国がやはり同じように朝貢していたことが記録されています。そういう時代があって、その後漢も滅んで三つの国に分かれます。その一つ魏の国とまた外交関係が展開します。そこで「魏志倭人伝」に一支国が登場します。しかし、この一支国はさかのぼって漢の時代にすでに成立していたであろうと、さきに述べました。

今、「魏志倭人伝」に一支国が登場するといいましたが、魏の側にも日本列島側にも理由があったはずです。今度はちょっと様子が変わりましても、基本的には国際的な外交論理は働いているのです。中国の漢が滅んで魏《ぎ》・蜀《しょく》・呉《ご》という三つに分裂しますが、北にはやはり烏丸《うがん》・鮮卑《せんぴ》などの遊牧民族はいるのです。広い中国本土で国が三つに分裂するという内部の問題と同時に、引き続き前の時代から北方遊牧民族の南下という、両方の愁いがありました。こういう状況の中で領土をどうしたかというと、もちろん万里の長城をきちっと守って北方からの遊牧民族の侵略に備えて国を守るということもありました。しかし、一方では呉や蜀に攻められるかもしれないという思いもありました。そこで魏としては呉や蜀に対抗するために、やはり朝鮮半島や日本列島と仲よくしておこうとしたのです。こういった地域と仲よくしておかないと、もし日本列島が呉と手を結んだら魏にとっては大変な脅威になります。もしかして手を結んでいたら魏は滅ぼされていたかもしれません。最終的には魏は西晋を経て全体を統一します。ですから、このような国際情勢のもとで、「魏志倭人伝」に日本列島のことが出て来るのです。魏が呉や蜀に対抗するために東方地域と手を結ぼうとしました。そういう中国側の外交の論理が働いたのです。一方、日本列島からいいましても、さきほどと一緒で日本列島にどんどん国が出き上がって行きます。ひょっとしたら他の国によって、滅ぼされるかもしれません。そこでやはり魏と手を結ぶことによって、つまり、魏が後ろにいるということになれば、簡単に攻められないということになります。

日本列島の国々の間で有利に立つというか、他の国に滅ぼされないためにも外国の強力な勢力を後ろ盾、つまり味方に付けようとしたのです。そういう理由があって魏との間で外交関係が成立しました。その結果、国という形で中国の記録に残ったと考えます。

ここで、「魏志倭人伝」の訳文を少しご一緒に読んでいきたいと思います。冒頭に倭人と出てきますけれども、小南先生は〈わひと〉と呼んでおられます。「倭人は、帯方（郡）の東南の大海の中におり、山がちな島の上にそれぞれの国邑を定めている。」と書いてあります。まず当時、魏は朝鮮半島の北西部に帯方郡を置いておりました。三世紀の初めのころに帯方郡という郡を設置するんです。漢の時代に楽浪郡があるといいましたが、三世紀になって楽浪郡の一部を分割して新しい郡を作ったのです。その郡が冒頭に出てくる帯方郡です。倭人はその帯方郡の東南の大海の中にいると書かれています。これは文字どおり当時の様子を簡潔に表現しています。山がちな島の上にそれぞれ国邑を定めているということは、平原地帯の広々とした大陸から見ると、日本列島は山ばかりに見えたのかもしれません。そのような山の麓、海辺、あるいは河川流域に少しずつ水田地域があったわけですけれども、中国から見ますと山のように見えたんでしょう。あるいは、島々がいっぱいあってそこに寄り添うように住んでいるように見えたんでしょうか。国邑を定めているということは、そこに王都の集落があることを示していきます。「もともと百余国があって漢の時代に中国へ朝見に来たものがあった。」というのは、さきほどいいました『漢書』地理志に出てくる「楽浪海中に倭人あり。分かれて百余国を為す。」という記事のことをさしています。つまり百余りの国々があって、楽浪郡を通じて中国と外交関係を持ったと書いてあります。「現在、使者や通訳の往来のある国が三十国ある。」ことから三十国ほどの名前がずーっと出て来

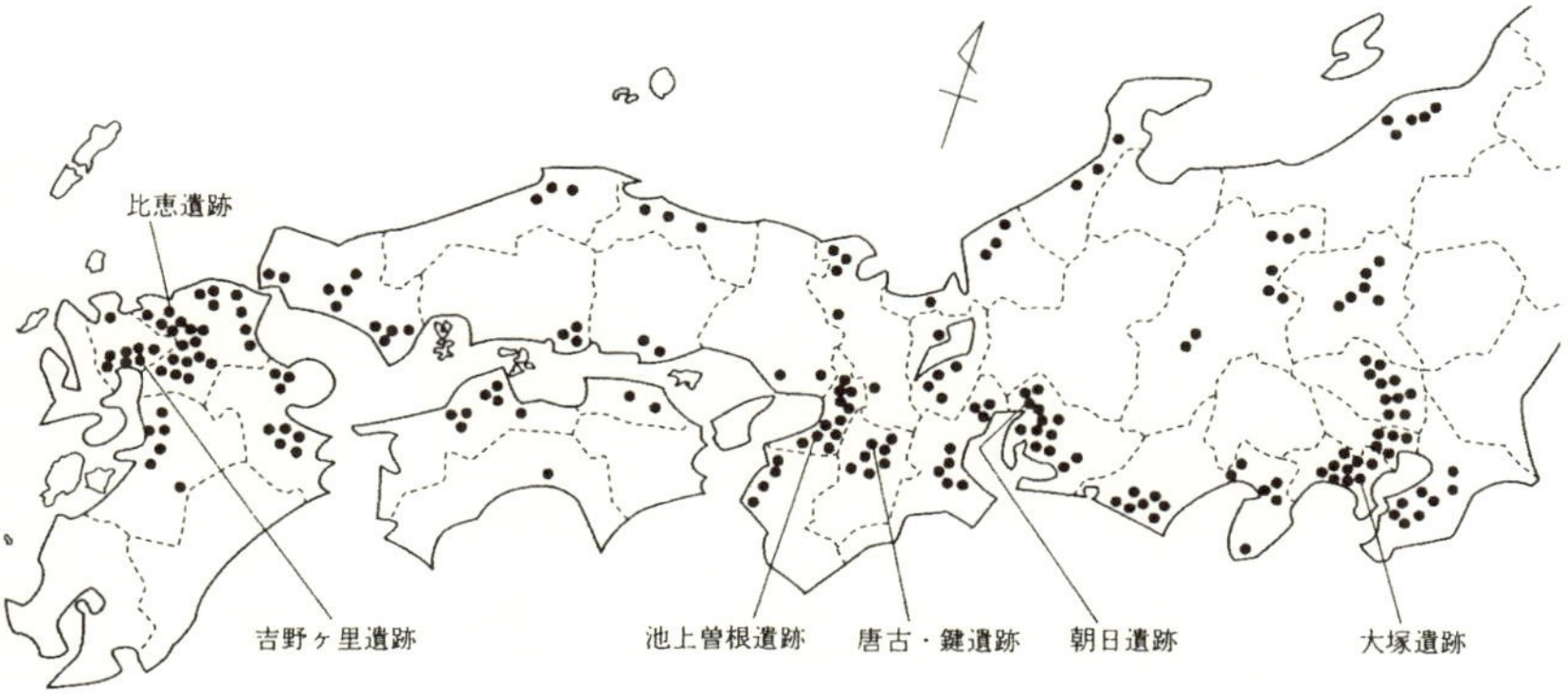

第 45 図　日本列島における弥生時代環濠集落の分布の概観
（飯塚市ほか、2005『弥生時代シンポジウム　in　飯塚』より）

るんです。その中に卑弥呼や邪馬台国があり、一支国があるのです。この文章について、多くの方々が漢の時代に百余りあった国々が、魏の時代になって三十国になった、い い換えれば、そのようにまとまったのではないか、つまり小さな国々が滅ぼされ百余国がまとまって三十国になったのではないかといわれます。私はそれは間違いだと思うんです。よく読んでいただきますと、三十国の使者・外交使節が通訳を連れてやって来ると書いてあるのです。ですからむしろ百余国が三十国にまとまったんではなくって、環濠集落の分布状況から考えてもおそらく二、三百以上の国々が出来ていて、その中の三十国が通訳を連れて外交使節を送っていたと解釈すべきではないかと思います（第45図）。

さきほどもいいましたように、農業生産が高まって人口が増加し村々も増えます。そこで村々が集まって地域社会が出来上がります。そういう動きは時の流れにしたがってどんどん増えていき、そういう社会の発展があったと思います。漢の時代に百あったとすれば、魏の時代にはもっと増えて二、三百になっていたのではないでしょうか。この数字は確かではないんですけれど、百よりは増えていたでしょう。その中の三十国が外交関係を持ったと解釈すべきではないかと考えています。この文章の解釈についてはなお十分に検討する必要があると思います。

それに続いて、「帯方郡から倭に行くには」云々とあります。楽浪海中に倭人有りということは、楽浪郡の海の彼方に倭人が住んでいて、そこの倭に百余国があったと表現されています。このことは中国側の制度にのっとっていて、中国では漢の時代にあの広い領土を治めるために地方行政制度を整備しました。どのようにしてあの広い中国を治めたかといいますと、郡国制という制度でした。郡というのは現在の何々郡つまり壱岐郡・上県郡といった郡に通じます。現在の民主主義社会と違いますけれども、まず、漢の中央政府が官僚あるいは役人を派遣して治めるという、郡県制度です。そして郡の下には県を置いています。それに対して国というのは封建制度です。周辺地域にはその土地の領主がいて、その領主を国王として認証するけれども、国内のことはその人に任せておくというわけです。たとえば、徳川幕府は五島藩に対しては、五島藩主を任命するけれども、五島内のことには直接口は出さないというものです。中国の中央には郡や県を設置し、直接官僚を派遣して直轄経営しました。そして、周辺部は封建制度をもって間接的に統治しようとしました。それに対して楽浪郡の南、現在の朝鮮半島の南部は、韓と呼ばれました。日本列島は倭ですけれども、そういう韓や倭に対しては国という形で間接的に中国の支配体制下に編入しようとしました。いい換えれば冊封しました。ですから倭人伝のすぐ前の韓伝に七十余りの国々があったと記録に出てきますのは、そういう結果なんです。そのようにしまして日本列島にはたくさんの国々ができていて、その中の、邪馬台国をはじめとする三十ほどの国々が帯方郡を通じて魏と外交関係を結びました。この時代になって、帯方郡へ出かけていきますと、帯方郡の役人が倭からやって来た使者を都の洛陽まで連れて行くんです。そして、皇帝に直接会わせているんです。そういうことが中国側の記録からうかがわれます。結局、一支国という名前で登場するのは漢の時代からだと推測しましたが、そのような当時の国際情勢のもと、日本内部や中国側にそれぞれの理由があってそういう国際関係が展開したわけです。その結果として一支国が登場し、そのことを裏付けるかのように一支国の王都であった原の辻遺跡から中国の文物が出てくるのです。ここで三十国とたくさんある国々の中で一支国のところを復習しておきたいと思います。

まず、対馬国からは、瀚海（広い海という意味）と呼ばれる一つの海を渡って千余里行くと一大国に着くとあります。この一大国というのは些細な字の間違いです。「魏志倭人伝」には誤記とか、間違って記録した部分が少なからずあります。景初二年とありますが、これは三年だったりとか、一大国と書いてありますけれども、これは一支国の当時のミスプリントということになります。その一支国では、長官は卑狗《ひこ》、副長官を卑奴母離《ひなもり》と呼ばれています。おそらく一支国にも王はいたと思うんです。ところが、そういうことは何も書いていないのです。この長官を卑狗といい副長官を卑奴母離と呼んでいるのを、今でいえば、たとえはあまりよくありませんが、市長と助役さんとか、町長と助役さんといったところでしょうか。そして、記録はされていませんが、おそらく一支国には壱岐島の首長である王がいたと思います。それとは別におそらく邪馬台国から派遣された、いってみれば地方官である卑狗と卑奴母離がいた、という地域社会に二面性があったのではないかと思っています。そういう役人もいたということです。続けて「広さは四方三百里ばかり。竹や木が生えやぶが多い。三千ばかりの家がある。田畑もなくはないが、農耕だけでは食料の自給ができず、そこの人々も南や北に海を渡って穀物を買い入れている。」とあります。ここで穀物というのは米と考えていいと思います。壱岐島という一つの島ではありますけれども、特徴的なことは、卑狗や卑奴母離という地方行政官がいたということです。おそらくこれは昔ながらの一支国王とは別の行政官ではなかったかと考えています。もう一つは農耕だけでは食料の自給ができないということです。かつて郷ノ浦の町役場の方からおいしいお米を頂いたことがありますけれども、現在の壱岐島はお米が余っていて島外にも出しています。当時は三千ばかりの家があって、そこで稲作農耕を行ったけれども、それだけでは足りないので南や北に渡って手に入れていたとも書いてあるのです。南といえば当然、一番近いところは現在の唐津市周辺ということで末盧国になります。その東隣りは伊都国、さらに奴国といった地域社会になります。一方、北については対馬国ということになります。この場合に問題なのは、対馬は現在でもあのように絶海の孤島という景観が残っていますが、あそこでの稲作です。「土地は山が険しく深い森林が多く……農地はやせていて海産物を食べて生活し、船に乗って南や北に海を渡って穀物を買い入れてくる。」ということです。最近も、対馬の峰町の吉田という遺跡が発掘されました。この吉田遺跡は、対馬でももっとも早く稲作が行われた集落の遺跡です。そのようにして弥生文化が始まると同時に米作りを行っていたと思います。ただ、あの地形から見ても非常に限られたでしょう。現在、対馬のあちこちに水田がありますけれど、確かに江戸時代の享保の改革で全国的にずい分と干拓して水田を増やします。その時の水田で、潮受け堤防を作っています。それが現在まで続いているのです。今は休耕田とかで荒れ放題になっているところも見受けられます。弥生時代の終末期に当たる「魏志倭人伝」の当時の対馬国というのは、米が非常に限られていました。ですから壱岐以上に海産物を食べて生活をして、足りない分を南や北から入手したということでした。対馬国がそんな調子ですから、一支国が北に米を買いに行くということはさらにその北、現在の朝鮮半島の南岸地域であったかもしれません。ご承知のように日本の弥生文化、米作りの技術は現在の朝鮮半島の南岸地域から入ってきて始まります。当時の南岸地域というのは稲作地帯ですから、対馬や壱岐の人々も海を渡ってその南岸地域から米を手に入れて来た可能性もあるのです。このこともさきほどいいましたように、帯方郡まで出かけて行くぐらいですから、朝鮮半島の南岸地域に行くことはそう難しくなかったはずです。

もう一つ一支国の大きな特色として、南や北の文物がかなり出土することがあります。たとえば、弥生土器でいいますと、どうもよそから、もっと限定すれば福岡県の糸島半島辺り、つまり伊都国の土器が流入しているようだと専門家の間でいわれています。土器などどこででも作れるようですけれども、やはりそれなりの労力がいるわけですから、自分で作るよりも簡単に手に入るようなら、よそから手に入れた方が便利だということもあったんでしょうか。ただ、その後の胎土分析の結果、伊都国の土器といわれたものは壱岐島産であることが分かりました。弥生土器以外に、何といってももう一つ特徴的なのは、大陸・半島の今流にいえば外国からの舶来文物が、よその地域に比べると相対的にたくさん出てきます。鏡は比較的少ないんですが、一番重要なことは、土器という当時の日常的な道具が、他の地域に比べて、現在の韓国のものが多いのです。あるいは楽浪郡で作られた土器も入ってきています（第46図）。そのように当時の日本列島内だけではなくて、韓国の土器や中国の出先で使われていた土器などの文物が出て来るということは、当時、想像以上に国際化が進んでいた時代の産物として理解できるの

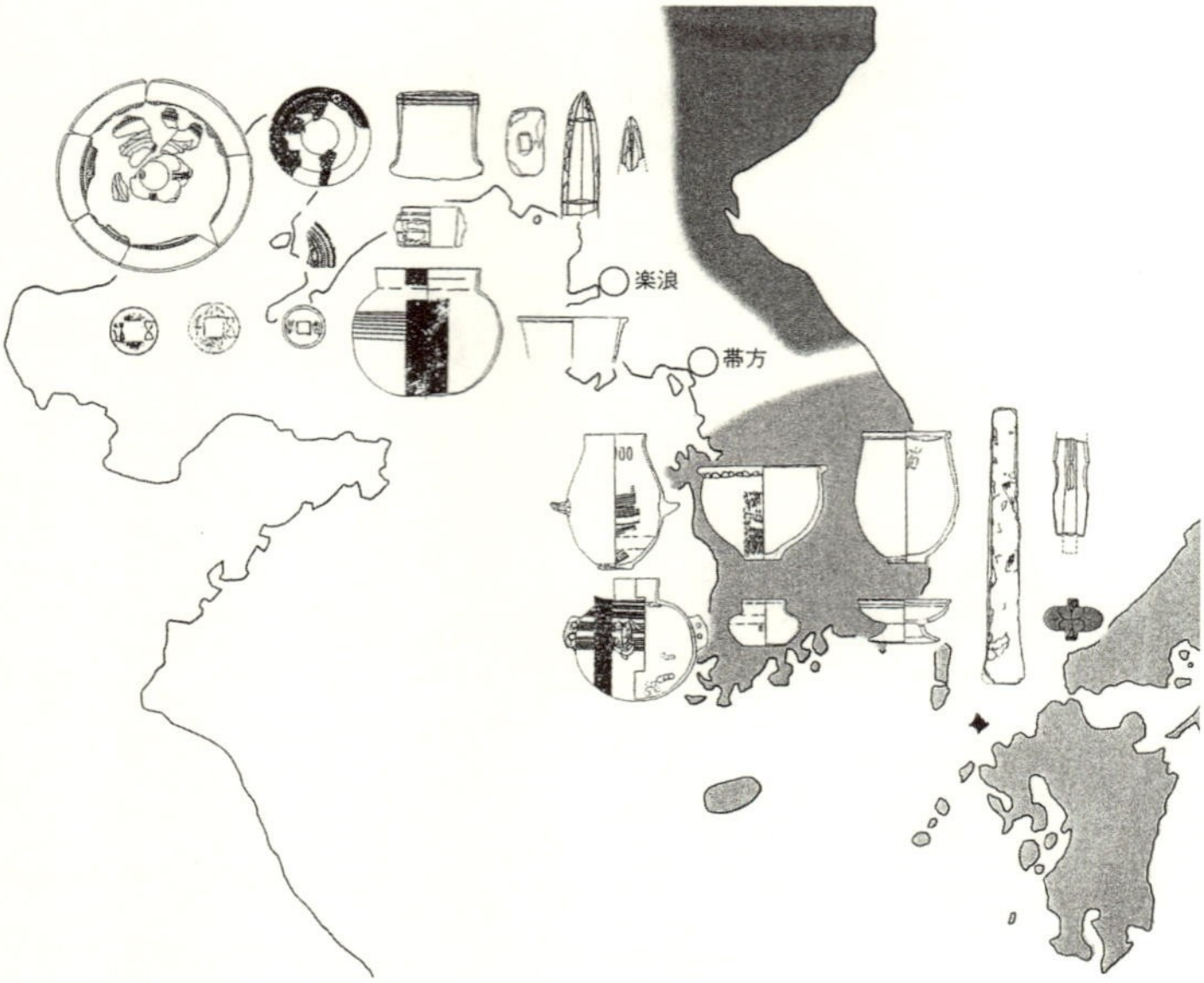

第46図　原の辻遺跡に渡来した大陸系遺物（長崎教育委員会、2002『国特別史跡指定記念発掘「倭人伝」―海の王都、壱岐・原の辻遺跡展』より）

ではないかと思います。

そのほかの遺物の中で一つだけ大事な問題がありまして、それは馬車の部品です。車輿具《しゃよぐ》という難しい言葉が使われていますが、馬車の車軸の先端のところにキャップのように取り付ける青銅製の金具が出てきました。これは日本で唯一の出土例です。これがあったから壱岐島で馬車が走っていたかというと、そうともいえません。楽浪郡の遺跡は現在のピョンヤンにあり、戦前に日本人が発掘しましたし、最近も北朝鮮の人々が発掘したりしています。ここでは馬車の部品がずい分と出ていますが、その場合は馬車の部品が全部揃って出て来るんです。馬車の復元品はピョンヤンにある中央歴史博物館に展示されています。そして、この楽浪遺跡では、当時、舗装した道路の上を馬車が行き来していたということがうかがえます。原の辻遺跡の場合、車輿具一つの部品では馬車になりませんので、鏡や貨幣と同じように象徴的な意味があったのではないでしょうか。つまり、これは中国から手に入れたものだということになりますと、そういうものを持っているということが、おそらく一支国王の地位を誇示するというシンボルではなかったかと思うのです。もっとも原の辻遺跡では東側の環濠の外で幅が四メートルぐらいの道路の跡が見つかっています。両方に側溝があって道路と考えられます。道は出ているけれども、その上を馬車が走っていたとは簡単に考えられないという問題です。いずれにしましても、そういう中国の文物、あるいは当時の韓国の南岸地域の文物が他の地域に比べてだんとつに多いということは、そういう国際交流の拠点であったこと、そればかりか南にも市羅《してき》するというところで、九州本土の土器なども運ばれているのです。その際の見返りが何だったかということになりますが、そのように大陸のものがたくさん出て来ますので、伊都国・九州本土の米などと交換、交易された可能性があると推測しています。そういうことで一支国の都があった原の辻遺跡というのは、当時の国の成り立ち、あるいは、そのような国々がどのようにして国を守り発展させ、その過程で国際化を果たしてきたか、その国際化の舞台は北東アジアという世界であったことを物語ってくれます。その点で、市羅という言葉を考える中で、一支国あるいは原の辻遺跡の評価を行うことも大事だと思っています。

〔注〕

（1）陳寿（裴松之注、今鷹真・小南一郎訳）、一九九三『正史　三国志4』ちくま学芸文庫、筑摩書房。

（2）西谷正、一九九一「西域の印章」『古代九州の国際交流』九州歴史大学講座。

（3）小谷伸男、一九九九『大月氏―中央アジアに謎の民族を尋ねて』東方書店。

第8章　謎の三世紀　―邪馬台国への道

はじめに

まずはじめに、「謎の三世紀」という問題です。なぜ三世紀が謎なのかということですが、一つには弥生時代の後期に相当する時代性の問題があります。その前の時代つまり弥生時代の中期といいますと、ご承知のように、北部九州においては、大形の甕棺墓がたくさん発見されます。そして、その中には、伊都国の故地・糸島市の三雲南小路《みくもみなみしょうじ》遺跡や、奴国の故地・春日市の須玖岡本《すぐおかもと》遺跡で見られるとおり、中国製の銅鏡が三〇枚以上も副葬されるものがあるといったように、非常に顕著な現象が認められます。また、ほぼ三世紀後半に当たる古墳時代初期においては、たとえば、福岡県苅田町の石塚山古墳のように、立派な前方後円墳が造られ、その副葬品には三角縁神獣鏡といったすばらしい銅鏡が含まれています。このように、三世紀後半に入りますと、西日本の各地で壮大な前方後円墳が出現し、内部の埋葬施設も竪穴式石室や粘土槨のような立派なものが見られるようになります。こういうわけで、三世紀前半つまり弥生時代後期の、前の時代や後の時代につきましては、甕棺墓・古墳・鏡などのように、考古学的な遺構や遺物の面で、物的な証拠としてもかなりのことが分ってきています。それに比べて、弥生時代後期の終わりに近い、三世紀前半については、考古学的な物的証拠に欠ける点が多く、なかなか分からないことが多いというわけです。

もう一つの問題は、よくご承知のとおり、三世紀前半といいますと、何といいましても邪馬台国の時代です。邪馬台国をめぐって実にいろいろと議論があることも、ご存知のとおりです。つまり、邪馬台国の所在地の問題はもちろんのこととして、「魏志倭人伝」の記事や、同時代の考古資料などの分析を通して、邪馬台国というのは、どういう時代の産物かといった形でも議論されていますが、まだまだ定説が出て来ないというのが実情でありましょう。

そういったことがありまして、「謎の三世紀」といわれるのではないでしょうか。そのように大変難しい問題といいますか、時代につきまして、今ここではっきりとした解答を示したり、あるいは、新説を発表するということも私にはできません。ただ、邪馬台国の時代はどういう時代かという問題をめぐって、邪馬台国への道を実際にたどりながら、いつの日か邪馬台国問題を解決するためには、どんな方法があるのか、といった今後の研究の方向性なり課題について、焦点を絞って若干の私見をお話してみたいと思います。

邪馬台国時代の北東アジア

そこでまず、日本列島に邪馬台国が登場したころの北東アジアの国際環境から振り返ってみましょう。ここで中国大陸をご覧いただきますと、三世紀の中国は三国時代でした。すなわち、華北一帯にあった魏、揚子江以南の地域にあった呉、そして、その西南方で、現在の四川省を中心とした西南部地域にあった蜀という、三つに分裂した国家群が、後漢末期における群雄割拠《ぐんゆうかっきょ》の動乱の中から成立し、緊張した状況が続きました。ここに三つの強大な国々があるということは、互いが、何とか一つのより大きな国に統一しようと努力します。たとえば西南部地域の蜀を見ますと、揚子江の上流域つまり長江流域に進出しまして、現在の雲南省辺りまで支配圏を伸ばそうとして、チベット系の諸民族と交渉を持っています。蜀の国内部の充実を計ることはもちろんですが、外部勢力との結びつきも重要であったようです。

一方また、呉においては、インドシナ半島に足を伸ばして、現在のベトナムといった地域との交渉を持ち、対外的に外部勢力を味方につけて、バックを固めようとしました。そうしますと、蜀や呉と対立関係にある魏としては、自らの国力をつけることも大事ですが、もう一つ対外政策が大きな課題となって来ます。つまり、呉や蜀に対して牽制する意味から、新たな対外政策を打ち出します。このことは、漢の時代、あるいはもっとさかのぼって、戦国時代から見られた対外政策と関連します。つまり、漢民族というのは、歴史的にずっと、北方の遊牧民族からの圧迫を受けてきました。この時代にも、魏の北方には烏丸《うがん》や鮮卑《せんぴ》といった遊牧民族がおりまして、間隙を狙っては中原地方に押し入ろうと機をうかがっているわけです。そういうことから、戦国時代に国ごとに築かれた長城を秦の始皇帝の時代になって、それらを結んでいわゆる万里の長城として完成させました。そうして北の守りを固めますが、なかなか油断がなりません。ところで、魏としては、呉や蜀に対してにらみをきかせねばなりませんが、同時に北方の烏丸や鮮卑に対してもつねに警戒していなくてはならないのです。そうなってきますと、さらに東方の朝鮮半島や日本列島に対しても、無関心ではおれなくなって来るわけです。そこで、朝鮮と日本にも新たな対外政策が打ち出されます。

当時、朝鮮半島におきましては、北部、つまり現在の朝鮮民主主義人民共和国の北方から、中国の東北地方にかけまして、すでに高句麗という国が出来上がっていました。そして、朝鮮の北西部西海岸地方を中心として、紀元前一〇八年に、楽浪郡（第47図）をはじめとする中国・漢の郡県が設置されて、その地方を直接的に経営するようになるのです。その後、魏の時代に入った三世紀のはじめごろ、楽浪郡の一部を割いて帯方郡を置きます。けっきょく、朝鮮半島の北西部では、楽浪郡や帯方郡を設置して、その地域を植民地支配することになります。

第 47 図　楽浪郡治跡の土塁（2004 年 8 月 12 日撮影）

　その南方はどうかといいますと、三世紀の前半に、馬《ば》韓《かん》・弁韓《べんかん》・辰韓《しんかん》という三つの韓の国々に分かれていて、全部でおそらく七〇余りの小さな国々があったようです。そういう小さな国々に対しては植民地化することはありませんでした。しかし、それぞれの小さな国々の立場を容認し、国王を認証するという格好で、南部朝鮮に間接的な支配の網をかぶせようとしました。

　さらに、そのさきの日本列島に対してはどうかといいますと、そこには、邪馬台国をはじめとするたくさんの国々がありました。そのうち三〇ほどの国々が魏の王朝に朝貢《ちょうこう》しています。その際、魏王朝は、朝貢してきた国々に対して、はるばるよくやって来たというわけで、それぞれの小国の存立と国王としての地位を認証します。つまり、日本列島の各地の国々に対しても、朝鮮半島南部の場合と同じように、いわば間接的な支配の網をかぶせたのです。

そのようにして、魏は、国内の呉や蜀あるいは北方の烏丸・鮮卑といった周囲の国や民族に対する牽制の意味から、対外的には、極東の朝鮮半島や日本列島を直接・間接に支配する必要があったわけです。そのために、魏は朝鮮半島の北西部には楽浪郡や帯方郡を設置して直接支配をする一方、その南部と日本列島については、冊封関係を結ぶことによって間接的に支配の傘の中に収めたのでした。そんなわけで魏の外交政策は、いわば、近攻遠交つまり近くを攻め遠きと交わるというやり方をとったようです。

このように、中国大陸においては魏・呉・蜀の三つの強大な国々が互いに覇権を競っていました。ついで、朝鮮半島の北西部が魏の植民地となりました。それから、朝鮮半島の南部や日本列島では、魏王朝の傘下で小さな国々が出来上がっていました。やがて、三世紀の中ごろには、日本ではヤマト王権が成立し、また、朝鮮でも高句麗が楽浪郡と帯方郡を滅ぼし、さらに南部の三韓の国々からはそれぞれ新《し》羅《ら》・百済《くだら》や加耶《かや》が成立します。

そして、中国大陸においても、魏・呉・蜀が四世紀のはじめごろ、西晋《せいしん》によって統一されるといった方向に進んで行きます。つまり、三世紀前半の邪馬台国の時代の北東アジアというのは、それぞれの地域で形成されていた諸国家間で覇権抗争があったり、あるいは、小さな国々が成立し、やがて統一的な古代国家の形成へと向いつつあった、非常にめまぐるしいというか、複雑な国際関係が展開した時代でありまして、まさに、邪馬台国はそのような国際環境の真只中に登場したのです。

邪馬台国と魏王朝

さて、邪馬台国は、いわゆる「魏志倭人伝」に登場するわけですが、正式にいいますと、魏・呉・蜀の三つの国の歴史書つまり『三国志』のうち、魏の正史が「魏書」です。その中の東夷伝つまり東の夷の地域、換言すれば、当時の朝鮮半島や日本列島のことを記した部分があり、さらにそのいちばん最後に、倭人もしくは倭についていろいろと情報が記載されています。そこで省略して「魏志倭人伝」とか、ただ「倭人伝」と呼んでいるのです。

そういう「倭人伝」ですが、そこにはもちろん倭についての地理・風俗や歴史が、わずか二千字足らずの短い文章で書かれています。それ以前のこととして、『漢書』や『後漢書』という歴史書にも、倭のことが出て来ますけれども、「倭人伝」ほどにはくわしく倭のことは書かれておりません。したがって、倭のことが比較的くわしく記載されるのは、中国の書物の中では、「魏志倭人伝」が最初です。そのような「倭人伝」を見たときに、一つの特色が読みとれます。それはいうまでもなく、魏にとって、つねに邪馬台国が非常に意識にのぼっているという問題です。

それからまた、邪馬台国との係わりでは、朝鮮半島に置かれていた帯方郡が、魏の出先機関もしくは外交の基地であったということです。つまり、倭人伝に二千字近くいろいろ書かれていますが、その中で非常に重要なポイントは、魏王朝と邪馬台国との外交関係にあるという点です。実際に外交を行う場合、魏の首都は洛陽ですが、事実上、帯方郡がその出発点に当たるわけです。

一方、邪馬台国においても、北部九州にあった伊都国には一大率《いちだいそつ》が駐在していて、魏との外交の実務に当たっていたんです。すなわち、魏王朝の出先機関である帯方郡と、邪馬台国の出先機関である伊都国、そういう地域なり場所が、非常に重要なポイントになってこようかと思います。

そういうわけでして、「倭人伝」の特色は、魏王朝と邪馬台国との間の外交関係がきわめて重要であるということです。このような外交関係には、それなりの論理がありました。魏王朝がわざわざ二〇〇〇キロ以上も離れた日本列島の小さな国々と、なぜ朝貢・冊封の関係を結ばねばならなかったかという問題です。

繰り返し申しますが、魏は、その周囲の呉や蜀、あるいは、烏丸・鮮卑といった国々と民族に対する牽制から、朝鮮半島北西部を直轄経営し、その南部と、さらに東南方に当たる日本列島に対しては間接的に支配しようとしました。「倭人伝」を読む場合、そのような魏と邪馬台国との間の外交関係にまず着目して、その重要性をしっかりと念頭においておく必要があります。

邪馬台国時代の倭

さて、邪馬台国があった時代の日本列島、つまり、倭には、各地に小さな国々が存立していたようです。といいますのは、「魏志倭人伝」の冒頭近くにありますように、旧百余国といった格好で、前漢の時代、つまり魏よりも二〇〇年余り前に、倭には一〇〇余りの国々がすでに出現していたのです。ついで、『後漢書』を見ますと、有名な話ですが、福岡平野にあった奴国が後漢の光武帝に朝貢して印綬《いんじゅ》をもらって帰っています。そのように、さかのぼってすでに弥生時代の中期後半から後期にかけてのころ、絶対年代でいいますと、紀元前後のころに、どうも日本列島には小さな国々がたくさん誕生していたらしいのです。

ところで、いま小さな国々といいましたが、当時の「国」とは一体どのようなものであったでしょうか。そこで、具体的なイメージをいだいていただく必要があるわけですが、それは地域的、政治的な集団でした。そのような集団が中国の王朝に朝貢しますと、中国の王朝は、それらの集団に対して「国」と認め、また、そのトップに立つ首長に対して「国王」として認証したのです。たとえば、伊都国とか奴国王といった形で、国や王という概念が成立するわけです。もちろんそのような国は、近代的な意味での国家の体制など整えているわけではありません。ともあれ、地域的な集団といいますのは、古く縄文・弥生時代からあちこちに小さな村々がありまして、そういう自然村落が一つに集まって地域的なまとまりを形成したものです。

それでは、どうして各地の自然村落が一つにまとまるかといいますと、それは私たちが専門用語で農業共同体とか、あるいは、部族国家と呼んでいる地域集団の形成です。日本列島の各地には大昔から人々が住みついて、村々を営んでいまして、自然村落をなしていました。それらは、もともと血縁的な関係で一つの村が出来上がっていました。ところが、だんだん時代が進みますと、血縁関係が薄れますが、先祖をたどると、みな親類ということになっていこうかと思います。そういう村々が各地に散在していたのですが、弥生時代に農業社会に入りまして、新たな事態が発生します。

たとえば、福岡平野でいいますと、那珂《なか》川とか室見《むろみ》川の流域で、大雨が降って一挙に水が出て洪水が起こることもあったでしょう。そのような水害から自分たちの村や水田を守るためには、川に土堤を作ったり、用・排水路を整備しなければなりません。その際、そのような土木事業は、血縁関係にある数軒なり十数軒の一つの村だけではできないことです。室見川流域の場合、あちこちに血縁を異にする村があって、そういう村々が地縁的に集まり、いっしょになって、土堤を作ったり、あるいは、室見川から水を引いて田圃を潤すといったことを行ったと思います。そのようにして、室見川流域において、いくつかの村々が農業を基軸として一つのまとまりを形成したと考えたいのです（第48図）。

そのような地域的集団を、農業共同体と呼んでいます。あるいは、ちょっとむつかしいいい方ですが、部族国家といってもよいでしょう。やがて、そういう部族国家は各地で次々と出現して行きます。そうすると今度は、水とか土地をめぐって争いが起こるのも自然の流れです。その過程で、地域的な農業共同体もしくは部族国家相互の間で、実際に戦闘状態に陥ったり、また、平和的に話し合いで解決されたこともあったでしょう。

このような状況のもとで、個々の農業共同体にとっては、自らの存立と安定のために、二つの方途があったと考えられます。一つは、自らの力をつけて、他の共同体に負けないだけのしっかりした集団を形成することがまず大事です。もう一つは、他の共同体に対して、優位性を誇示するために、外の権威をバックに持とうとします。ここで外の権威とは、中国大陸の漢とか魏といった非常に巨大な外国の勢力であって、それらに寄りすがることにより、他の共同体に対して牽制を行ったのではないかということです。

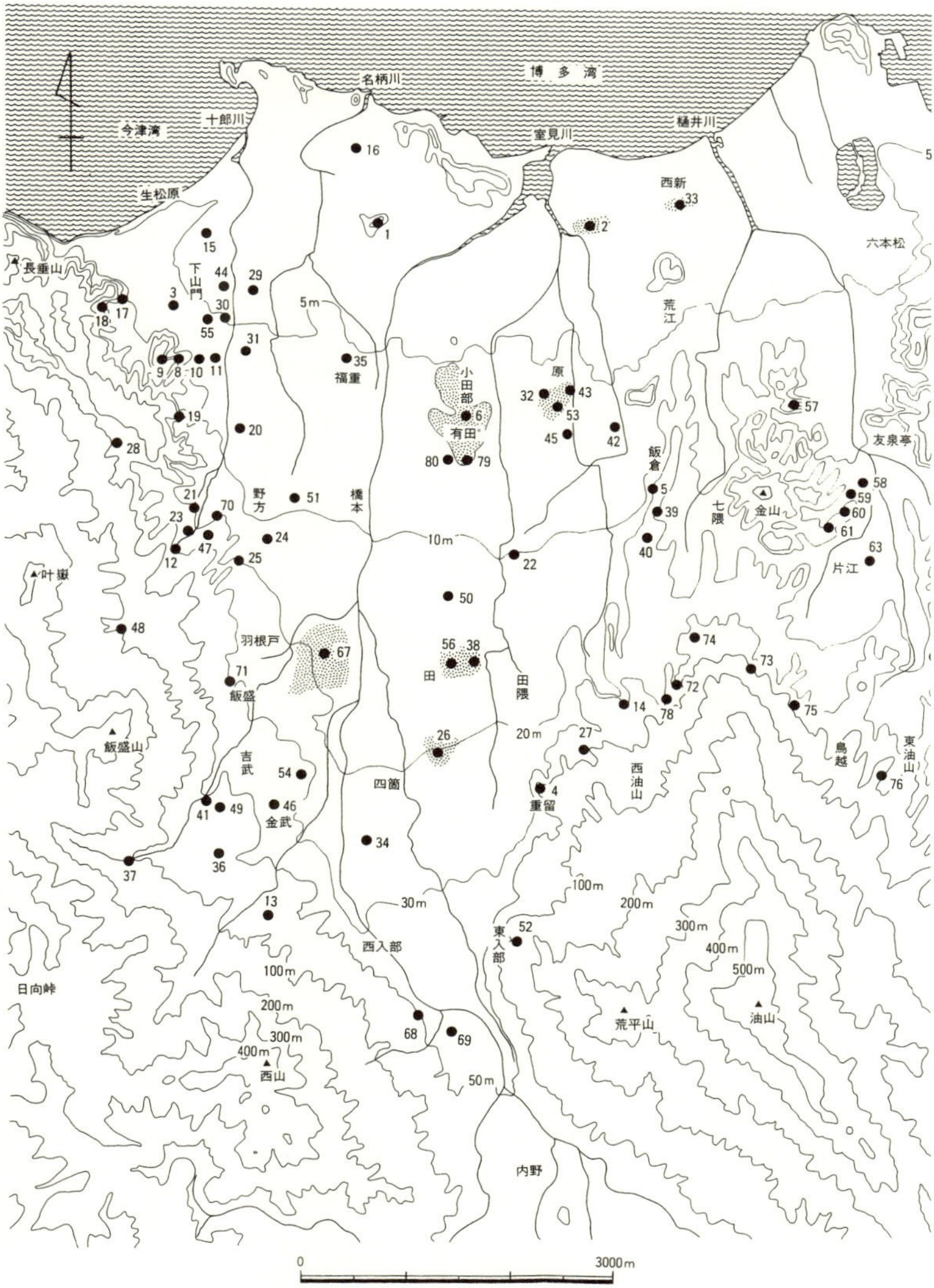

第48図　早良平野の主な遺跡

（福岡市立歴史資料館、1986『特別展図録　早良王墓とその時代』より）

そうして、各地の農業共同体は競って中国に出かけて行ったのです。この場合、いろいろな贈り物を持って行きますので、朝貢といい換えることができます。そうすると、中国では、それらの農業共同体に対して、「国」ならびに「国王」と認証します。たとえば、那珂川流域にあった農業共同体が、後漢帝国に朝貢した際、「奴国」と認証し、その「国」のトップに立つ首長を「奴国王」として、金印紫綬《きんいんしじゅ》を与えました。こうして、いわゆる国が成立し、王が出現するのです。

ここでいう国は、もちろん近代的な意味での国ではなく、中国との間で、朝貢関係によって「国」と認められた農業共同体であったわけです。そういう意味での国々が、弥生時代の中期後半には、北部九州をはじめ、日本列島の各地、おそらく西日本一帯で成立していたようです。というのは、『漢書』地理志で、百余国と記されているからです。

弥生時代終末期、つまり、邪馬台国の時代になりますと、今申したような意味での国々は、もっと数が増えていたのではないでしょうか。私の試算では、当時、二、三百の国々が出現していたと推定しています。当時、仮に二、三百の国々があったとして、その中には、さきほどいいましたように、他の国に対して、自分の国を守る手段として、魏王朝に朝貢した国があったでしょう。魏王朝と手を結ぶことによって、自分の国の後ろには魏王朝がついているとなれば、他の国は簡単にそこへは攻め込めないでしょう。そんなわけで、魏王朝と外交関係を持ち、魏王朝を後ろ盾《うしだて》とした国が三〇ほどあった結果、「倭人伝」には三〇国と記載されることになったわけです。

ところで、ここでいう国の具体的な内容が問題となりましょう。結論的に申しますと、当時の国の規模は律令制時代、つまり八世紀の奈良時代の「郡」が一つの目安となります。すなわち、早良《さわら》郡とか怡《い》土《と》郡という、そういう郡の程度の規模であったと思われます。

このことはすでに早くから、いろんな人が指摘されています[1]。

たとえば、対馬国には県郡《あがた》がありますが、そこでは上・下二つの県郡に分かれています。一支国でいいますと、壱岐郡と石田郡という二つの郡からなっています。末盧国の場合は、松浦《まつら》郡です。そして、伊都国というと、怡土郡です。ここは、現在、糸島市と呼んでいますが、二〇一〇年の合併まであった糸島郡（志摩町・二丈町）は、さかのぼって一八九六年（明治二九）に、怡土郡と志摩（志麻）郡が合併してそうなったわけで、それ以前は奈良時代以来ずっと、怡土郡でした。このように見てきますと、律令体制下あるいは八世紀以後、つい最近まであった、地方行政組織である何々郡という郡の一つか二つぐらいが、大体「倭人伝」に出てくる国とほぼ対応していることが分かります。そのように、中国側が国と認証した集団の実態は、律令体制下の一、二郡程度の規模もしくは範囲における、農業共同体ないしは部族国家ではなかったでしょうか（第49図）。

さて、そういう意味では国々が、さきにいいましたように、魏王朝との間で外交関係を結びましたが、その背景として朝貢する側には、それ相当の論理があったはずです。それは、繰り返しになりますが、やはり、次々と出現していた国々の中で、自らの国を守るためには、少なくとも二つの方途があったでしょう。

一つは、一生懸命に働くことも大事で、鉄器をどんどん使って農業を行ったりして、自らの国力をつけることでした。また一つには、外国の強大な勢力と関係を結ぶことによって、他の国に対するにらみとするといった方策もありました。そういう国々が各地にあって、三世紀の前半に、もっとも優位に立っていたのが、邪馬台国であったのです。その邪馬台国が、どの程度、他の国々を押さえていたか、その辺りの問題はなかなか難しいことです。ともあれ、一応、邪馬台国を頂点とする連合国家が、三世紀の前半には、西日本地域を舞台として出来上がっていたのではないかと、私は考えています。

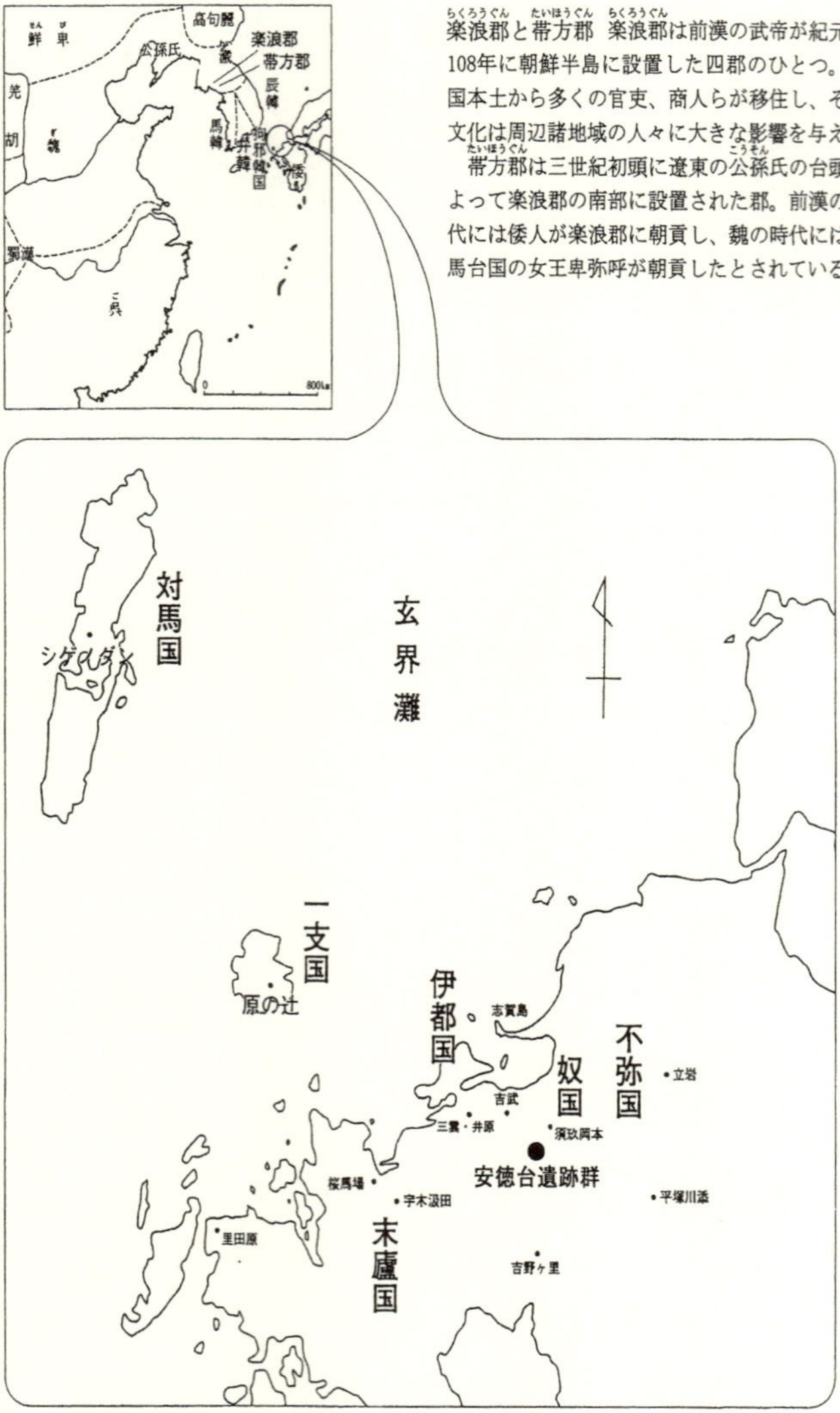

楽浪郡《らくろうぐん》と帯方郡《たいほうぐん》　楽浪郡《らくろうぐん》は前漢の武帝が紀元前108年に朝鮮半島に設置した四郡のひとつ。中国本土から多くの官吏、商人らが移住し、その文化は周辺諸地域の人々に大きな影響を与えた。
　帯方郡《たいほうぐん》は三世紀初頭に遼東の公孫《こうそん》氏の台頭によって楽浪郡の南部に設置された郡。前漢の時代には倭人が楽浪郡に朝貢し、魏の時代には邪馬台国の女王卑弥呼が朝貢したとされている。

第49図　3世紀の東アジア諸国と北部九州の国々
（前原市教育委員会ほか、2004年『シンポジウム　邪馬台国の時代「伊都国」』より）

帯方郡から邪馬台国へ

つぎに、帯方郡から邪馬台国へ、魏の使者がどのようにやって来たか、また、逆に邪馬台国からは、どのようにして帯方郡へ出かけたかという問題についてお話してみたいと思います。

そこで、『漢書』の地理志を見ますと、楽浪郡の中の一つの県に含資《がんし》県がありますが、その含資県に関して注釈がついています。それによりますと、帯方は西帯水にて海に入ると書かれています。つまり、帯方は、帯水という河川の西で海に入るということですから、帯方郡は、帯水のほとりにあって、すぐ西に海岸をひかえているということになります。ここで、この帯水がいったいどこかということが問題になってきます。

まず、帯水を、現在の大韓民国のソウルを流れる漢江に比定する考え方があります。その場合、漢江のほとり、つまり、現在のソウルの中心部から東南方に一〇数キロ行った辺りに帯方郡の所在地を考えるわけです。この説はあくまでも一説にすぎず、現在の黄海北道付近に帯方郡を求める考え方も、一方では有力です。もともと、黄海道といっていましたし、現在でも韓国ではそう呼んでいますが、朝鮮民主主義人民共和国では、黄海道を南・北の二つに分けています。ところで、黄海北道に帯方郡を当てる説はやはり昔からありましたが、その場合、帯水は、現在のピョンヤンを流れる大同江の支流である載寧江に合流する、瑞興江に比定されます。この瑞興江のほとりといえば、黄海北道の鳳山郡付近に当たります。私個人としましては、かつて、帯方郡をソウル付近に考えたこともありますが、最近では、鳳

山郡付近を考えるようになっています。(2)

ともあれ、魏の使者は、帯方郡から朝鮮半島の西海岸を南にしばらく行き、その後、東に曲がって、南海岸に沿ってさらに東方に向いまして、狗邪韓国《くやかんこく》に到着します。狗邪韓国の所在地につきましては、大体、定説化していまして、現在の廣尚南道金海市付近に当たります。かつてここは金海郡金海邑と呼んでいましたが、そこが釜山の町に比較的に近いため、釜山の衛星都市として、最近、どんどん都市的発展を遂げ、市に昇格するとともに、今では人口が五〇万人ほどの大都市に発展しました。その金海市を中心としたもとの金海郡という、郡規模の範囲に狗邪韓国を想定しています。

そこから、魏の使者は、海を渡って対馬国、さらに一支国を経て、末盧国に向い、そして、伊都国を経て、奴国にたどりつきます。その際、魏の使者には、戸数二万余戸と倭で三番目に大きい奴国が、大きな関心事として映ったことでしょう。

奴国につきましても、福岡平野の那珂川流域に想定することが定説化しています。さて、那珂郡の東側の地域には、かつて席田郡《むしろだ》と御笠郡《みかさ》がありましたのが、明治に入って合併し、筑紫郡に編入されました。さきほど指摘しましたコンテクストからいいますと、かつて席田郡といった辺りには、国とはいわないまでも、かなりまとまった地域集団があったのではないかと思っています。ですから、奴国というのは、そのような席田郡に加えて、かつて存在したと思われる早良郡《さわら》の「早良国」などといった諸地域を統合した結果、形成されたのではないかと、想像をたくましくしています。

玄界灘沿岸の諸国の人口を、「倭人伝」の記載で見ますと、ご承知のとおり、対馬国は一千余戸、一支国は三千許家、そして、末盧国は四千余戸といった格好で、大体、千ないし数千の規模です。それに対して、奴国だけは二万余戸と、とびはなれて人口が多く記されています。もちろん、当時の人口が、「倭人伝」の記載どおりの数値であったかどうかは別問題としても、奴国がケタ外れに多いということは、やはり奴国が非常に強大な国であったことを物語るものでしょう。奴国の人口は、邪馬台国の七万余戸や投馬《とうま》国の五万余戸に次ぐほどの強大な国であったということです。その背景には、福岡平野という広大な農業生産の基盤を有していることと、やはり周辺の小さな国なり、集団なりを統合して、より強大な国を形成したのではないかと考えます。

不弥《ふみ》国につきましては、一般に福岡県下の旧嘉麻郡に比定され、現在の飯塚市の立岩《たていわ》遺跡に代表される地域集団が想定されています。しかし、私は、「倭人伝」の文脈から考えまして、不弥国は奴国から比較的近いところであろうと思います。つまり、不弥国は奴国の次に登場しますので、私は不弥国を奴国の隣接地に求めたいのです。すなわち、山一つ越えた飯塚市付近ではなく、糟屋郡辺りに不弥国を想定したいのです。玄界灘に面した糟屋郡では、青銅器やその鋳型など顕著な遺物が出土しています。また、後には、三角縁神獣鏡《さんかくえんしんじゅうきょう》を副葬するような古墳も築かれていまして、そこに地域的な集団、もっといえば一つの国の存在をうかがわせます。その不弥国からは、水行二〇日にして投馬国にいたるわけですから、不弥国というのはやはり水上交通と関係したところに位置していたと思います。もっとも、不弥国を飯塚市辺りに考えまして、遠賀川を下るという場合も考えられましょう。とはいえ海に直接面した地域を考えた方が、邪馬台国へのルートという点で自然ではないでしょうか。糟屋郡では、北方の新宮町付近の海岸から船出して、ずっと東に向って、投馬国を目ざしたと推測しています。

邪馬台国の所在地をめぐって

(1)「魏志倭人伝」の性格

ここで申したいことは、邪馬台国を論じる場合に、何といいましても、「魏志倭人伝」が基本的なテキストであることはいうまでもありません。そこで、「倭人伝」を読む場合に、やはり「倭人伝」がどうして、あるいはまた、『魏書』がどうして書かれたかという、歴史書編纂の意図なり性格なりを、まずしっかり押さえてから読む必要があるのです。歴史書とくに国家の正史となりますと、対内的もしくは対外的な国家の方針が出るものです。したがいまして、そういう魏王朝の国家方針に沿って、「倭人伝」を読まなければなりません。

その意味で、注意していただきたいのは、「倭人伝」の地理的な記載に関しては、非常に間違いが多いという点です。これはご承知のとおり、「倭人伝」ではたとえば、狗邪韓国から対馬国までの距離が千余里、対馬国から一支国までも千余里と記されています。つまり、狗邪韓国と対馬国、対馬国と一支国の距離がそれぞれ同じであると記載されているのです(第50図)。

ところが実際は、等距離ではなく、狗邪韓国と対馬国の間の距離は、対馬国と一支国の間のそれに比べて、二倍あります。ですから、「倭人伝」の距離観に間違いがあるということです。そして、末盧国から東南に五百里で伊都国に行きますけれども、実際には東に行かねばなりません。ここで四五度という方位のズレといいましょうか、間違いがあるということです。それから、距離感におきましても、さきほどの千余里というのを、当時の寸尺で換算しますと、実際の距離よりも三倍とか四倍という誇張があることも付け加えておきましょう。

このように、距離観や方位について、「倭人伝」には誤りがあるのです。しかも、対馬国から末盧国にいたる間は、描写が簡単ながら、当を得た記述で、正確な部分であるはずなのに、間違いもあるというわけです。したがいまして、「倭人伝」を読む場合に、距離や方位のみの議論は、あまり重要なポイントにはならないと思います。

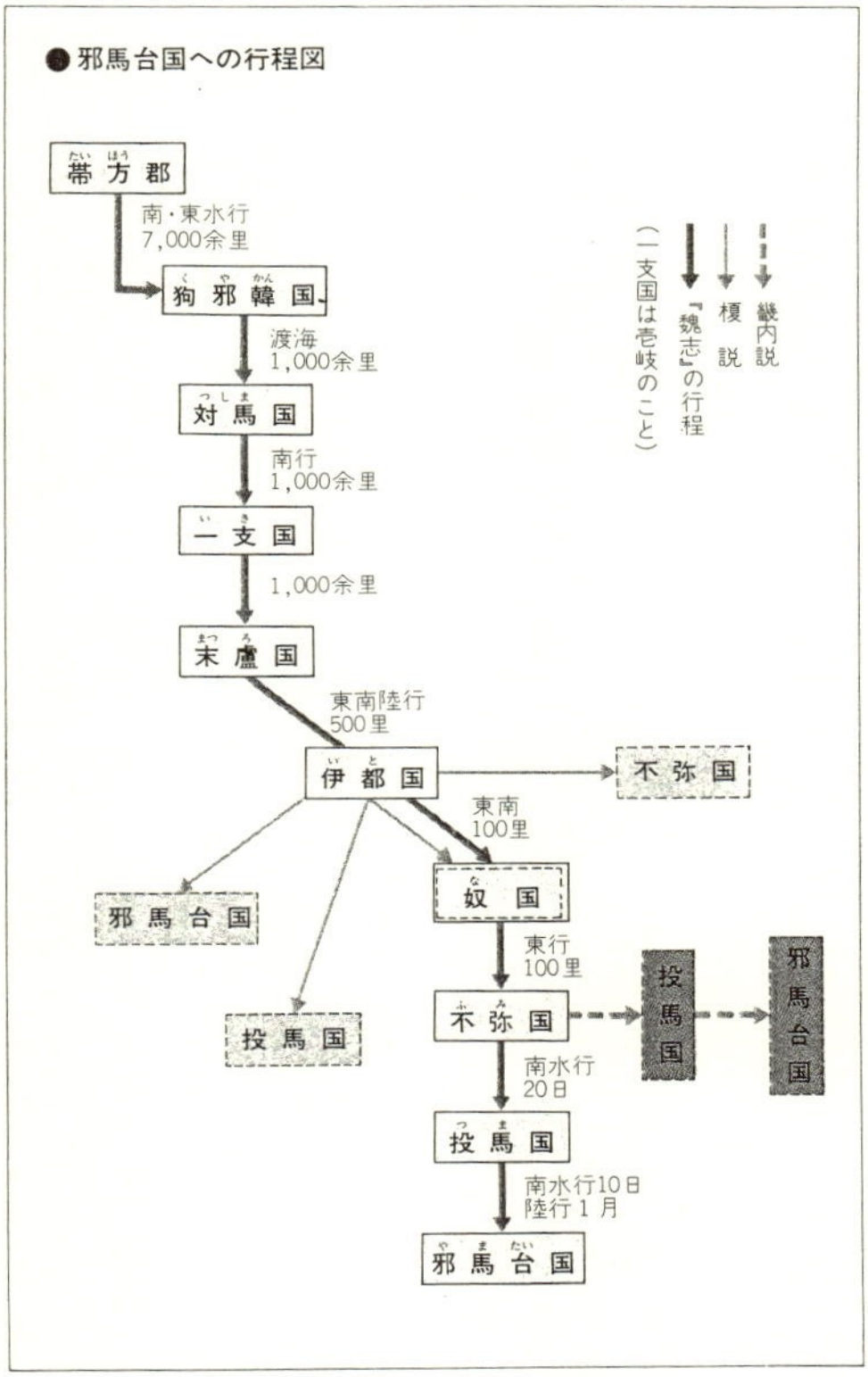

第 50 図　邪馬台国への行程図
（佐伯有清、1978「多彩な邪馬台国一論争の二百六十年」『人物群像・日本の歴史　第１巻　古代の大王』学研より）

それからまたもう一つの問題は、さきほども、帯方郡が邪馬台国への出発点であるということを強調いたしましたが、そのように出発点である帯方郡でさえ、所在地がはっきりしていないという問題です。「倭人伝」には、帯方郡から邪馬台国へ至るのに一万二千余里と書かれていますが、帯方郡が黄海北道とソウルではかなりズレてきます。そのように、帯方郡の位置さえ確定していないのに、そこを出発点として、いくら里程論を展開しても、あまり意味がないと考えます。

そこで、最初に申しましたように、「倭人伝」を読む場合には、「倭人伝」がなぜ書かれたのか、どういう意図で書かれているのかという点をしっかり踏まえて読まねばなりません。

その意味で、「倭人伝」の特色は、さきに少し触れましたけれども、魏王朝と邪馬台国との対外関係すなわち外交に主眼が置かれて書かれているという点です。このことに関しては、私の専門ではありませんが、東洋史の専門家で、関西大学におられた大庭脩《おおばおさむ》先生が非常に重要な指摘をされています(3)。すなわち、「倭人伝」の後半の部分に有名なくだりがあります。それは、景初《けいしょ》三年(二三九)に、邪馬台国の女王・卑弥呼の使いが魏王朝に朝貢したとき、少帝はその使いに、卑弥呼に対する詔書をことづけます。つまり、ときの天子である少帝の詔《みことのり》を文書にして、手渡すのです。その詔書の内容は「倭人伝」に記載されていますが、その内容を分析されたところ、中国の詔書に則《のっと》った、正確な書式をとっているといわれます。そこで、「倭人伝」の詔書の内容は信憑性が高く、ひいては、邪馬台国と魏王朝との外交交渉が重要なポイントであることが分かります。

(2) 文献史料と考古資料

a 銅鏡百枚と三角縁神獣鏡

いま言及しました詔書の内容の中で、注目される部分はいくつかありますが、そのうち外交使節の往来の折に授受される贈り物は、とても興味深いものです。とくに、少帝が卑弥呼に与えた贈り物の中に、いわゆる銅鏡百枚という記載があります。しかも、汝の好物なりとして、卑弥呼の好んだものを与えています。「倭人伝」によれば、景初三年の遣使に対し、翌年の正始《せいし》元年には魏王朝から外交使節がやって来ます。そのまさに景初三年の年号銘を刻んだ銅鏡が、日本では周知のように、大阪府の和泉黄金塚《いづみこがねづか》古墳や島根県の神原《かんばら》神社古墳などで出土しています。最近では、それらに密接に関連する景初四年銘の銅鏡も、京都府や兵庫県で見つかっています。

また、今述べましたような正始元年銘を有する銅鏡も、ご存知のように、群馬県の柴崎古墳とか兵庫県の森尾古墳、そしてまた、山口県新南陽市の古墳といったところで発見されています。さきほども申しましたように、正確だと思われる詔書に記載されている、卑弥呼が好んだという銅鏡が、実際に百枚であったかどうかは別問題として、まさにその時代の産物である、景初三年なり正始元年なりの年号銘を刻んだ銅鏡が、西は中国地方の西端から、東は関東地方の群馬県辺りにかけて、広範な地域で発見されるということは重要な事実です。さらに、銅鏡百枚の主体は、三角縁神獣鏡であることを勘案すると、それが西は九州から、東は関東まで同じように及んでいるという事実もまた、重視すべきでしょう。

b　倭国大乱と高地性集落

つぎにもう一つの問題は、「倭人伝」に見える倭国乱の記事です。このことは二度にわたって見られます。とくに前段のそれは、西暦一五〇〜一六〇年ごろに起こったと思われますが、『後漢書』にも同じような内容が大乱として記載されていまして、倭国における乱はどうも事実であったように思われます。

この点につきまして、考古学的なアプローチとして、やはり諸先学がすでに専門的に研究を進めて来られました。(4) その成果をごく簡単にご紹介いたしますと、倭国大乱の物証となるような遺構なり遺物があるというわけです。まず、遺構面からいいますと、高地性集落の問題があります。それは、とくに近畿地方を中心として、大阪湾沿岸一帯に、非常に高い山の上、具体的には、標高五〇～六〇メートルから、高い場合は二〇〇メートルを超すような、そういう高いところに小規模な集落遺跡が認められます。それらは、どう考えても、単に畑をつくったりしていた人々の村といったものではなく、たとえば、烽《のろし》を上げて平地の集落に急を告げたりするように、防御的な機能を果した集落ではないかと考えられます。私もすでに一九七六年（昭和五一）に書きました書物の中で、そのような高地性ないしは防御的集落は、ひとり近畿地方や大阪湾沿岸地域だけでなく、朝鮮半島の南部から北部九州はもちろん、東は群馬県を含む関東地方まで、実に広大な地域に分布するのではないかと指摘したことがあります。(5)

ご承知の方も多いと思いますが、一九八七年（昭和六二）に北部九州の福岡県朝倉市杷木町で、西ノ《にしの》迫《さこ》という良好な遺跡が見つかるなど、九州でも類例が増えつつあります。

一方、遺物の面でいいましても、邪馬台国出現の前夜に、顕著な現象が見られます。それは、武器が非常に発達するという問題です。たとえば、石鏃一つを取りましても、普通、狩猟用の石鏃であれば、縄文時代以来使ってきた、重さが大体二グラム未満のものです。ところが、弥生時代の中期から後期にかけて、とりわけ中期の場合を例示しますと、三グラムとか四グラムといったように、非常に重くなるのです。そういう事実に対して、そのように重量のある石鏃は、単なる狩猟具ではなく、戦闘用に使われたのではないかと説明されています。(6)

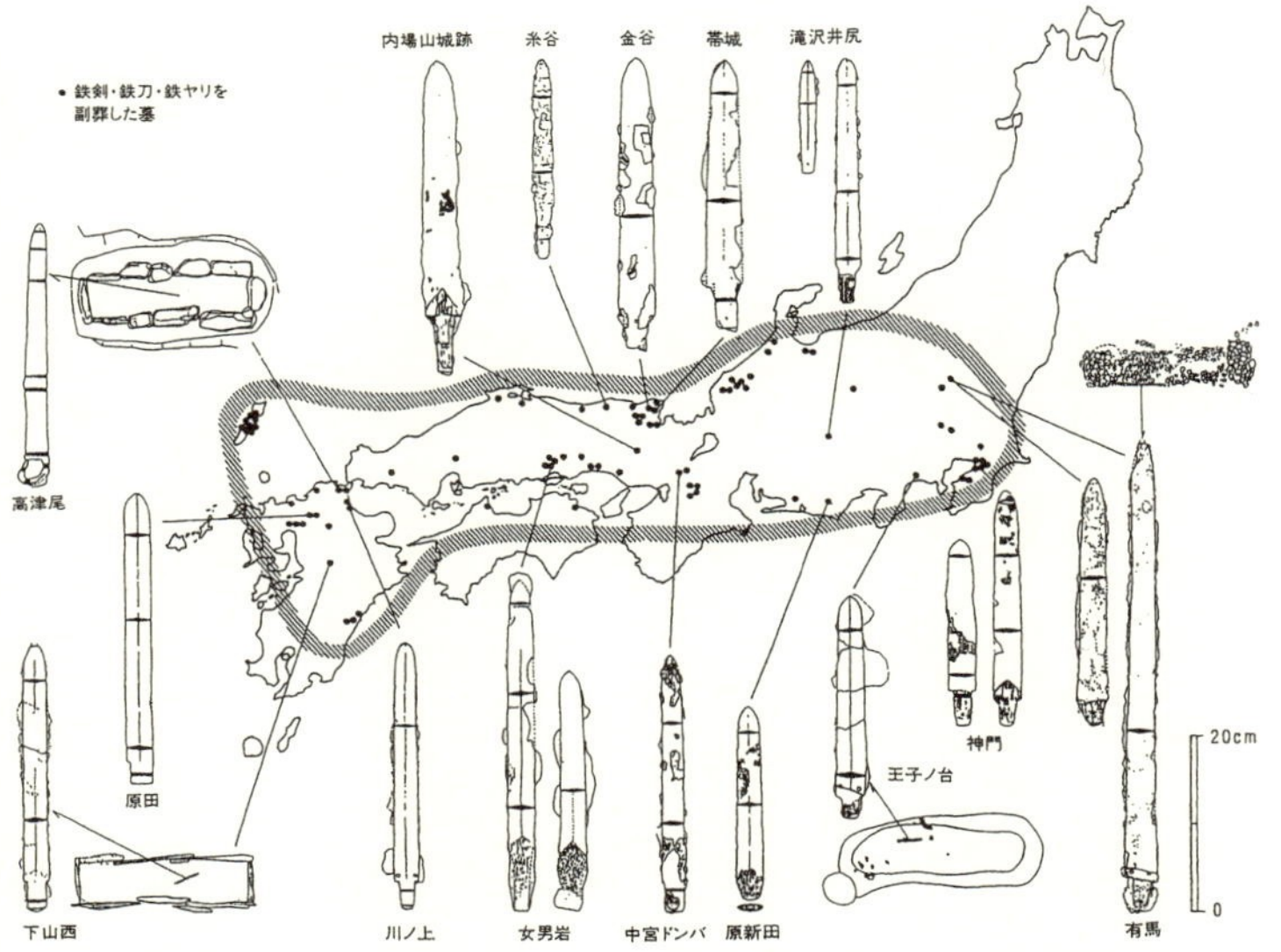

第51図　弥生時代終わりころの武器（鉄剣）と戦いの広がり
（国立歴史民俗博物館、1996～97『倭国乱る』朝日新聞社より）

その他に、鉄製の武器、つまり刀・剣（第51図）・鏃なども、ずい分と出てきます。鉄製武器は今のところ、北部九州での発見例が多いのですが、近畿地方では、石製の武器、たとえば打製の短剣などのほか、木製の甲《よろい》・楯《たて》などの武具の発達も見られます。

このように見てきますと、どうやら「倭人伝」に出てくる倭国の乱は、史実であったらしいと思われてくるのです。そのことを物的に示す各種の武器・武具の発達、あるいは、高地性集落は、関東を含む東日本に関しては、あまりよく分かっておりません。しかしながら、集落が高地性でなくとも、周濠を廻らしたような防御的な集落は、弥生時代中期から後期にかけて、二～三世紀のころには、東日本でも広く知られています。そうなりますと、防御的な集落は、西は九州から東は関東まで、非常に広範な地域に分布しているといえるのです。

（3）「魏志倭人伝」の舞台

いま述べたようなことが事実としますと、「魏志倭人伝」に記載される歴史の舞台が、一体どの地域を対象としていたのかということが、大きな問題になってきます。

ここで、「倭人伝」に書かれている記事をもう一度振り返って見ますと、伊都国には帯方郡から来た使者がつねに駐まるところと記されています。ですからこそ、邪馬台国はここに一大率を置きました。したがって、中国の使節団一行が伊都国まではやって来ていたことは間違いないでしょう。その結果、直接に見聞した対馬国から、一支国・末盧国を経て、伊都国までの記述が、比較的正確なのです。どうも魏の使者は正使などを除くと、多くは伊都国に駐在して、そこから東方の諸国、とくに、奴国から邪馬台国に至ることどもを、間接的に取材というか、情報収集したと思われます。そのような資料にもとづいて、陳寿《ちんじゅ》が最終的に、「倭人伝」を記録したというところでしょう。

「倭人伝」に書かれている倭あるいは倭人の国というものが、一体、どのような地域であったかという問題につきまして、三角縁神獣鏡は謎を解く大きな鍵となりましょう。三角縁神獣鏡については、ご存知のとおり、京都大学におられた小林行雄《こばやしゆきお》先生のご研究[7]を重要視しなければなりません。そこで、以下に御説を簡単にご紹介いたしましょう。

京都府の南部、南山城の地にある椿井《つばい》大塚山《おおつかやま》古墳からは、三二枚以上の中国製の三角縁神獣鏡が発見されています。そのうちの三二枚は、同笵鏡すなわち同じ鋳型で製作された鏡です。その中でさらに二二種類の二七枚の鏡は、同笵という関係で、各地の古墳出土鏡と結ばれています。しかもその分布範囲は、西は北九州から東は関東まで広範囲にわたっています。そして、その分布の中枢部が南山城ではありますが、近畿地方にあります。さきほども倭国の乱を物語るような、武器・武具の発達や防衛的な集落が、北九州からずっと関東まで認められるといいました。そうこう考えてきますと、「倭人伝」の舞台は、九州内だけでなく、北九州から関東まで含めた、実に広大な地域に及んでいたと考えたいのです。その上、卑弥呼がもらった銅鏡と思われる三角縁神獣鏡が、近畿地方を中心として、北九州から関東まで、あたかも、配布されたかのような状況で、各地の古墳から出土するという事実は、おのずから邪馬台国の所在地は近畿地方にあったということになりましょう。そうすると、不弥国と邪馬台国の間に位置した投馬国の所在地についても、北九州の不弥国と近畿の邪馬台国の間に位置するということで、おそらく現在の岡山県、古代の吉備地方辺りに求めるのが自然でしょう。そこには各時代の遺跡も多く知られますし、また、玉島とか鞆といった投馬に通じる地名が残っています。その後、五世紀ごろには吉備政権が勢力を持ち、中央のヤマト王権に対抗できるほどに成長します。後にそのように発展する基盤は、すでに弥生時代から認められるのです。

もう一つの問題は、卑弥呼の使者が魏王朝に朝貢したとき、邪馬台国にとって非常に仲が悪く、頭の痛い国として狗奴国を挙げています。当時、邪馬台国は、西日本地域はおよそ治めていたようですが、どうも邪馬台国にまだ完全に承服していない強力な国が、狗奴国であったように思われます。さきほどは、「倭人伝」の舞台を、北九州から関東にわたる広大な地域に想定しましたが、そのようなコンテクストから申しますと、狗奴国はまさに古代の毛野国、すなわち、現在の群馬県から栃木県にまたがる北関東付近ということになるわけです。

おわりに　―邪馬台国への道

最後になりましたが、邪馬台国への道ということで、一言つけ加えてこの章を終りにさせていただきます。結局のところ、邪馬台国の所在地一つの問題をとりましても、議論が百出し、まさに謎の世紀というベールにつつまれています。これは何といいましても、一つには、基本的なテキストである「魏志倭人伝」が、わずか二千字足らずという、限られたデータである点に大きな問題があります。しかも、その内容がすべて史実とはいえません。そういう文献史料上の制約があるわけです。とはいっても、それだけでもいろんなことが分かるのはいうもまでもありません。

もう一つは、冒頭にいいましたように、邪馬台国の時代の考古学的調査が、まだまだじゅうぶんには進展していないという現実があります。

そういうわけでありまして、基礎的なデータが、文献史料的にも考古資料的にも非常に限られている上に、少ない文献史料の中には不正確なものもあります。そういうデータを使って議論するわけですから、いくらでも議論はできますが、科学的な議論にはならないという一面もあります。

それでは、一体、私たちは今後、どういう方向で邪馬台国研究を推進していったらよいのでしょうか。「倭人伝」によりますと、卑弥呼は、親魏倭王という金印と紫綬をもらったことになっていますが、その発見を期待することは、雲をつかむような話で、期待しない方が気楽です。また、万が一、それが発見されたとしても、その出土状態をめぐって諸説紛々となりましょう。そういうあまり期待できないことを期待するよりも、日常的かつ地道にやっていくべき仕事が私たちにはたくさんあるのです。

それにはまず、日本国内の問題として、たとえば、二、三世紀の自然環境について、それも一例を挙げますと、当時の自然地形や気候環境がどうであったかといった問題について、自然科学との連携プレーによる調査と研究を進めねばなりません。あるいはまた、さきほど、当時の国というのは、律令体制下の一、二郡程度の規模を持ち、それらが日本列島に二、三百はあったろうと推測しましたが、具体的にどこにどの程度の国があったのかを、調べ上げてゆく必要があります。そして、それらの国々を日本列島の各地に割り付けていくという、地域単位の、いいかえれば、郡単位の考古学的調査を粘り強く進め[8]ていく以外によい方法はないとも考えます。

もう一つの問題は、何といいましても、中国大陸の三国時代における魏王朝と、日本列島における邪馬台国をはじめとする諸国を包括した、国際関係が大きな問題です。そういう意味で、北東アジア史の視点に立って、研究を展開しなければなりません。つまり、魏王朝の究明、ならびに、三角縁神獣鏡（第52図）に対する中国鏡の歴史の上での位置づけ等々といった、中国考古学および中国史における内部的な問題解決です。

それから、朝鮮半島につきましても、帯方郡の所在地さえ確定していない現状に照らして、朝鮮半島の南・

第52図　洛陽出土の三角縁神獣鏡
（王趁意、2014「洛陽三角縁笠松紋神獣鏡初深」『中原文物』2014年第6期より）

北の研究者に、帯方郡の研究のほか、韓の諸国に対する地域単位の調査と研究を期待せずにはおれません。重ねて申しますが、邪馬台国の問題は、北東アジア史全体の視野の中で、調査と研究を展開しなければならないということです。これまで申してきたようなことを、地道にコツコツ続けていけば、そのうちにいろんなことが分かってくるのではないかと思います。

かつて邪馬台国への使いが来た道は、大変厳しい道のりであったと思います。邪馬台国研究の道のりもまた、大変厳しい永い旅でありましょう。

〔注〕

(1) 岡崎敬、一九七〇「《魏志》倭人伝の世界―対馬国より伊都国まで―」『古代の日本』三・九州、角川書店。

(2) 西谷正、一九八四「邪馬台国の周辺―朝鮮(帯方郡・狗邪韓国)」『季刊考古学』第六号、雄山閣出版。

(3) 大庭脩、一九七一『親魏倭王』学生社。

(4) 田辺昭三・佐原眞、一九六六「弥生文化の発展と地域性―近畿」『日本の考古学』Ⅲ、河出書房新社。

(5) 西谷正、一九七六「倭人伝の旅」『邪馬台国のすべて』朝日新聞社。

(6) 田辺昭三・佐原眞、一九六六「前掲論文」。

(7) 小林行雄、一九六一『古墳時代の研究』青木書店。

(8) 西谷正、一九七六「山門郡の考古学」『九州文化史研究所紀要』第二一号、九州大学文学部附属九州文化史研究施設。

第9章　奴国と邪馬台国を語る

ここでは、「奴国と邪馬台国を語る」というテーマでお話しますが、まず奴国のことから話をして、そのあと私の邪馬台国についての考え方を話したいと思います。

さて、奴国のことは皆さんご承知のとおり、「魏志倭人伝」に記載されています。それを現代語訳でまず読んで見ましょう。

「東南、奴国に至るには百里。官を兕馬觚《しまこ》といい、副を卑奴母離《ひなもり》という。二万余戸あり。」このように、わずか二三文字しか書かれていません。これで奴国のことを語れというのは、至難の技です。そこで、この時代の遺跡や遺物、つまり考古学の立場からも探ってみましょう。

この「倭人伝」に見える奴国につきましては、西隣りの伊都国から東南に至ります。したがって、伊都国の東南方向に奴国があるということです。そのような位置的関係にあります。そして、「官を兕馬觚といい、副を卑奴母離という」とあります。官とは長官や大官のことで、副は副官とでもいいましょうか、要するにナンバーワンとナンバーツーといった、そういう役人がいたと考えられます。

また、もう一つ重要なことは、「二万余戸」という人口規模です。奴国の人口に関して二万余戸は、キーワードだといえます。

実は、市民の方から質問を受けたことがありますが、「奴国に王はいなかったんですか。いたんですか」と。その点について、「倭人伝」には何も書いていません。しかし、『後漢書』の「倭伝」に有名な記事がありまして、その中には倭の奴国云々とあって王がいたことが書かれています。また、事実、印綬をもらったということと、有名な「漢委奴国王」と刻まれた金印の発見によって、奴国王がいたと考えられます。したがって、「倭人伝」には奴国に王がいたとは書かれていませんが、『後漢書』の記事と、志賀島で発見された金印によって王がいたということが分かります。

同時に、『後漢書』「倭伝」に「国は、みな王を称し、世々、統を伝える」とありますね。つまり『後漢書』によれば、当時の倭人が住んでいた日本列島で、国々はみな王を名のっていたというわけです。したがって、この『後漢書』の記事によれば、奴国はもちろんのこと、当時あった日本列島の国々には王がいたことがうかがえます。

要するに「倭人伝」には限られた記録しかありません。ご承知のとおり全体でも二千字足らずで、二万余戸という大国・奴国に対して、たった二三文字の記載だということです。ちなみに、西隣りの伊都国に関しては、一一一文字で書かれています。

そういうわけでありまして、「倭人伝」に出てくる奴国に関してはきわめてわずかな情報しか伝わって来ないのです。そこで、もっとくわしく奴国のことを知りたいとなりますと、奴国の考古学ということになります。私自身も考古学が専攻であり、考古学的な発掘調査にも携わってきました。わずかな記録しか残っていない奴国について、考古学の立場から考えてみようというのが、この章の趣旨の大きな部分を占めています。まず、奴国の領土を取り上げます。奴国という以上は、まず国の領土、領域がどうであったかを考えてみる必要があります。今、考古学の立場からとはいいましたけれども、もちろん考古学にも限界があるわけでして、もう少し文献史料も見ておきたいと思います。

　奴国の領土に関連して、『日本書紀』の仲哀天皇八年のところを見ますと、正月四日に筑紫に行幸されたとき、二一日に儺県《なのあがた》に到着されたとあります。奴国の次の時代、時代でいうと古墳時代もしくはヤマト王権の時代、もう少し具体的にいいますと前方後円墳の時代に、奴国の故地は儺県と呼ばれていたようです。儺県は、その後どうなるかといいますと、平安時代に編纂された『和名抄《わみょうしょう》』という記録には那珂郡と出て来ます。そういうわけで、結論からいいますと、弥生時代の終わりのころ、つまり邪馬台国の時代に奴国と呼ばれ、次の古墳時代、ヤマト王権の時代に儺県になり、そして奈良時代以後、平安時代になってからは、那珂郡と呼ばれるようになったという流れが文献史料からうかがえます。

『和名抄』に出てくる那珂郡というのは、平安時代の記録ですから平安時代にそう呼んでいたことになります。それよりも古い奈良時代にどう呼んでいたかは別の資料で考えましょう。たとえば、大野城市の牛頸《うしくび》というところで、古代の焼き物すなわち須恵器《すえき》を焼いた窯跡が何百と見つかっています。そこで焼かれたと思われる須恵器の破片に、この那珂郡に関する資料を見出せるのです。『和名抄』に二文字で那珂と書いていますが、その須恵器の破片には、一文字で人偏に中つまり仲と刻まれていたのです。

　それから、やはり牛頸窯跡群から発見された別の須恵器の中に、非常に重要な年号が刻まれていました。土器ですけれども、和銅《わどう》六年（七一三）に調《ちょう》、すなわち税金の一種で各地の特産物の内容を記したところに、大変興味深い文字が刻まれていました。それが、筑紫前国とした後に二文字で「奈珂」郡とありました。こういう文字が和銅六年という年号のはっきりした刻字とともに認められました。

もともとは日向とか豊といったいい方で、北部九州については筑紫と呼んでいました。それを二つに分けまして、大和から見て手前に当たるというので筑紫前国といい、大和から見て遠い国を筑紫後国と表現しました。それがさらに省略されてそれぞれ筑前国と筑後国になったのです。八世紀の初めに筑前というい方がまだ定着していなかったのでしょうか、筑紫前国という表現がありました。そこに奈珂郡という漢字を当てる場合があったのですね。

もともと奈良時代には、地域の名称を一文字で示していたのです。福岡市の西隣りに現在は糸島市に編入されましたけれども、志摩町がありました。そこももとは「嶋」と呼んでいたのを、「志摩」と二文字に書くようになりました。そのように、奈良時代の八世紀の途中で全国的に、一文字で示していた地域名を二文字にするという政権の指導で、地域呼称が変わっていったのです。

つまり、福岡平野でも「奴」と呼んでいたのを、「奈珂」という二文字に表わすようにしたことになります。別の須恵器を見ると、同じナカはナカでも現在のような那珂ではなく、「那咢」といった表記もしています。もともと一文字でしたが、二文字にする時にこういう別のいい方で、この地域のことを表現しているという例が、須恵器に刻まれた文字によって分かるわけです。

そのうち「那珂」郡が『和名抄』に出てくる地域単位の名称として使われています。ここで申したいことは、邪馬台国の時代に奴国（ナノクニ）と呼んでいたのが、儺縣（ナノアガタ）になり、さらに那郡（ナノコオリ）になる時、「ノ」が「カ」に音便変化しまして（ナカコオリ）つまり（ナカグン）になりました。そして、一文字で仲と呼んだこともあったということです。それが二文字表記になって、「奈珂」とか「那咢」という表現があって、さらに『和名抄』では那珂郡になったのです。つまり、福岡平野は「倭人伝」の時代には奴ノ国、奴ノ国の「ノ」が「カ」になって、「ナカコオリ」となり、その「ナカ」が「仲」の一文字で表現されていたのが、二文字で二つの表現があったけれども、平安時代には「那珂」になった、という変遷がたどれます。

奴国が古墳時代、ヤマト王権の時代には儺県となり、奈良時代になって那珂郡へという変遷をたどっていたことから、逆にいえば、奈良時代に何々郡として地域単位が行政組織上認められたが、それがさかのぼって古墳時代、ヤマト王権の時代には県であり、さらにさかのぼると「倭人伝」の時代には国であったということになります。そういうコンテキスト（文脈）からいいますと、「倭人伝」の時代の奴国の領土・領域は、後の律令時代の那珂郡や、古墳時代の儺県などとほぼ等しいといえるのではないでしょうか。

奴国の領土に関連しては、律令時代以来、現在も筑紫郡がありますが、これはもちろん一八九六年（明治二九）に那珂郡・席田郡と御笠郡が合併して筑紫郡になり、それが現在に至っているわけです。そのように、当時の国という領土・領域は、現在も名残りの見られる何々郡という規模とほぼ対応するといえましょう。

そのほか、伊都国の場合には、伊覩縣《いとのあがた》となり、それがさらに怡土郡《いとのこおり》となり、そして、一八九六年（明治二九）に北の志摩郡と合併して、糸島郡ができています。奴国の西隣りの伊都国の場合を見てみても、ほぼそういう対応関係があるということです。

以上のように、奴国の領土に関しては、律令時代の那珂郡一つか、席田郡まで含めて二つぐらいの規模であることを念頭に置いていただければ理解しやすいと思います。その遺跡につきましては、現在の福岡市から春日市・那珂川町、そして、大野城市の一部にまたがって分布しています。

次に、奴国の国邑と邑落という問題を考えてみましょう。日本国という国があれば、東京という首都があり、また、大韓民国があれば、ソウルという首都があります。そのように国があれば、かならず首都があります。現代風にいえば首都ですが、国の都ですから国都というういい方もありますし、国に王がいたといいましたので、王がいた都ということで王都ともいえます。一般的には首都の意味ですが、奴国の国都あるいは王都があるはずです。日本国には東京都という大都市がありますように、奴国にもそういう中心もしくは拠点となる集落があったということです。

それを、「倭人伝」の言葉で表現すれば国邑ということになります。ご承知のとおり、「倭人伝」の冒頭に、「倭人は帯方の東南大海の中にあり、山島によりて国邑を為す。」と出てきますね。その国邑です。国があれば邑つまり都があります。いい換えれば、王都・国都あるいは首都に相当するものがあるということです。それを専門用語では、拠点集落とか中心集落と呼んでいます。

それでは、奴国の国邑、すなわち王都・国都あるいは拠点的な中心集落はどこかといいますと、まず比恵・那珂遺跡群が候補に挙がります。

ここはＪＲ博多駅の東南方向に当たり、比恵遺跡と那珂遺跡からなりますが、総称して比恵・那珂遺跡群と呼んでいます。ここから南に三キロほどのところに、もう一つの須玖遺跡群があります。その一角に岡本遺跡がありますので、須玖遺跡群と呼んだり、須玖岡本遺跡群と呼んだりしています。

断定はできないのですが、国邑の遺跡の可能性としては、この二つの遺跡群が挙げられるのです。この点については、私は比恵・那珂遺跡群だと考えたいのですが、須玖岡本遺跡群の可能性も残っています。

そのうち、比恵・那珂遺跡群につきましては、福岡市教育委員会が長年にわたり、開発に伴って発掘調査を行って来まして、もう一〇〇回以上に達しています。これまでの研究成果で注目すべきことは、那珂川と御笠川という二つの河川に囲まれたところが少し高台になっており、この辺りに遺跡がぎっしりと分布しています。

これまでの長年にわたる調査で判明した非常に重要な成果があります。すなわち、第53図をご覧いただきますと、地図の真ん中を左上から右下にかけて、二本の線が実線もしくは点線で結ばれています。

これは、当時つまり弥生時代終わりから古墳時代初めにかけてのころ、「倭人伝」に出てくる奴国の時代にも一部が存在したと思われます。二本の平行線については道路の場合しばしば、路面の両側に側溝を掘っていますが、それに当たると考えられました。当時の路面は、おそらく削られて残っていませんが、両側の側溝は深く掘ってありますから、少々削られていても残っていたのです。

そのような側溝の遺構が、ところどころで見つかっていて、それらを結ぶと、長さ一・五キロくらいにわたって道路がずっと走っていたことが分かりました。この道路をもっと南の方に行くと、どこに行きつくのでしょうか。私は、奴国王の王墓と目される須玖岡本遺跡の方に通じているのではないかと密かに想像します。その辺りはまだはっきりしたことは分かっておりません。

そういうわけで、私は奴国の国邑《こくゆう》、いい換えれば王都は、比恵・那珂遺跡群にあったと考えるとして、もう一つの問題は、邑落《ゆうらく》といいまして、国邑の周辺に広がっている大中小の様々な規模の集落、つまり衛星集落の分布状況です。

それを『魏志』でいえば、邑落という言葉が出てきます。これは「倭人伝」には出て来ませんが、その前段の「韓伝」に見られます。日本列島の倭に対して、朝鮮半島南部、現在の大韓民国とほぼ等しい

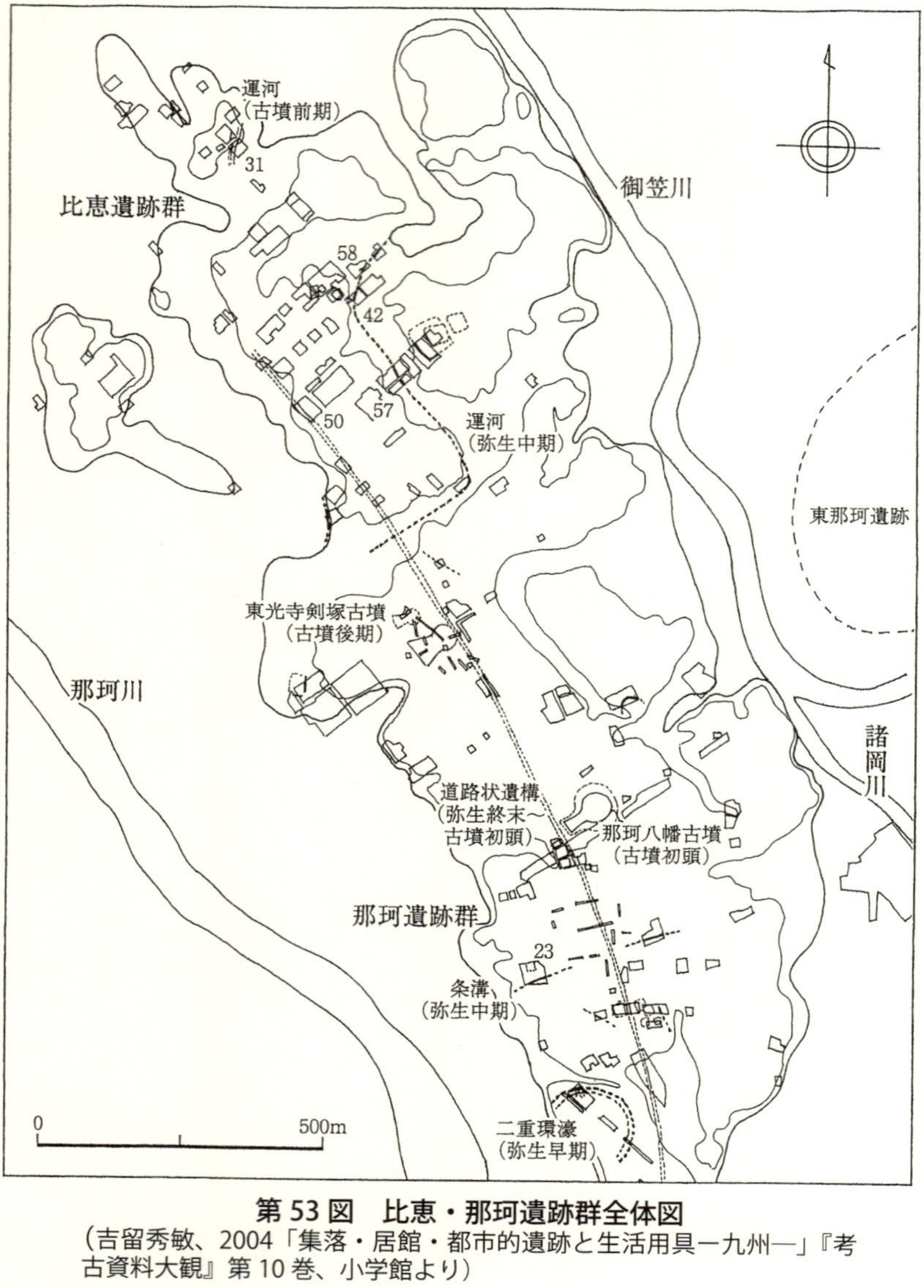

第 53 図　比恵・那珂遺跡群全体図

（吉留秀敏、2004「集落・居館・都市的遺跡と生活用具ー九州ー」『考古資料大観』第 10 巻、小学館より）

地域は当時、韓と呼ばれていました。その「韓伝」のところに、邑落があちこちに散在しているという表現があります。私は、国邑の周辺に広がっている大中小の様々な規模の集落、すなわち周辺集落が衛星状に分布していて、その一つ一つの集落を邑落と呼んだと考えたいのです。

その点については、高島忠平《たかしまちゅうへい》先生が、大変分かりやすく、簡潔に説明されています。第54図をご覧いただくと、当時の国を点線で大きく円に描いてあります。その真ん中に吉野ヶ里遺跡がありまして、二重三重の円で囲まれています。つまり、吉野ヶ里遺跡を中心として、その周辺では、東に松原遺跡や、北に志波屋遺跡などのほか、さらにはその周りにまだまだ中小の村々があったと考えられます。したがって、吉野ヶ里遺跡を中心として、その周辺に衛星状に中小の村々があり、それらが集まって一つの国ができていたというわけです。このお考え方は、私もまったく同感です。そのことを図で非常に分かりやすく説明されたのです。

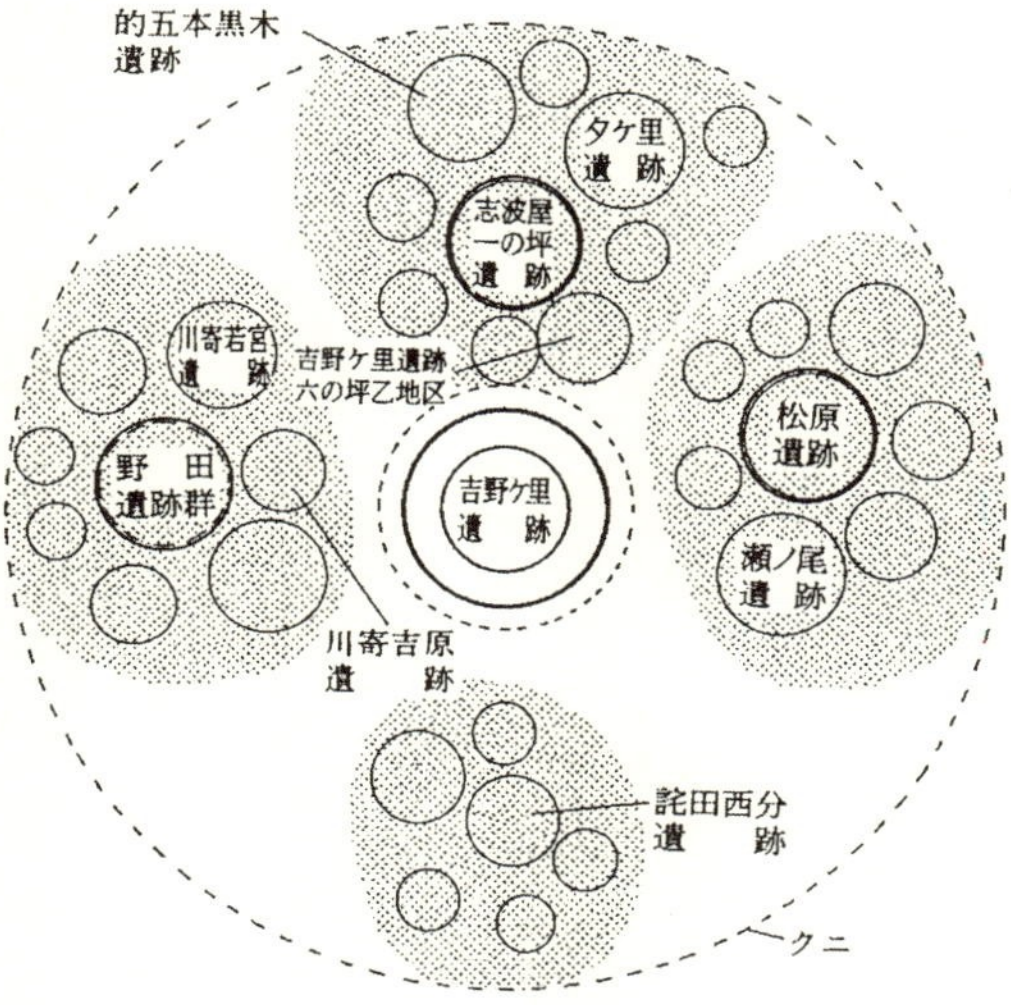

第54図　弥生時代のクニ（国）の模式図
（高島忠平、1993年「吉野ヶ里」『岩波講座　日本通史第２巻　古代１』岩波書店より）

今申しましたように、吉野ヶ里という国邑があり、その周辺に松原、野田、志波屋等々といった比較的規模の大きい集落と、さらにその周辺の中小の村々があるという地域構造です。いくつかの村々が集まって一つの地域社会、いい換えますと、中国側からは国と呼んだ、後に日本側で縣《あがた》になり、さらに郡へと展開する、そういう地域単位が想定されるのです。

奴国の場合、仮に、比恵・須玖遺跡群を国邑の遺跡としておきますと、その周辺に衛星状に広がっている邑落の遺跡群ということで、まず安徳台《あんとくだい》遺跡、曰佐《おさ》遺跡群、須玖遺跡群、西新町《にしじんまち》遺跡などを挙げておきました。まだまだ遺跡は沢山ありますので、代表的なというか特徴的な集落を列挙しました。

安徳台につきましては第55図をご覧頂きたいと思います。地図の一番下のほうに安徳台、安徳大塚古墳という1、2番です。その北のほうに曰佐遺跡群、あるいはそのすぐ東に須玖遺跡群があります。それをやや拡大したのが第56図の地図であり、安徳台遺跡とその周辺の遺跡群です。

そのうち、まず安徳台遺跡を取り上げます。この遺跡は、その名前からも分かりますように、源平合戦時代の安徳天皇ゆかりの地とされていますが、ちょっと高台になっていまして、昔から安徳台という地名がついているのです。現在も安徳天皇をお祭りする祠がありますが、この安徳台という丘は、弥生時代の比較的大きい集落の遺跡でもあるのです。

福岡平野の中の福岡市から春日市にかけては、遺跡がずい分密集していまして、弥生銀座といった人がいるくらいです。ただ、現在のようなコンクリートの高層建築が林立する大都会の中にありまして、遺跡の状況は発掘調査の記録しか残っていないということがほとんどです。もっとも、弥生時代の一番古い遺跡で板付遺跡の場合は、幸いにして保存、整備が計られ、そして、国の史跡に指定されています。この安徳台遺跡というのは、幸いにも完全に当時の地形を残し、また、調査を行いますと、弥生時代の規模の大きい集落がそっくり残っていました。これだけの集落が完全に残っているということは、

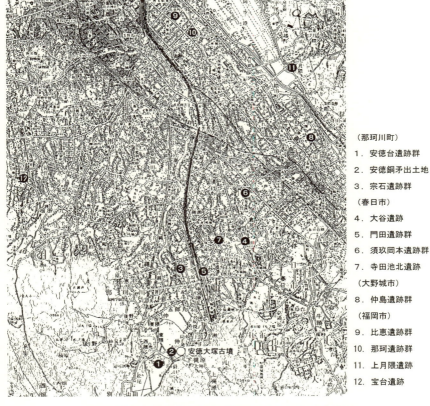

第55図　安徳台遺跡周辺の弥生時代中ごろの遺跡
（那珂川町教育委員会・佐藤昭則氏2006年作成図より）

福岡平野ではおそらく唯一で、最後だと思います。かつては弥生銀座といわれたところが、今のような大都会になってしまって、ほとんど分からなくなっています。それに対してこの安徳台遺跡については、周辺に当時のままの山・川や田園風景が一面に広がっていまして、奴国の時代の、奴国の中の一地域の様子を今も髣髴とさせる、そういう景観を保全しています。

　この遺跡につきまし

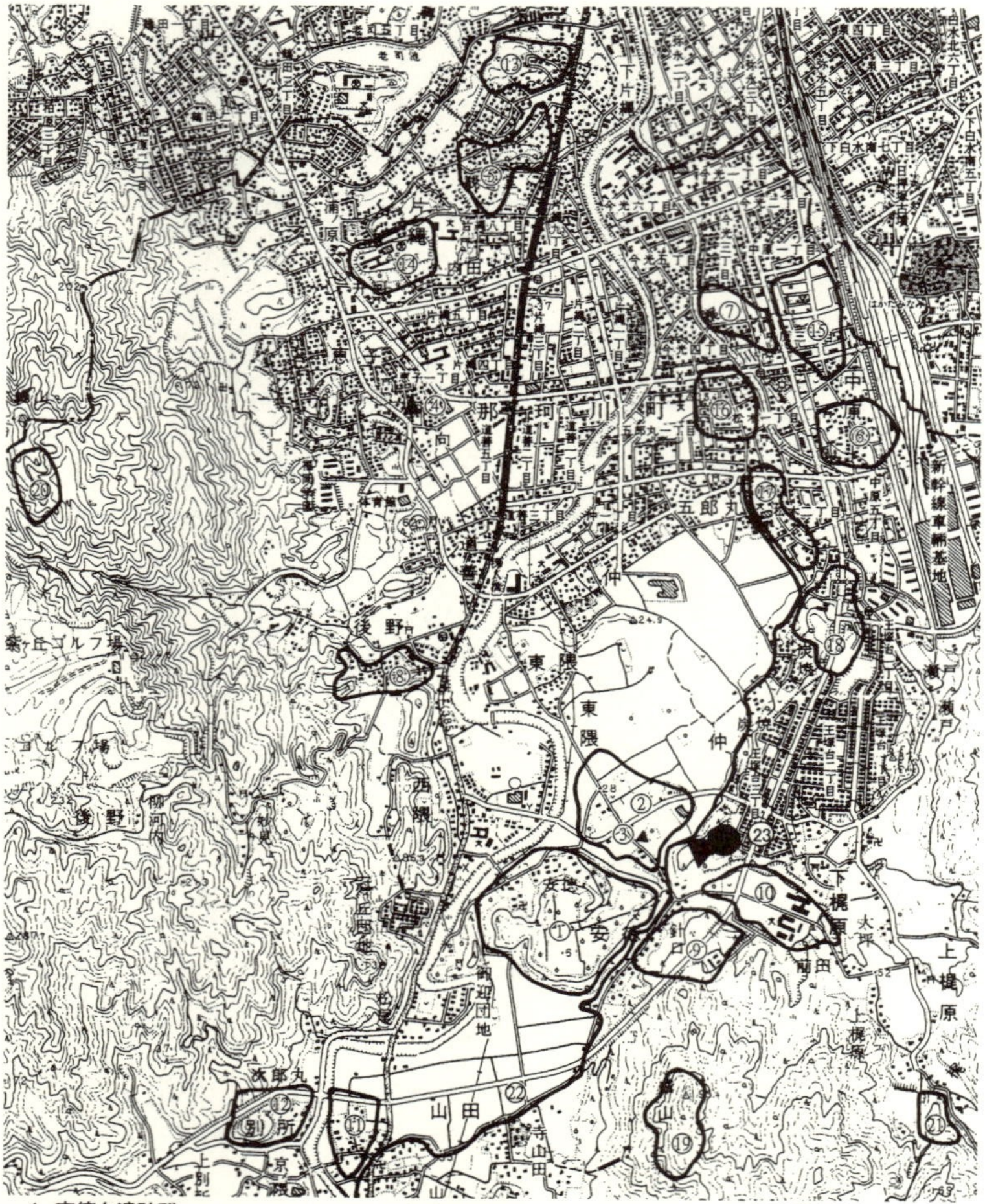

1. 安徳台遺跡群
2. 安徳原田遺跡群
3. 安徳銅鉾出土地
4. 恵子銅鉾出土地
5. 観音堂遺跡群
6. 中原塔ノ元遺跡群
7. 宗石遺跡群
8. 坂口遺跡群
9. 龍頭遺跡群
10. 平蔵遺跡群
11. 山田西遺跡群
12. 別所・次郎丸遺跡群
13. 野口遺跡群
14. 城ノ越遺跡
15. 中原・ヒナタ遺跡群
16. 松木遺跡群
17. 合政遺跡群
18. カクチガ遺跡群
19. 岩門城
20. 後野・山ノ神前遺跡群
21. 地別当遺跡群
22. 裂田溝
23. 安徳大塚古墳

第56図　安徳台遺跡周辺遺跡分布図
（那珂川町教育委員会・佐藤昭則氏2010年作成図より）

て、那珂川町教育委員会が一九九七年（平成九）から七年間にわたって発掘調査を実施しました。非常によく残った遺跡ですので、保存を前提に発掘調査は最小限に止めています。集落全体でいいますと、非常に広大な遺跡でして、一〇ヘクタール位あります。試掘調査の結果、竪穴住居跡が一三〇軒ぐらい見つかっています。(1)そのうちの二〇軒ほどが、完全に発掘されました。全体としてはまだ一八パーセントほどしか掘っていません。結局、貴重な歴史資産として、あとは保存し、次世代以降へ大切に伝えていこう、としています。

それだけの調査でもいろんなことが分かってきました。たとえば、竪穴住居でいいますと、直径が約一四メートルという、日本列島でも最大級の大規模なものがあります。それからほかの住居跡の中からは、ヤリガンナという工具を製作するための鋳型や、鉄器を作る時の鉄の破片が出土しました。また集落跡の一角では墳墓も見つかりました。立派な甕棺の中から、装身具とか、鉄製武器の戈などが発見されました（第57図）。さきほど奴国を構成した中小の衛星集落、いい換えれば、邑落があったといいましたけれども、安徳台遺跡はその中でも有力な集団がいた集落ではなかったでしょうか。奴国を構成する大中小様々な集落の中でも、規模、あるいは、発見された住居や出土品から見て、非常に有力な集落であったと思われます。集落の一角には立派な大型の甕棺があって、豊富な副葬品や装身具を持っているということですから、その被葬者は有力な集落の有力な首長、リーダーであろうと推測しています。

そういうわけでありまして、邑落の中でも、国邑つまり国都に次ぐ位の有力な集落であり、そこには有力な支配階層がいたと考えるのです。次に、須玖遺跡群については少しだけお話をしておきます。福岡平野における青銅器鋳型の分布図を見ますと、その中でも、青銅器の鋳型は須玖の丘陵地に集中していることが分かります。その一つの遺跡が、須玖岡本遺跡群の中の坂本地区の遺跡です。そこからは、竪穴住居のような建物の跡が出てきました。ここでは青銅器を作っていたと思われる銅剣、銅矛、銅戈、銅鐸、銅鏡、銅鏃などの鋳型が見つかっています。鋳造するときに銅を溶かして、それを鋳型に流し込んで青銅器ができるのですが、そういった鋳造関係の銅も出ています。もちろん作る過程で生じた銅の滓なんかも見つかっていまして、坂本地区というところは、奴国の中でも青銅器生産の

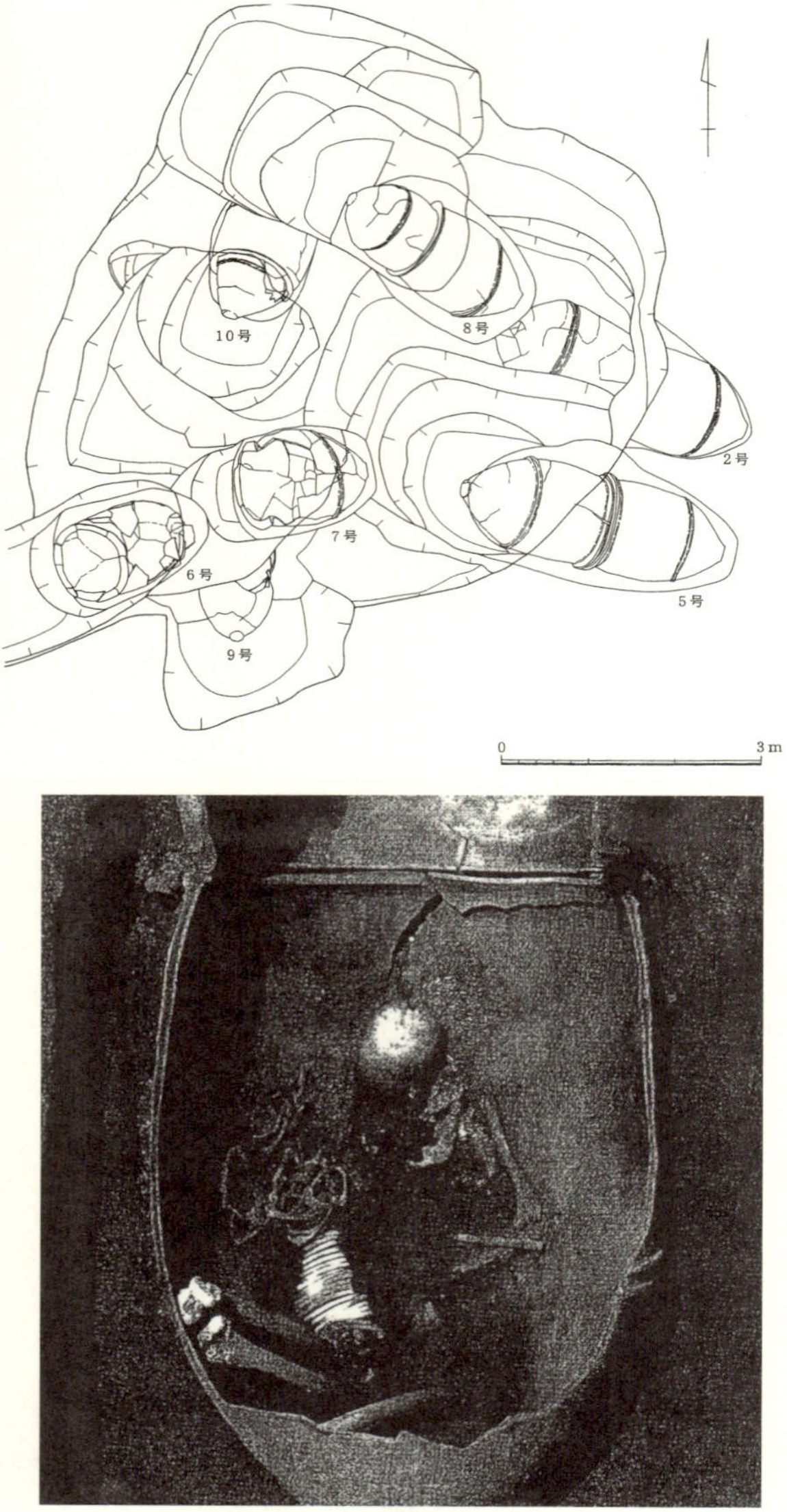

第 57 図　安徳台遺跡　甕棺墓群配置（上）と K2 甕棺内部と人骨・貝輪出土状況（那珂川町教育委員会、2006『安徳台遺跡群』『那珂川町文化財調査報告書』第 67 集付編より）

中心的な存在であったことがうかがえます。

須玖遺跡群北端部の工房群では、青銅器を生産したアトリエのみならず、その工房群の北西のところに須玖五反田遺跡がありまして、ここでは、ガラスの装身具を作っていました。勾玉とか管玉とかです。ちなみに、福岡女学院大学があるところには曰佐遺跡がありまして、ガラスの勾玉を作る鋳型が見つかっています。つまり須玖遺跡群では、奴国の中でもそういう青銅器やガラスの装身具、そして、鉄器を作っていた手工業製品生産のアトリエ群がその一角にあったということが分かりました。ここが仮に国邑の遺跡ではなく、邑落つまり周辺集落とした場合、特徴的なことは手工業製品の工房、アトリエを持っていたことが分かります。

最後に西新町遺跡を見てみます。そこは修猷館高等学校がある辺りで、現在の福岡市早良区西新町に当たります。ここで、弥生時代の終わりから古墳時代の初めにかけての、当時の韓国の土器がたくさん出土しています。あるいは、鉄器を作る原材料の鉄素材も見つかっています。竪穴住居を見ると、住居の中に竈《かまど》が作り付けられていました。当時では先進的な住居様式を、日本列島でも早い時期に構えた集団です。その一角で韓国からもたらされた土器なども出土することから、海を渡ってきた渡来人の村ではないかと考えられます。そういう渡来人が交易に関わったのでしょう。そういった特徴が認められます。

奴国に、須玖岡本、むしろ比恵・那珂という国邑の集落を中心にして、その周辺に大中小様々な邑落群が主として稲作農業を営んでいますが、それ以外に青銅器・鉄器や装身具といったいろんな手工業製品も作る邑落群があったということが分かりました。国邑を中心として、その周辺の邑落群から奴国という国が出来上がっていたと考えられますが、「倭人伝」によりますと、その戸数が二万余戸であると記載されています。

また、さきほどもいいましたように、国があったら王がいたはずです。奴国に関しては、志賀島で発見された金印によって奴国の王の存在が知られます。その奴国王のことが中国の『後漢書』にも記録されていますので、奴国に王がいたことは間違いありません。そのため、王が亡くなると、一般住民たちとは違って、特別の扱いで埋葬されます。それを王の墓、つまり王墓と呼んでいます。その奴国の王墓がどこかというと、これはいうまでもなく、現在の春日市の須玖岡本遺跡です。その場所は、熊野神社の北西に当たり、第58図の真ん中辺りに「王墓」と書いてあるところです。ここで、一八九九年（明治三二）に偶然、巨石の下から大型の甕棺が見つかりました。そこから中国・前漢の鏡がなんと約三〇枚も、それから国産、もちろん奴国産と思われる銅剣と銅戈が合わせて八点以上、さらにガラスの勾玉・管玉、そして、最も注目すべきは、ドーナツ状の形をしたガラスの壁という王者のシンボルのようなものが発見されました。鏡と同じく、あるいは鏡以上の価値があったと思いますが、そういうガラスの璧などが副葬された甕棺というのは、何千あるいは万とある奴国の甕棺の中でも突出しています。そこで、これこそまさに奴国の王墓という評価がなされ、現在では定説化しています。

また、調査地点Nで一九九〇年（平成二）に、集合住宅建設の折に事前に発掘調査されたところ、大型の甕棺がやはり集中して見つかりました。ここではどうも、甕棺墓の上に土を盛り上げた墳丘があったのではないかと推定されました。第58図でいいますと、NとFとの間に斜めに長方形を点線で囲んだ部分がありますが、ここに墳丘墓が築かれたと考えられます。

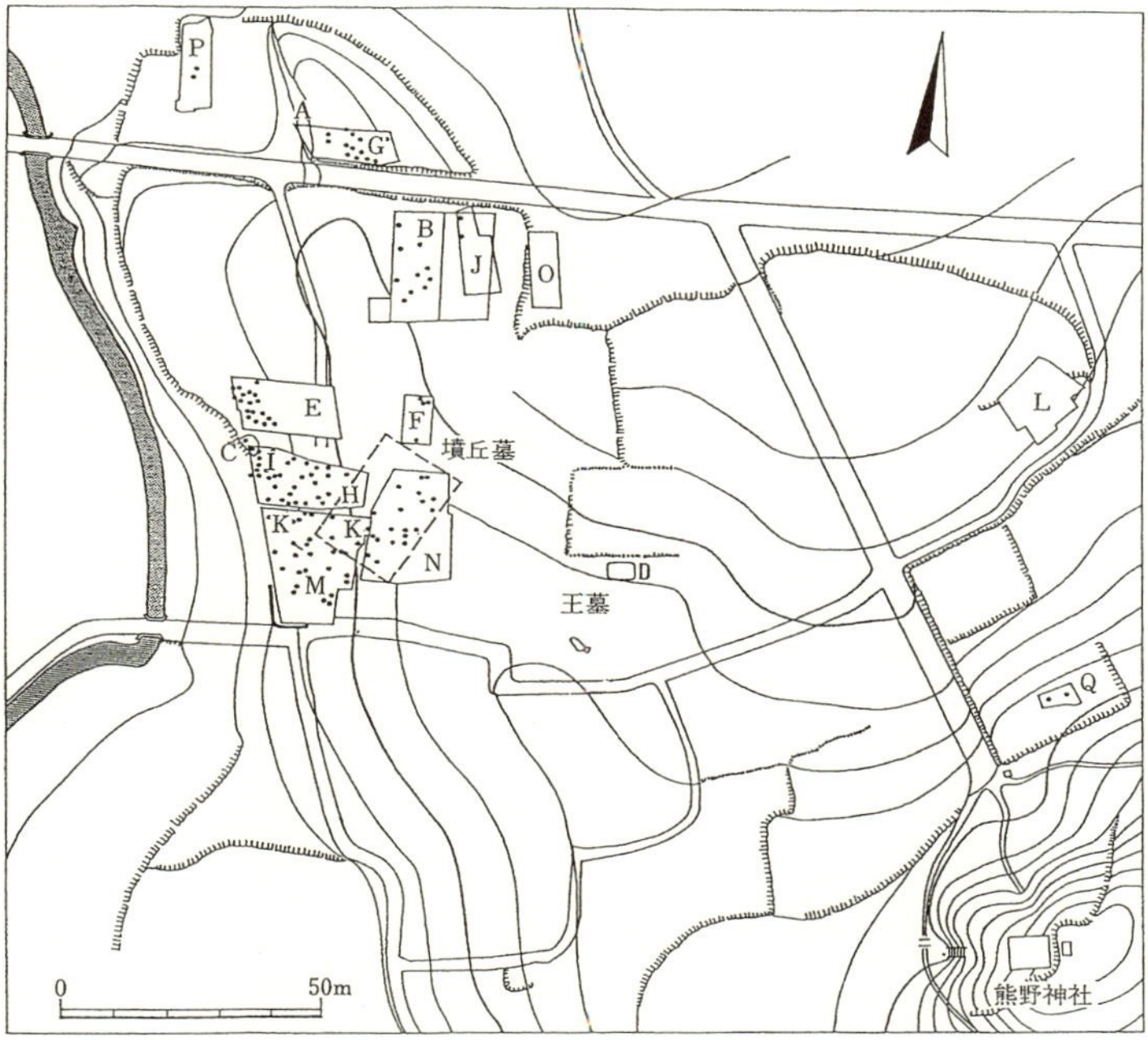

第 58 図　須玖岡本遺跡の奴国王墓
（春日市教育委員会、1984『奴国の首都　須玖岡本遺跡』吉川弘文館より）

甕棺墓群のうち、七号と一二号の甕棺からそれぞれ鉄剣・鉄矛が出土し、そこから三〇メートル離れたところに王墓がありますので、この墳丘墓は王墓に次ぐ王族の墓ではないかという評価をしています。いずれにしましても、熊野神社のあるところから北西の丘の上に奴国王、あるいは、その一族の墳墓が営まれていたのではないかと推定されるのです。奴国に関しては、明治時代以来、現在も進行中の調査の結果、奴国の実像がある程度は浮かび上がって来た、といってもよいのではないでしょうか。

ただし、西隣りの伊都国の場合は、「倭人伝」に「世々王有り」と、つまり代々王がいたと書いてあります。しかも現実に、三雲南小路遺跡、井《い》原《わら》鑓溝《やりみぞ》遺跡、そして平原遺跡と、三人の王墓とされる遺跡が見つかっています。それに対して、奴国の須玖岡本遺跡は、伊都国の三雲南小路遺跡と同時期の王墓と推定されますけれども、井原鑓溝遺跡の時代はまさに西暦五七年の金印の時代です。その時代の奴国の王墓はまだ見つかっていません。さらに邪馬台国の時代の奴国、中国でいえば魏の時代の王墓もまだ見つかっていないのです。

要するに、伊都国の場合は、歴代三人の王墓が見つかっているのに対して、奴国の場合は今のところ一人の王墓だけだということです。伊都国の方も、年代的にはあと二、三人の王がいて然るべきなのですが、まだ空白の部分が残っています。

邪馬台国の時代の奴国が終わると、この地域は、さきほど述べましたように儺縣となります。『日本書紀』仲哀紀八年の条によれば、「儺縣」と呼ばれています。奴国王に対して、儺縣の首長は縣主と呼んだのです。後の那珂郡の場合は、郡司で大領と呼ばれます。

奴国の後、儺縣になった場合、かつての国王に当たる縣主の墳墓はどこかという問題があります。もっとも有力な候補地は、那珂八幡古墳です。第59図の那珂八幡古墳推定復元図は地形測量や試掘調査の結果にもとづいて作成されたものです。このような形をした前方後円墳は非常に古い初期の古墳です。古墳の墳頂部、つまり後円部のところにある神社の北側を試掘したところ、木棺を直接埋葬した施設があり、そこから三角縁神獣鏡が出土しました。

また、前方後円墳の前方部が点線で示してありますように、現在はなくなっている部分を復元しますと、おそらく当時は、七〇～八〇メートルほどの規模の比較的大きな前方後円墳であったと思われます。現在は長さ六〇メートルほどしか残っていませんけれども、この古墳が非常に古い初期の前方後円墳であるということは、奴国が終わって、ヤマト王権が成立して、後に天皇と呼ばれる大王、ピラミッド形

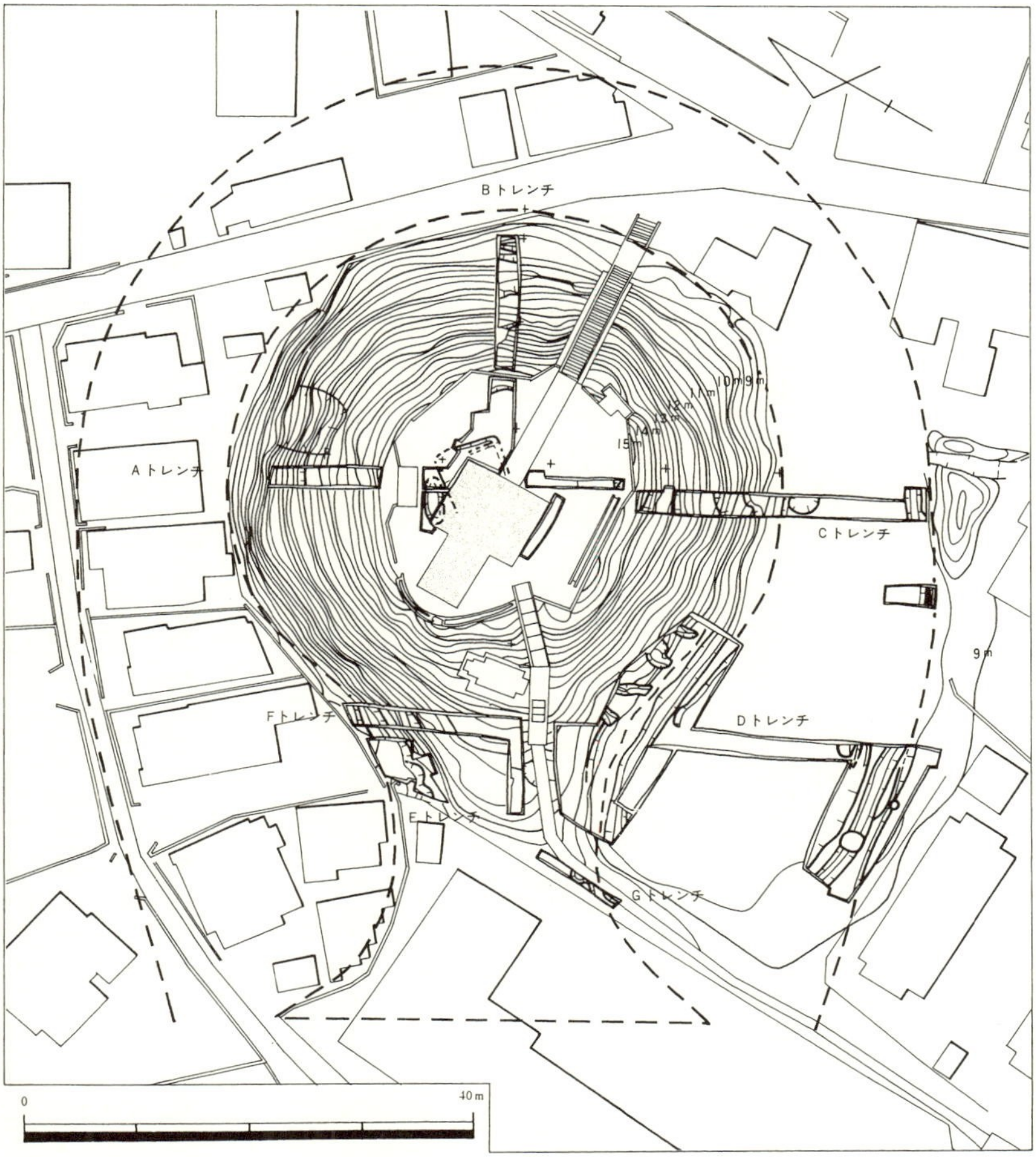

第 59 図　那珂八幡古墳推定復元図
（福岡市教育委員会、1986『那珂八幡古墳　昭和 59・60 年度の重要遺跡確認調査及び緊急調査概報』『福岡市埋蔵文化財調査報告書』第 141 集より）

の頂点として全国一斉に各地の首長層によって前方後円墳が造られた、その時代の墳墓であると思われます。そこで、私はこの古墳こそ初期の儺縣主の墓であったと推定しています。

これまで見てきました奴国の次の話になりますが、「倭人伝」によれば、奴国の東に一〇〇里行ったところに不弥国があり、そこから水行二十日行くと投馬国へ、さらにそこから、水行十日陸行一月で邪馬台国に至ると記載されています。そのため、奴国から、東隣りの不弥国に至り、そこから海路で投馬国を経て邪馬台国に向うことになりましょう。

最後に、ようやく邪馬台国が登場します。邪馬台国の問題を考えるには、まず邪馬台国の時代、つまり西暦三世紀前半ごろの北東アジアの様子をしっかりと理解しておく必要があります。ここで、第60図に邪馬台国近畿説に基づく、邪馬台国の時代の北東アジアの地図があります。当時の中国大陸は、後漢時代の後、魏・呉・蜀という三つの国に分裂しています。中国の東北部から朝鮮半島の北西部一帯は、公孫氏という地方豪族が掌握しており、その南の北朝鮮のところに帯方郡があり、さらに南には韓の国々があり、そして、海を渡って倭がありました。こうした国際情勢の中で、中国北部の魏と日本列島の倭が外交関係を展開したわけです。

次に、「倭人伝」はどういう性格の記録かとか、内容はどうであるかをしっかりと押さえた上で読まないと、解釈を間違う危険性があります。私からいえば、内容的には帯方郡から邪馬台国に至る行程、あるいは日程などが書かれた地理的な情報が一つ挙げられます。それに、倭人は裸足《はだし》であるとか、貫頭《かんとう》衣《い》を着ているといった日常生活に関わる生活情報も含まれています。そのほか、私が最も注目しているのは外交関係の記事です。

今申しました北東アジアの国際情勢と、日本列島の倭と魏王朝が外交関係を持ったことが深く関わっています。したがって、結論から申しますと、「倭人伝」を読む場合に、そういう国際関係が非常に重要です。当時の国際情勢を記すことが「倭人伝」の目的であり、趣旨でもあったという性格をしっかり認識しておく必要があるのです。

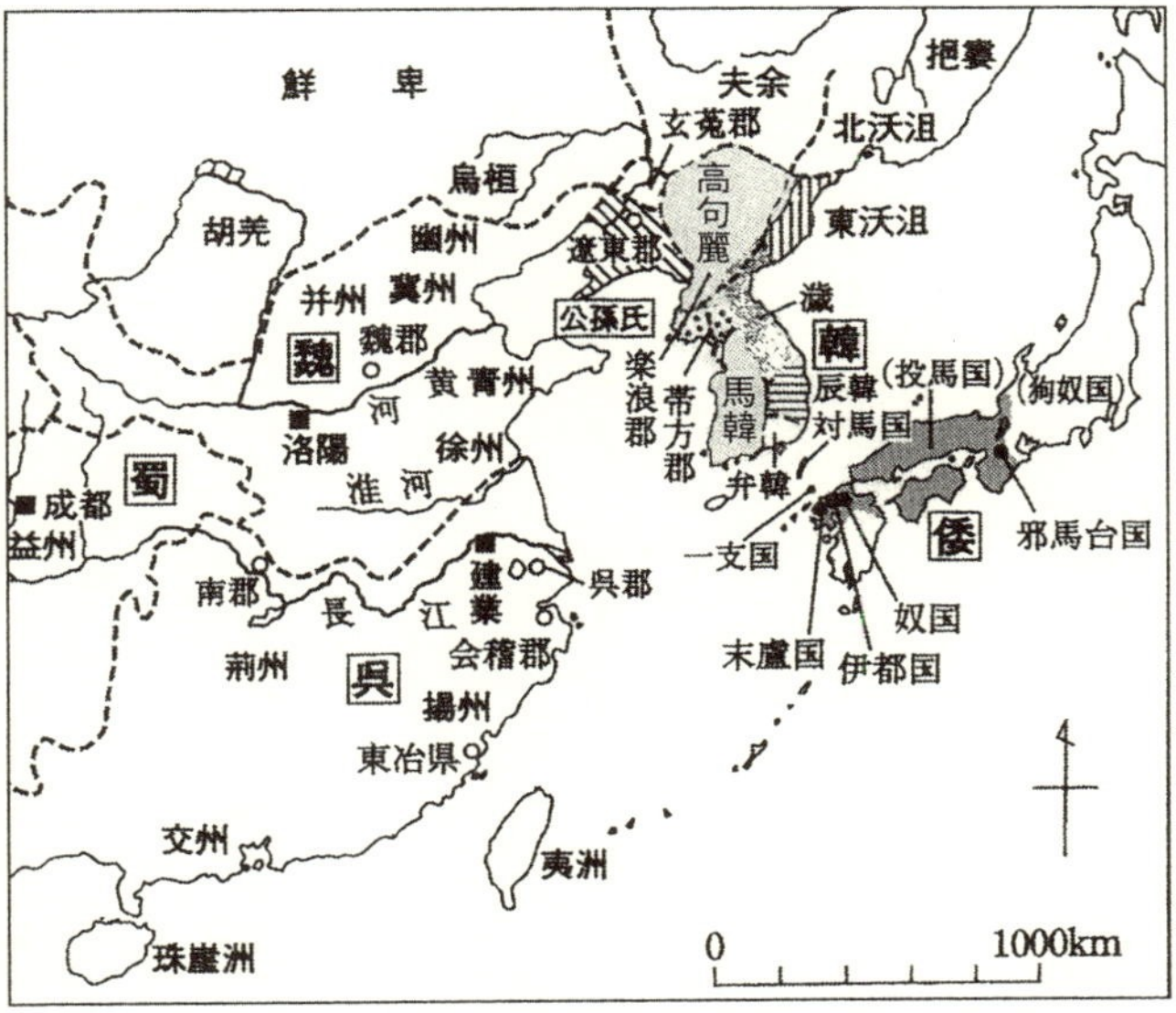

第60図　三世紀前半の東アジアの政治構図
（寺澤薫、2000『王権誕生』日本の歴史02、講談社より）

そのような国際関係で、卑弥呼の使いや、魏からやって来る使いにより、互いにいわば土産品を交換します。その際に魏からの土産品に銅鏡百枚が含まれています。その鏡がどんな鏡かと、いろいろ議論がなされてきました。私は、小林行雄先生の見解を支持して、さきほど那珂八幡古墳で出土したといいました三角縁神獣鏡を考えています。その三角縁神獣鏡は、近畿地方を中心として、北は北関東の群馬県から、南は南九州の鹿児島県まで、日本列島各地で出土しています。つまり、その背景にヤマト、すなわち現在の近畿地方を中心として、三角縁神獣鏡の配布ルートがあったのではないでしょうか。そして、その背後にヤマト王権の成立を考え、その結果として、全国一斉に同じような前方後円墳が築かれるという状況に至ったのではないかと考えます。

当時、倭人は日本列島の各地にどのように国々を営み繁栄して行ったのかという問題があります。私がさきほど申したことからいえば、当時の国は、古墳時代に縣になり、そして奈良時代に郡になって現在に至ります。逆にいえば、郡のあったところに縣があり、さらに国があったと類推できます。それでは一体、国とはどういう状態であったのでしょうか。その目安として一つには大規模な環濠集落が挙げられます。その代表的かつ典型的な例が吉野ヶ里遺跡です。また、現在の横浜市の大塚遺跡も大きな環濠集落として知られます。大規模な環濠集落は第45図（一四五頁）にもありますように、関東から九州までおよそ五〇〇カ所ぐらい知られます。そこで、極端ないい方をすれば、国々は最大で五〇〇ぐらいあったともいえるのです。

ただ、国は後の一、二郡に相当するといいましたが、郡がいくつあるかというと、およそ六〇〇ほどです。奈良時代になって新しくできた郡もありますから、それらを差し引いて少なく見積っても二〇〇～三〇〇はあったのではないかと考えています。そういった国々が日本列島の各地にどういう規模で、また、どういう内容であったかを調べていくことが大切です。そうした中の一つに、奴国があるわけですが、奴国の実態の解明、また、他の国々がどのように分布しているのかを追求し、そのような検証過程で相対的にひときわ突出した内容の国、それが邪馬台国であると考えます。

【補足】 ①安徳台遺跡について

安徳台遺跡は、ほぼ完全に残っています。今は果樹園や畑にはなっていますが、全体で規模が一〇万平方メートルあります。那珂川町教育委員会が、さきほどもいいましたように、一九九七年（平成九）から七年間にわたって発掘調査をしまして、ここに一三〇軒以上の竪穴住居跡群があることが判明しました。そのうちの二九軒が完全に発掘されました。それと、もう一つは、墳墓も近くで見つかっています。この二九軒の竪穴住居跡のうち六軒は非常に大型なのです[1]。

一番大きいのは直径一四メートルぐらいです。写真を見ますと、約二三〇人がこの周りに見学に訪れているのですが、まだ隙間が空いています。住居跡がいかに大きいかが分かります。日本でも最大規模の竪穴住居跡です。その他の住居跡から、青銅器の鋳型や鉄器の破片が出ているのですが、もう一つは甕棺墓群が見つかりました。

二号と五号甕棺が二つ並んで出土しました。幸いにして人骨がよく残っていました。二号は男性で身長が一六七センチ、五号は女性で身長が一五七センチです。そのうち男性の方の人骨の右腕に二五個の貝の腕輪が嵌まったままの状態でした。さらに肩のところに一三個と、合計三八個の腕輪が見つかりました。さらに、この合わせ口の甕棺の外側で、鉄の剣と矛が見つかり、そして、珍しいのは頭の付近から、簪《かんざし》のように髪飾りにしたと思われるガラス製の棒状のものが二つ見つかっています。女性の方からも、頭の辺りで髪飾りのガラス製品が見つかりました。この二人は、並んで埋葬されていますから夫妻かと思われたのですが、DNA鑑定の結果、夫妻ではないことが分かりました。母を同じくする血縁関係がある二人ということが分かっています。したがって、男女の兄妹ではないかと思われます。

これは非常に大型の甕棺で、副葬品や装身具の目立つものを持っているということで、この大規模な集落の首長層、リーダー的な存在の人の墳墓ではないかと推測されます。

二号甕棺の方には、腕輪を右腕に二五個も嵌めています。子供のころに嵌めており、成人したらもう抜けなくなっています。ですから、子どもの身分で二五個も腕飾りをしていることは、労働もせずにじっとしていてもよかったような、将来を約束された首長層としてのステータス、身分を保障されていたことを間接的に物語っているのではないでしょうか。腕輪は装着状態のものと、外したものを肩の部分に置いているものがありました。一つは装着で、もう一つは副葬品として納められたものです。

また、さきほどいいました鉄剣が二本、そして、鉄戈は絹の紐で巻いてありました。ここにそう長くない柄が付いて、それをシルクで包んで、そういう状態で棺の外に副葬されていたというわけです。ガラス製品は、すでに風化して白っぽくなっていましたが、ガラス製の管状製品といい、これに棒状のものがくっ付いて、髪の簪に使いました。非常に珍しいものです。類例は飯塚市の立岩《たていわ》遺跡に見出しますが、日本でも非常に少ないものです。他にはガラスの勾玉などが出ています。これがどこで作られたのでしょうか。あるいは、福岡女学院辺りの曰佐遺跡付近で作られた可能性があります。そのほか、九州南方の海の深いところで採れるゴホウラ貝で作った腕輪です。このように、奴国を構成した有力集団の集落遺跡が、そのままよく残っているということで、奴国の実体に迫る貴重な遺跡だと思います。

【補足】 ②北東アジアの中の奴国

中国の歴史書に登場したり、中国の文物が出土する時代の奴国の歴史には諸段階があります。

二〇〇〇年ほど前の弥生時代の中期後半から後期初めは、中国の前漢から後漢の時代です。そして、一七八〇年ほど前の弥生時代後期後半は、まさに邪馬台国の時代で、中国では魏の時代ですね。漢から魏の時代、すなわち弥生時代の中期後半から後期にかけて、奴国の内容も変わっていきます。まず、漢の時代、つまり金印の時代の話をしますと、考古学の資料で最たるものが金印です。

『後漢書』にも記録されている金印が見つかったという点では、日本では唯一です。そういう意味では、中国の漢と奴国との外交の証ですから、奴国は漢の時代、弥生時代後期初めのころには、日本列島を代表する、最も重要な外交の拠点であったということがいえると思うのです。物的証拠の最たるものが金印で、その次が鏡、そして貨幣ですね。いずれも中国の漢の楽浪郡との交流関係から理解できます。

さきほども、安徳台遺跡で絹の製品が出ているといいましたが、おそらく日本出土の絹製品は奴国が最多だと思いますね。これは間違いなく、楽浪郡からもたらされたものです。楽浪郡の墳墓からは絹製品が、ずい分と発掘されていまして、それを分析した研究がありますが(2)（第61図）。

それらを比較すると、日本では弥生時代に当たる漢の時代に、奴国で一番絹製品が出ること。それは、楽浪郡からのものであること。楽浪郡というと、前漢当時の都は、長安、現在の西安ですね。ご存じのとおり、シルクロードは、中国の西安から西のローマを結ぶ大動脈です。絹が西に運ばれ、先進的な西の文化が東へ行くという、そういう文化交流の大動脈があったのです。

そのシルクロードといえば、西の方ばかり見ますけれども、実は長安から、楽浪郡へ、そして奴国へとシルクロードは東にも通じていたのです。奴国は、そのような対外交流ルート上の最大の交流拠点にあったことが一ついえると思います。その時代の国際関係に関しては、さきほど邪馬台国の国際関係のことに少し触れましたけれども、漢の時代は漢帝国によって、中国が統一されているわけです

第 61 図　移築された楽浪古墳の前に立つ、現・朝鮮民主主義人民共和国社会科学院歴史研究所長の曺喜勝先生（写真右）**と著者**
（2005 年 4 月 14 日撮影）

ね。北の方には、遊牧騎馬民族の匈奴がいまして、絶えず南下して来ます。秦の始皇帝の時代から漢の武帝のころにかけて、匈奴が攻め込んだり、匈奴と婚姻関係を結んだり、ともかく、秦・漢時代の漢民族は匈奴という遊牧民族にもっとも悩まされるんですね。そこで秦の始皇帝は万里の長城を築くわけです。

　そのような形で、万里の長城は物理的に匈奴の南への侵略を防ぐことができました。と同時に一方で、外交戦略として、楽浪郡を設置し、さらに、日本列島と手を結ぶことによって、藩屏《はんぺい》としたといいましょうか、後ろ盾としたのです。もし日本列島や朝鮮半島が匈奴と手を組むと、これは漢にとって脅威になるわけです。そこで漢は、日本つまり倭と手を結ぶ一方、西の中央アジアとも手を結んでいたのです。そのことが、史書にどのように書いてあるかというと、『漢書』の「西域伝《せいいきでん》」には、「匈奴《きょうど》の右臂《うひ》を絶つ」と見えます。匈奴が北から攻め込んで来ると、その右臂を絶つために、そこへ張騫《ちょうけん》を派遣し、そして、西域と通じるというわけです。一方、左臂に当たるのが、朝鮮半島や日本列島ですね。匈奴の南侵を防ぐために、西の大月氏、バクトリアの辺りと手を結ぶ一方、東は韓や倭と通じるという外交戦略によって匈奴に対抗しようとしました。そういう国際情勢があった中での、楽浪郡を通じた漢と奴国の交流、その過程で、漢から金印をはじめとした、種々の先進的な文物が入って来る、といった状況であったのです。

【補足】③まとめ

一つは、邪馬台国時代の国々の直後に当たる、ヤマト王権時代の初期の前方後円墳の分布状況が問題です。当時の国というのは、後の古墳時代に縣《あがた》もしくは屯倉《みやけ》になります。縣というのは地方行政の単位です。それに対して、いわば直轄領といえるのが屯倉です。それがさらに郡になっていきます。奴国は那珂郡にほぼ対応する地域です。それからもう一つ、さきほど、漢の時代と魏の時代で奴国の様子が違うといいました。邪馬台国の時代、つまり、魏の時代の奴国というのは、西隣りに伊都国がありますね。人口規模でいいますと、邪馬台国七万余戸、投馬国五万余戸、そして、奴国二万余戸ですから、奴国は当時、日本列島で第三位の大国なんです。大国とは何かというと、まず経済力の強さでしょうね。さきほども述べましたように、ガラス製品・鉄製品・青銅器品、そういったものをどんどん作っています。それから西新町遺跡などは、交易拠点であるといいました。そういう対外交易を含めて、大国は経済の中心であると考えます。

それに対して、伊都国は千余戸と書かれていますが、万余戸と考えた方がよいと思います。そうなると四番目に大きいですが、奴国よりは小さいのです。しかし、奴国と違った性格がある点で重要です。それは、伊都国には一大率がいて、「諸国を検察し」とありますから、奴国をはじめとする周りの国々を検察していたのです。そして、魏から詔書や文物が送られて来ると、一大率が外交的にチェックするのですね。一大率はそういう、内政と外交の二面性を担っていたわけです。そのため、一大率は後の大宰府の前身だという説もあります。邪馬台国の時代の奴国は、ナンバー三の大国であり、経済の中心であったのに対して、西隣りの伊都国は政治の中心であった、という違いがあったのではないかと考えます。

これは近世の江戸時代に福岡城のあるところ福岡は政治の中心ですね。そこに対して、東側の博多という商業、経済の中心がありました。そういうことから政治と経済の双子都市という表現がありました。さかのぼって、原始の弥生時代に、伊都国と奴国に関して、政治・外交の拠点が伊都国で、経済の中心が奴国であったと考えます。

しかしその後、ヤマト王権の古墳時代には、奴国の故地は政治の中心になっていくわけですね。すなわち、五三六年（宣化天皇元）に那津官家《なのつのみやけ》が設置され、外交拠点として、後の大宰府につながっていくのです。したがって、那津官家が大宰府の前身であるという一面もあるのです。

〔注〕

（1）那珂川町教育委員会（茂和敏編）、二〇〇六『安徳台遺跡群―福岡県筑紫郡那珂川町大字安徳所在遺跡群の調査』『那珂川町文化財調査報告書』第六七集。

（2）曺喜勝（金洪圭訳）、二〇〇七『朝鮮の絹とシルクロード』雄山閣。

第10章　吉野ヶ里遺跡と邪馬台国

はじめに

今から三三年前の一九八二年（昭和五七）のことですが、佐賀県では神埼工業団地の建設を決定しました。その際に、面積六七・五ヘクタールという、南北二キロメートルぐらいにわたる非常に広大な地域が工業団地の用地として予定されました。ご承知のとおり、何か開発工事を行うというときは、必ず文化財保護法に基づいて、事前に埋蔵文化財調査関係の手続きをするわけです。

その後、その予定地に埋蔵文化財があるかどうかということで、佐賀県教育委員会が調査しましたところ、およそ半分に及ぶ三七・三ヘクタールにわたって遺跡、つまり埋蔵文化財があるということが分かりました。これは大変だということで、関係者が協議しましたところ、約二パーセントに当たる七・三ヘクタールにつきましては、予定地の一角に緑地、もしくは遺跡公園として保存し、残りの三〇ヘクタールについては発掘調査をして記録にとどめるということになりました。

そして、三年間にわたる調査が終わりました。その後、一九九二年（平成四）に、非常に膨大な正式の調査報告書も出版[1]されましたけれども、三〇年前に、調査もいよいよ終わりに近づきまして、工事を始めようということで、起工式が終わりました。一九八〇年（昭和六〇）一月二五日のことです。そうこうしていると、いよいよ終わるということで、これまでの三年間の調査成果を、県民あるいは国民の皆さんに知っておいていただく必要があるということもありまして、調査成果を公開することになりました。

その最初が今から二六年前の一九八九年（平成元）二月二三日のことですが、朝日新聞とＮＨＫがそれを全国的に大々的に報道しました。そのときの新聞記事(2)を見ますと、邪馬台国の時代の国がここにあったというような表現で、少しトーンを抑えてはいましたが、どうも邪馬台国と何か関係がありそうな遺跡だというような見出しで発表されたのです。

そうしますと、その翌日から続々と見学者が訪れまして、二カ月ほどの間に一〇〇万人以上の人々が来られました。ともかく想像もしなかったような反響を呼びまして、毎日のようにたくさんの人々が訪れました。連休の多い日などは一日で八万人以上の人々が見えたと聞いています。その後も修学旅行生をはじめとして、吉野ヶ里遺跡を訪れる人が後を絶たないのでして、平成七年六月四日には、何と八〇〇万人目の見学者を迎えたということです。

吉野ヶ里遺跡がこれほど国民的な関心を呼んでいるのは何かということを振り返ってみますと、どうも邪馬台国と何か関係があるのではないかという、県民、国民の皆さんの期待と関心があったようです。それ以外には考えられません。今までちょっと予想もしなかった、空前絶後の見学者の来訪でして、私たちも驚いたところです。そのように、何か邪馬台国がらみで、それだけの人々が訪れたのではないかと思います。

発掘当時の風景（第62図）は、朝日新聞社のヘリコプターに乗せていただいて、私自身が撮った写真です。よくご覧いただくと、人影が写っています。これは、当時の九州地方建設局から出ている『シーンズ』という雑誌で当時いち早く特集されました。そういうことで大変な関心を呼んだわけです。今申しましたように、実に多くの国民の皆さんが関心を持たれたということは、邪馬台国との関係ということが大きな焦点ではなかったかと思います。

吉野ヶ里遺跡とは

邪馬台国に触れる前に、吉野ヶ里遺跡という遺跡はどんなところかということを、ごく簡単に紹介しておきましょう。現地に立ちますと、まず、北に脊振山系が東西に連なっていることが分かります。そこから南の方へ、有明海に面した佐賀平野に低い丘がずっと延びてきています。その丘の一つに立ちますと、とくに春先などはのどかな田園風景が広がっていまして、何ともいえない穏やかな雰囲気につつまれます。つまり、昔から人の営みにとって非常に条件のいい、要するに住みやすいところということなのでしょうね。

第62図　発掘調査中の吉野ヶ里遺跡（1989年4月22日撮影）

そういうこともありまして、吉野ヶ里遺跡のある丘陵は比高でいいますと、周りの水田から十数メートルぐらいの低い丘の上ですが、そこに大昔から人々の生活がありました。古くは一万年以上前ともいわれる大昔、まだ私たちの祖先が土器を知らない、非常に粗雑な石器を使った旧石器時代の石器から出土します。続いて、今から五、六千年前の縄文時代の土器が出てきます。そして、今話題にしようとしている弥生時代ですね。さらに奈良時代、平安時代、鎌倉・室町時代を経て現在まで、つまり一万年以上前から、非常に土地柄のよいところですので、私たちの祖先がずっと住みついて、そこで生活を営んで来たわけです。そのように各時代の遺跡が重なっているということは、ここが非常によい場所だということなのです。

そういう中で、とくに皆さんの話題を呼んだのは、二五〇〇年ほど前から一七〇〇年ほど前にかけての弥生時代という、稲作が始まって間もないころの姿です。いろいろと内容が豊富なものですから、一つ一つ説明をしていると大変ですので、弥生時代に関して特徴的なことを二つだけ申しますと、一つは、これも私たちが予想もしなかった、大形の墳丘墓が発見されたことです。

それは、現地に行かれると、かなり立派に復元というか、当時の姿に再現されていますが、二〇〇〇年も前の弥生時代中期に、あれだけ立派な古墳のような墓があるとは誰も思っていませんでした。およそ南北の長さが四〇メートル、東西の幅が二六メートルという長方形の墳丘墓です。一見すると、古墳とどこが違うのかと思われます。事実、古墳と同じような格好をしています。

古墳時代というのは、その名のとおり、日本列島の各地で立派な古墳が築造されましたので、そういう呼称がついているのです。その前の弥生時代には、そういう立派な墳墓はそうざらにはありません。

そこで、後の古墳時代の古墳と区別するために「墳丘墓《ふんきゅうぼ》」という難しい名称で呼んでいます。第63図の写真でご覧いただくと、下の方が明るく見えますが、そこは地の山なんです。その上の黒っぽいところは人工の盛土部分です。地山の上におよそ二・五メートルほどの高さに土を盛り上げて、立派な古墳のような塚を築くという、まったく思いもよらなかった事実が出てきたのです。

ここはその後、果樹園などでずい分と削られまして、現在二・五メートルほどの高さしか残っていませんでしたが、当初はおそらく四・五メートル以上あったのではないかと考えられまして、現在そのように復元が行われています。

かねて、吉野ヶ里遺跡のある佐賀平野に邪馬台国の所在地を考えていた専門家もおられました。ここでなくても九州に邪馬台国があると考えていた人は、「この墳丘墓こそ卑弥呼の墓ではないか」といち早くおっしゃいました。なぜならば、「魏

第63図　発掘調査中の吉野ヶ里遺跡墳丘墓（1989年3月7日撮影）

志倭人伝」には、卑弥呼が亡くなると、径百余歩の大きな塚を造ったと書かれていますので、卑弥呼の墓も壮大な古墳のような塚であったろうと考えてきたからです。

しかし、よく考えますと、この墳丘墓は今申しましたように二〇〇〇年ほど前の墓でありまして、卑弥呼は一七〇〇年余り前ですから、卑弥呼の時代よりも三〇〇年近く古いのです。したがって、年代が合いませんので、これは卑弥呼の墓ではありません。しかし、当時、気の早い人は、こういう墓が見つかると、すぐ「卑弥呼の墓だ」と、発言されました。

それはともかく、常識を破るような立派な墓が出てきたということは、あれだけの墓を築き、地域を治めた力のあるリーダーがすでにこの地域社会に生まれていたということです。そういう意味では、学問的には大変重要な発見でありました。これが一つの問題です。

日本一大きい環濠集落

そのような墳丘墓と並んで吉野ヶ里遺跡を特徴づけるもう一つの重要な問題は、非常に大きな「環濠集落」と呼ばれるものです。つまり、集落全体を濠で取り囲んでいるのです。さらに部分的には二重三重に取り囲んでいます。濠を掘って集落を取り囲んで守るということは、その前の縄文時代には見られません。弥生時代になってはじめて出てくる集落形態の一つの姿です。そういう環濠集落が見つかったわけです。

環濠集落そのものは、早くから知られているものに板付《いたづけ》遺跡という、稲作が始まった当時の遺跡があります。しかし、吉野ヶ里遺跡は、ともかくただの環濠集落ではなく、日本一大きい環濠集落だということなんです。吉野ヶ里遺跡には日本一とつくものがいくつかありますが、そのうちの最たるものです。環濠集落はこれまでに各地で知られていますが、ともかく当初は二五ヘクタール、その後の調査で四〇ヘクタールに及ぶという、非常に大きな集落を濠で取り囲んでいるのです。今のところ、日本で最大規模の環濠集落が出現したのです。

そればかりか、環濠集落のあちこちを見ていきますと、私たちが専門用語で遺構と呼んでいる特殊な施設があることが分かってきました。その一つが「城柵《じょうさく》」です。深いところでは三〜四メートル、幅が六〜八メートルという、非常に規模の大きい外濠が、断面V字形になるように掘られています。濠を掘ったときに相当な土量が出てきますので、おそらく外側に掘り出した土を盛り上げて土塁を造っていたのではないかと思われます。このことは単なる想像ではなくて、発掘調査時に、地層を細かく観察していきますと、濠の外にあった土が流れ込んで斜めに堆積していったような状況が認められました。つまり、堆積土を外側に積み上げることとで、濠の外側に土塁をさらに築いていたことも分かってきました。

そうなりますと、土塁だけでなく、その上に木の柱を立てて、いわゆる柵を設けていた可能性が推測されます。実は柵があったということは何の証拠もないのですが、いろいろの状況からそのように想定しています。

さらに、「物見やぐら」が見つかりました。第64図をご覧いただくと、内濠がありまして、その中に一カ所出っ張っている部分があります。しかも、その出っ張っている部分の内側に柱を立てた穴が一間

×二間の配置で六カ所検出されました。柱に使われていた木は腐ってなくなっているのですが、腐ってなくなった柱の跡は土の色とか軟らかさなどが違いまして、柱の太さがおよそ分かるのです。つまり、直径が四〇～五〇センチメートルの太さということです。そうしますと、おそらく高さが一〇メートルぐらいの柱が立っていたのではないかということで、現在見るような高い建物[3]（第65図）が復元されて、今日、現地に再現されています。

こういう高い建物を建てて、その上から隣の国の様子とか、あるいは、外敵の侵入などの動きを見張る「物見やぐら」ではないかと考えられるようになりました。これも、日本列島では最初の発見です。環濠集落はあちこちで見つかっていますが、その一角に出っ張りがあって、そこに「物見やぐら」が立っ

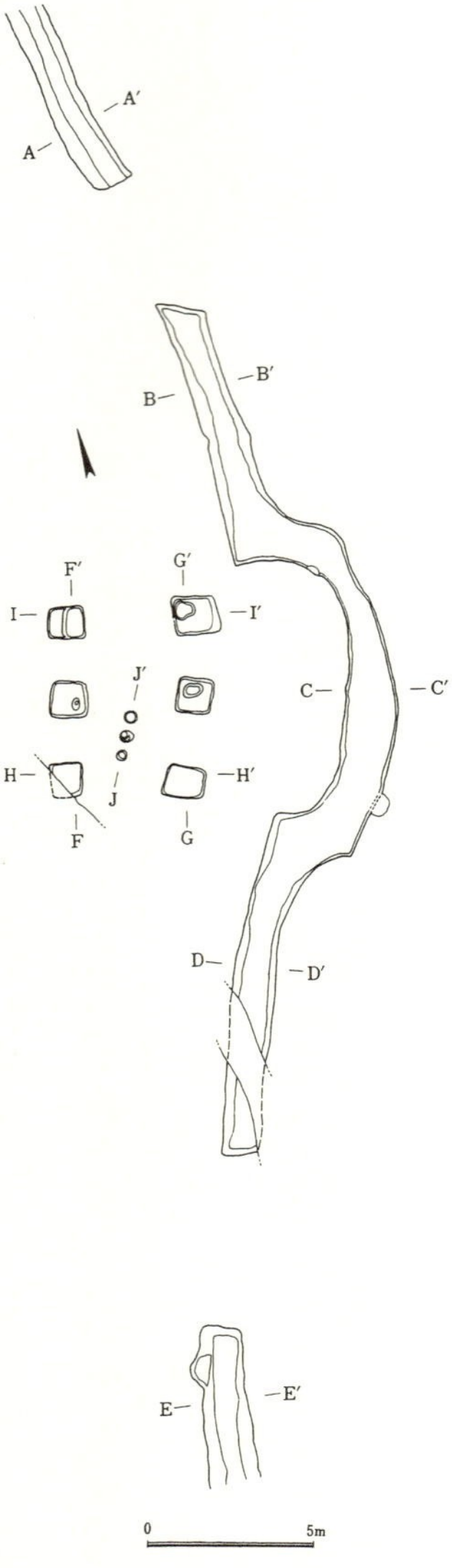

第64図　吉野ヶ里遺跡内濠張り出し部と建物跡実測図（佐賀県教育委員会、1990『環濠集落　吉野ヶ里遺跡　概報』より）

ていたことが分かったのは、ここが最初です。

もう二つだけ申しますと、「復元された集落景観」（第66図）をご覧いただきますと、高床の倉庫群があり、そして、内濠で囲まれた一角に、ほかの普通の竪穴住居とは違って、ちょっと床の高い規模の大きな建物が一軒あります。これは一般の住民とは違う、ちょっと際立った人の、もっといえば集落の頂点に立つ人、そういう人の住居ではないかと想定されるようになりました。

そのように見てきますと、吉野ヶ里遺跡の大環濠集落には、今まで日本の発掘調査で分からなかったようなことが次々と出てきたということです。遺跡は弥生時代だけでも全期間にまたがりますが、最盛期はまさに、邪馬台国の卑弥呼の時代に重なります。そこで邪馬台国のことが書かれている有名な「魏志倭人伝」を見ますと、発掘され

第65図　復元された物見やぐら（1990年1月29日撮影）

第 66 図　復元された集落景観（2004 年 7 月 14 日撮影）

た遺構（施設）に関連した記述を見出せます。

「魏志倭人伝」と簡単に略称していますが、中国の魏・呉・蜀という三つの国の歴史書が『三国志』であり、その中のごく一部に当たります。その『三国志』の中で、「魏」の歴史を書いたのが『魏書』ですね。さらに『魏書』の中で、魏から見て東の方に未開野蛮な地域があって、そこを中華思想から東の夷《えびす》ということで、「東夷」と呼びました。その東夷伝の中に朝鮮半島の南部から日本列島のことが登場します。すなわち、当時の朝鮮半島の南部は「韓」、そして、日本列島は「倭」とそれぞれ呼ばれました。中国人が「倭」と呼んでいた日本列島に住んでいた人は「倭人」となるわけです。したがって、厳密にいいますと、『三国志』の『魏書』の「東夷伝」の倭人の条ということですが、長くなりますので略称して、「魏志倭人伝」と呼んでいるのです。

ところで、「魏志倭人伝」によりますと、卑弥呼が住んでいたところのことを記した一節がありまして、「宮室楼観城柵厳に設け常に人有りて兵を持して守衛する」と見えます。つまり、卑弥呼の住んでいるところには、宮室と楼観と城柵が設けられて、その場所を常に武器を持って護衛していたというのです。

そうなりますと、さきほどの「魏志倭人伝」の邪馬台国の時代の吉野ヶ里遺跡において、まさに今いいましたような「城柵」に相当する濠と土塁や、「楼観《ろうかん》」に相当する物見やぐらのほか、「宮室」に当たる集落の一角に際立った住居の跡まで見つかったことになります。いい換えますと、卑弥呼の住んでいた場所を現実に見るような形で、吉野ヶ里遺跡からそういった施設群が見つかったというわけです。

前述の墳丘墓については、残念ながら卑弥呼の墓ではありませんでしたが、こういった施設群はまさに「魏志倭人伝」と合致するということで、邪馬台国九州説、さらには邪馬台国が吉野ヶ里遺跡の辺りにあったと考えていた人は、これをもって邪馬台国の所在地と考えようと意気込まれたのです。そのように、吉野ヶ里遺跡の発見を通じて、確かに邪馬台国問題に迫る物的な証拠が出てきたということです。

そこで、いよいよ待望の邪馬台国が九州で見つかったというわけで、私もそうですが、専門家も、そしてまた、それを支える一般国民の方々も大いに沸きました。しかし、また一方で、邪馬台国近畿説をとる立場の者も黙ってはおれません。「いや、そこは邪馬台国ではなく、邪馬台国の時代にたくさんあった国々の中の一つの国ではないか」、という立場がもちろんあるわけです。そんなわけで、吉野ヶ里遺跡の発見によって、邪馬台国そのものが見つかったという説が一層力を得るとともに、やはりそうではなくて、その時代の一つの国の中心だという、二つの意見が依然として対立するということにもなって来たわけです。

邪馬台国と周辺諸国

そこで結論を急がずに、当時つまり邪馬台国の時代の様子をもう少し見ておきたいと思います。それは、まず北東アジアの動向です。この点はさきほどいいました『三国志』、あるいは、「魏志倭人伝」などによって当時の北東アジアの国々、あるいは勢力分布の状況が分かります。邪馬台国の時代の日本列島は、前述のとおり、中国から「倭」と呼ばれていました。そして、朝鮮半島の南部の辺りは「韓」と呼ばれていました。また、ピョンヤンの辺りには「楽浪郡」が設置されていました。さらに、その南の方に「帯方郡」があったわけです。ここ朝鮮半島の北西部は中国の植民地になっていまして、中国から官僚や軍人がやってきて、この地域を治めていたのです

一方、中国の北部に「魏」という国がありました。曹操《そうそう》・曹丕《そうひ》の魏です。西南部には劉備玄徳の「蜀」がありました。また、東南部には孫権の「呉」というように、中国が魏・呉と蜀という三つの国に分裂していた時代なんです。そのうち、北部にあった魏は朝鮮半島の北西部まで勢力を拡大していました。その前の漢の時代から朝鮮半島の北西部は中国の領域に入っていましたが、引き続きその地域を治めていました。その南部から日本列島にかけては、各地の土地、土地に古くからの歴史があり、また地域の有力者が芽生えていた時代です。そういう時代に邪馬台国は登場するわけです。「魏志倭人伝」を見ますと、大変興味深いことが冒頭に出てきます。つまり、「帯方東南大海の中に倭人がいる」と書かれているのです。帯方郡から見れば、東南方向のかなたの、海の中に倭人が住んでいる、今でいう日本

列島に倭人が住んでいるというわけです。

「倭」つまり日本列島には一〇〇余りの国々があったけれども、魏の時代の今では、そのうちの三〇の国々から通訳を伴って外交使節団がやって来ると書かれています。つまり外交関係があるというわけです。そういう国際環境にありました。

ここで、漢の時代に一〇〇余国、そしてまた邪馬台国の時代には三〇国という国とは、一体どういうものかを考えておきたいと思います。

国といいましても、日本国、大韓民国とか、朝鮮民主主義人民共和国という近現代の国家の概念とはまったく違います。当時の国というのは、自然の集落がいくつか集まって地域社会もしくは地域共同体をつくっていたという程度の集団でした。その地域集団が中国と外交関係を持ったときに、中国の地方制度にならって、中国が国と呼んだという意味での、いわば地域共同体と考えてもらったらよいでしょう。集落群が集まって、たとえば川に土手を築いたりとか、川から水路を掘って、水田に水を引いてくるとか、そういう大土木事業を行うときには、一つの集落ではできません。そこで、集落群が集まって大きな治山治水事業を行うわけです。そういうことで、集落群が一つにまとまります。そのようなまとまりが各地に出来上がっていました。その中には中国と外交関係を持ったものがあり、そこで中国が何々の国と呼んだという程度の意味の国です。ですから、近現代の概念での国家という意味ではもちろんありません。

そういう地域的なまとまりが具体的にどういうものかを考えますと、大体、現在の「何々郡」という行政組織に相当します。福岡県には那珂郡や、群馬県では甘楽郡とか、あるいは、長野県に行きますと安曇《あずみ》郡とか、そういう形で日本列島各地に「何々郡」というのが現在も残っています。こういう地方の行政単位というのは、実は今から一三〇〇年ほど前の奈良時代に施行された地方行政組織の名残りです。それがずっと現在まで続いてきているわけです。もちろん、現在といいましても、市町村が合併して、郡の中から町村が市に昇格したり、どんどん変貌はしています。たとえば、福岡県の糸島郡の場合、現在は糸島ですが、奈良時代には怡土郡と志摩(志麻)郡に分かれていました。それが一八九六年(明治二九)のころに二つの郡が合併して、糸島郡になったのです。

そのように、当時の国というのは、大体、現在の「何々郡」、あるいは、その郡が一つか二つぐらいの規模の地域社会に相当します。ですから「魏志倭人伝」を見ますと、「対馬国」と出てきますが、これはその後、奈良時代に上県《かみあがた》郡と下県《しもあがた》郡の上下二つの県郡に分かれます。対馬は一三〇〇年前に分けられたのが、長崎県上県郡、長崎県下県郡を経て、現在の対馬市へと続いています。壱岐も同様です。ここは奈良時代には壱岐郡と石田郡という、二つの郡からなっていました。ところが、明治時代以降に壱岐郡にまとめられて、その後は壱岐市として現在まで続いてきているのです。そして、ここを「魏志倭人伝」に登場する「一支国」という一つの国に比定しております。その一支国の首都であったと思われる遺跡が、原の辻というところで見つかりました。ここも二〇ヘクタールを超す、非常に大規模な環濠集落です。

それから松浦《まつら》郡にはかつて「末盧国」がありました。同じように、怡土に「伊都国」があったというように、大体、当時の国というのは、現在もその名残りが残っている「何々郡」が一つか、二つぐらいの範囲の地域社会であったのです。

そうしますと、吉野ヶ里遺跡のあるところはどうでしょうか。ここは現在、佐賀県神埼郡に属しています。その東の方に三養基《みやき》郡がありますが、ここは一三〇〇年前の奈良時代に神埼郡の一部が分割されて、三根《みね》郡ができたところです。そこがさらに明治時代になってから、三根郡・養父《やぶ》郡・基肄《きい》郡が合併して、現在のように三養基郡になりました。その当時のことを考えるときに、現在の神埼郡と、三養基郡のもとの三根郡の辺り、つまり郡が二つぐらいの範囲に、中国が「国」と呼んだ地域社会があったのではないでしょうか。

そのようにして、北部九州には、対馬国・一支国をはじめ、末盧国・伊都国・奴国といった形で、現在の一、二郡ぐらいの感じで国々があったわけです（第67図）。私の考えでは、稲作社会の弥生時代に入ると、北部九州だけではなく、四国・中国地方も、関西地方はもちろん、さらには信州とか関東といった、日本列島のかなり広範な地域で泡が立つように次々と国々が出来上がっていったと見ています。[4]その中で中国と外交関係を持ったところが、「魏志倭人伝」に「対馬国」・「奴国」とか、あるいは、「邪馬台国」という形で登場することになったのです。その他の多くの地域社会は名称がつけられなかったか、あるいは、つけられてもどこにあったか分からないということです。

そのように考えますと、対馬国・一支国・末盧国・伊都国・奴国の所在地は学界でも定説になっていますけれども、それ以外に「魏志倭人伝」には二〇数カ所の国々が出てきます。ところが、その一つ一つがどこかは分かっていないのです。

そこで、吉野ヶ里遺跡のある現在の神埼郡から元の三根郡にかけての一帯に、「国」があったことは間違いないと思います。

ここで北部九州の国々を見るとき、もっとも大きな国は「奴国」です。奴国は現在の福岡平野から春日丘陵にかけて、つまり那珂川流域に国があって、「奴」という古い地名にちなんでそこを中国が「奴国」と呼びました。「魏志倭人伝」によりますと、当時の倭では「奴国」はナンバー3の規模なんです。最大の国が「邪馬台国」、二番目に大きい国が「投馬国」、そして、三番目が「奴国」です。

「奴国」は当時、二万戸ほどあったといいます。あとは対馬国にしろ、一支国にしろ一千戸とか三千戸とかでした。ですから一桁大きい大規模な国が奴国であったということになりますね。九州でもっとも大きな国が「奴国」となりますと、それよりも大きい投馬

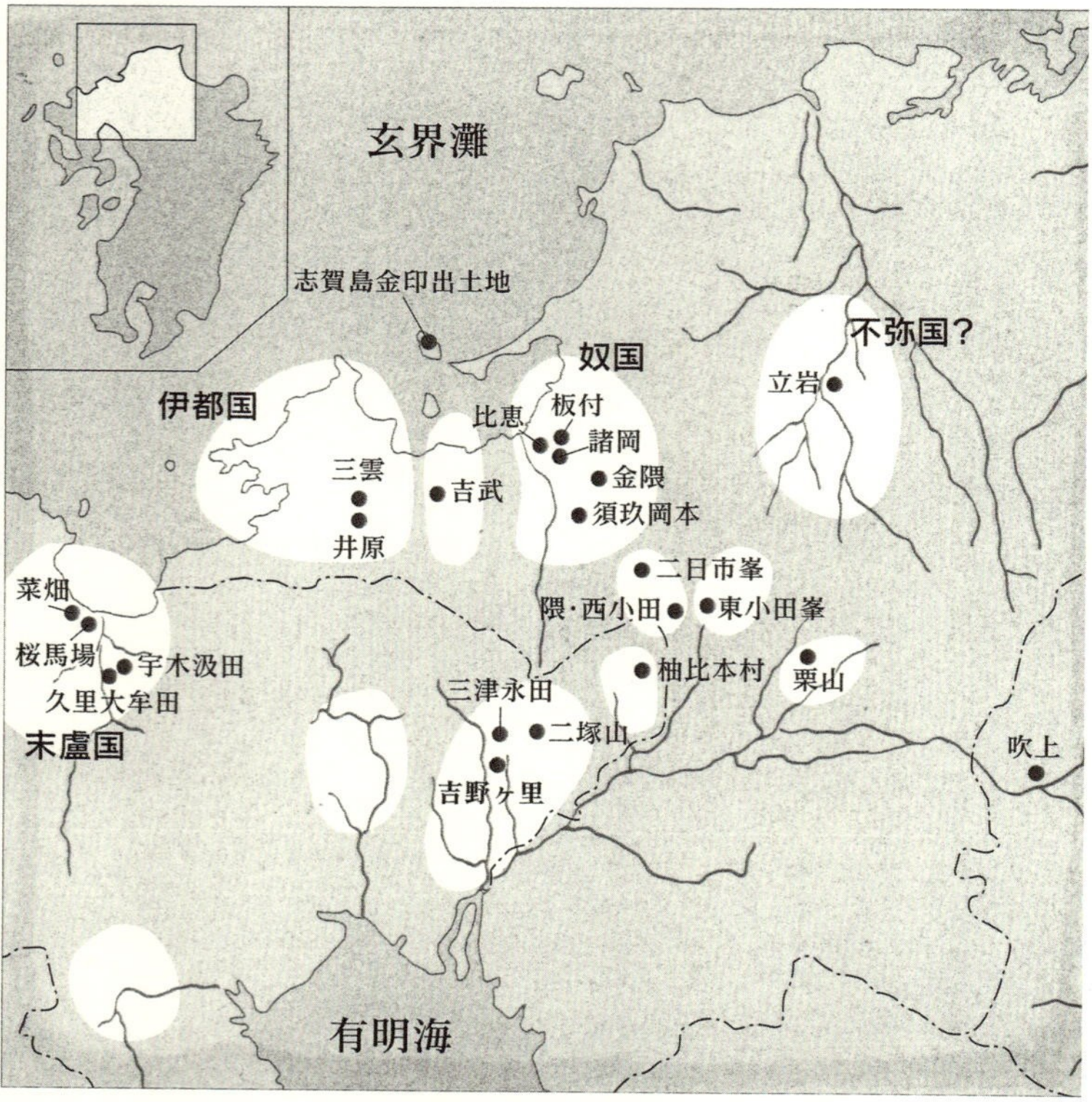

第67図　北部九州の国々
（佐賀県教育委員会、2003『弥生時代の吉野ヶ里ー集落の誕生から 終焉までー』より）

国や邪馬台国は九州以外の地に求めざるをえません。

　それでは、吉野ヶ里遺跡のある神埼郡辺りに、何という国があったかというと、特定の固有名詞で挙げることは難しい問題ではあります。しかし、三根郡という郡が奈良時代にできるわけですが、そこはもともと、前述のとおり、神埼郡の中に三根というところがあったことに由来します。さらにその昔には「嶺縣主《みねのあがたぬし》」という地方豪族がいたことが、『日本書紀』の雄略天皇一〇年の条に出てきます。したがいまして、この地域は、かつては、現在までその名残りのある三根と呼ばれ、さらに古墳時代の五世紀ごろには漢字で「嶺」と書きますが、ミネと呼ばれていたことがうかがえます。

　さて、それよりもさらに古い三世紀の段階に何と呼んでいたのでしょうか。そこで「魏志倭人伝」に三〇カ所ほど名前が出てきますので、一つずつずっと見ていきますと、似た国があります。それは「弥奴国（ミナコク）」という国です。その弥奴国と、現在まで一部に地名が残っているミネと呼び方が似ているということで考えれば、ひょっとしたら、吉野ヶ里遺跡のあるところは弥奴国かもしれないと、私は密かに考えています。

新井白石と邪馬台国

　私がこのことをはじめていうのかというと、すでに早く先輩がおられました。今から二八〇年ほど前の江戸時代中期に新井白石《あらいはくせき》という、皆さんご承知の国学者がおられました。新井白石は邪馬台国を最初は福岡県南部の山門郡に考えました。そして、吉野ヶ里遺跡のある神埼郡辺りは弥奴国《みな》に比定しました。

私は「なるほど」と思って、現在は新井白石の意見に賛成しています。

そして、弥奴国の首都に当たり、中心になる拠点集落が吉野ヶ里遺跡であると思っています。ところで、吉野ヶ里遺跡のすぐ東側に横田丘陵というところが見えますが、そこにも遺跡がたくさん知られます。その他にも、この周辺には中小の遺跡がたくさん分布しています。つまり、仮にこの付近に弥奴国を比定しますと、国を構成した集落がたくさんありました。その中にあって、首都のような、中心になる集落が吉野ヶ里遺跡であり、その周辺に衛星都市のような形での小さな集落、あるいは、中規模の集落がいくつか集まって一つの地域社会が出来ていました。すなわち、その拠点的な首都のような集落が、吉野ヶ里遺跡で見るような大規模環濠集落ではなかったかということなんです。

したがって、もとの神埼郡ぐらいの地域を治め、その頂点に立つ人が、上述の古墳のように立派な墳丘墓を築いたのではないかと考えます。このように見てきますと、私の考え方からいえば、吉野ヶ里遺跡というのは、あくまでも邪馬台国の時代にたくさんあった国々の中の一つで、ひょっとしたら弥奴国かもしれませんが、その拠点になる集落であったということです。

邪馬台国の所在地

それでは一体、邪馬台国は九州以外のどこかということになります。邪馬台国の所在地については、いろんな考え方がありまして、その一つに、近畿説の非常に有力な根拠になっているのが「鏡」の問題です。これは皆さんもご承知のとおり、卑弥呼の使いが魏に行ったときに、こちらからいろいろと貢ぎ物を持って行きます。帰ってくるときに時の皇帝から逆に見返りの品々をもらってくるわけですね。現代でも各国の大統領や首相が、外交関係で往来するときに必ずといってよいほど土産物《みやげもの》を授受します。当時も同様でして、文物の授受が行われました。

倭からの貢ぎ物の中心になるのは、「生口《せいこう》」です。これは人身奴隷ではないかともいわれます。そして、当時の日本列島の特産品である織物とか、玉といったものを持っていったようです。一方、向こうからいろいろな物をもらってくる、見返り品の中に、これは有名な話ですが、「銅鏡百枚」があります。卑弥呼がもらったこの鏡が何であるかということが分かれば、卑弥呼のいた邪馬台国の所在地に大きな影響を与えるということになります。

そこで、私の恩師でもある小林行雄先生が考えられた説(5)が注目されます。ご存じの方が多いと思いますが、「三角縁神獣鏡」という鏡の問題です。この銅鏡は、外回りの断面が鋭く三角形になっているので三角縁といいます。鏡というのは、本当は姿を見るものですが、私たちの考古学の資料としては裏面が研究の対象になります。映らない裏面を見ますと、いろんな文様が鋳出されていまして、そこに神像や獣形が配置されていますので「神獣鏡」と呼んでいます。そういう鏡が日本列島で四、五〇〇〇枚発見されているのです。

私たちの先生や先輩たちが、その鏡をずっと調べていかれますと、その中に、これもまた、ご存じの方が多いと思いますが、たとえば景初三年（二三九）に、卑弥呼の外交使節団が行った時と同じ年号を刻んだ鏡が日本列島から出てくるのです。また、その翌年の正始元年には、向こうから外交使節団が帰ってきます。その正始元年の銘を鏡に刻んだものも群馬県とか兵庫県で出土しています。まさに邪馬台国の女王卑弥呼が外交を行っている時代の年号を刻んだ鏡は、その大部分が三角縁神獣鏡であり、日本列島内から出てくるということは重要です。

しかも、そういう鏡がどこで出土するかということを、小林行雄先生は実に細かく調べられたのです。そうしますと、何とこれは東は北関東から、西は九州まで、日本列島の広範な地域の古墳から出ているのです。さらに注目されますのは、「同笵鏡《どうはんきょう》」という問題です。つまり、同じ鋳型で作られた鏡ということです。一つの鋳型で何枚か鏡を鋳造するんですね。その数量はおそらく五枚だろうといわれています。そのように一つの鋳型でつくられた鏡が何種類かありまして、合わせると三〇〇枚を超すのです。

つぎに、そういう同笵鏡、すなわち、同じ鋳型でつくられた、いわば兄弟関係にある鏡がどういう状態で出てくるかということが問題になります。近畿地方の京都府南部でJRの奈良線沿いの、相楽郡山城町に、「椿井大塚山」という古墳があります。かつてJR奈良線の東側斜面が大雨で崩れて、その改良工事のときに古墳の石室がぽっかり見つかりましたので、発掘調査されたところ、三〇数枚の鏡が出てきたんですね。その中に、今、問題にします三角縁神獣鏡が三二枚も含まれていました。しかも、それらを全国の出土品と比較しますと、椿井大塚山古墳出土の三二枚の鏡の中に、兄弟の関係にある鏡があちこちから出ていたのです。すなわち、北は関東から、西は出雲や四国、さらには九州からも見つかりました。そういう鏡の分布状況から見ると、どうも一たん近畿地方に入った鏡が各地に配られた結果、同じ鋳型でつくられた鏡が各地に散らばっているのではないかと推理されたのです（第68図）。

そうなりますと、もっとも分布の中心である近畿地方が、まさに邪馬台国のあったところ、つまり卑弥呼がいたところではないか、というのが一つの解釈です。三角縁神獣鏡という鏡が、魏からもらった鏡であると考えます。もちろんこれが魏の鏡ではないという説もあることはご存じだと思います。ともあれ、その分布の中心が近畿地方にあるということが重要です。そういうことから、邪馬台国近畿説にとって、三角縁神獣鏡が非常に重要であり、また、それから邪馬台国の所在地を推定しようとしているわけです。

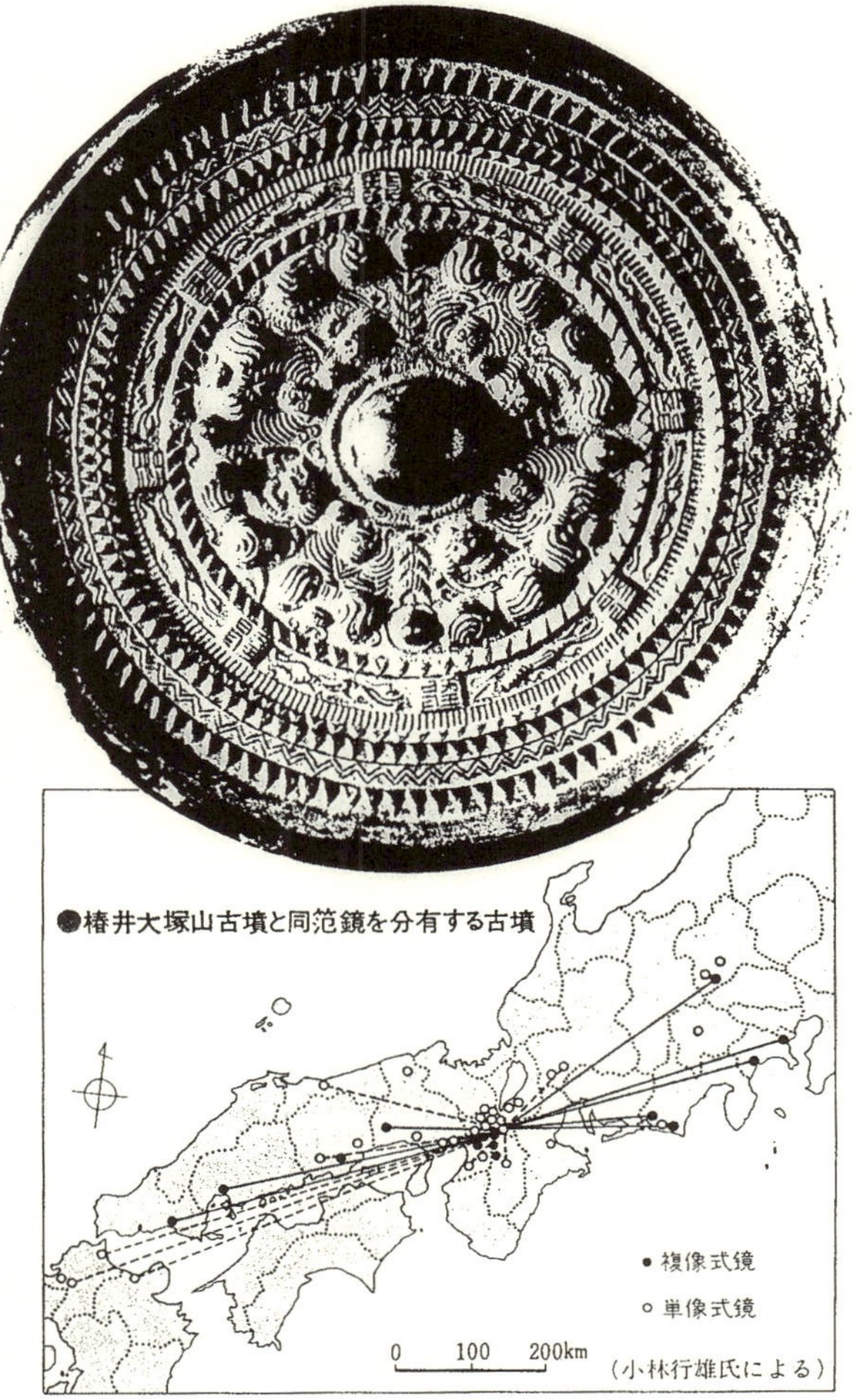

第68図　椿井大塚山古墳と同范鏡を分布する古墳
（西谷　正、1978「古代朝鮮と日本」『人物群像・日本の歴史　第1巻　古代の大王』学研より）

もう一つ二つだけ申しておきますと、邪馬台国というのは、さきほども指摘しましたように、当時の日本列島では最大規模の国でした。「魏志倭人伝」によれば、戸数が七万余戸といいますから、相当に大きかったようです。一軒の住居に五人ほど住んでいたと仮定しますと、五人×七万戸で、約三五万人という人口になります。中国の記録ですから、もちろん誇張があったり、正確ではありませんが、ともかく日本列島最大の国であったということです。そして、卑弥呼が死んだときに径一〇〇余歩、つまり差し渡し一〇〇歩余りの相当大きな墳墓を築いたということになりますね。そうしますと、七万余戸という日本最大の大集落があり、あるいは、径一〇〇余歩もある大きな塚は一体どこにあるのでしょうか。

さきほども、九州では一番大きな国が二万余戸の奴国であり、それ以上の国は九州の内部では探すことは難しいといいました。

そうして見ていきますと、大和盆地東南部、現在は奈良県の磯城《しき》郡から桜井市にかけての辺りに「纒《まき》向《むく》」という遺跡があります。ここはどんどん家が建て込んでいて、吉野ヶ里遺跡のように広大な土地が残っていませんので、大規模な発掘調査はできていません。しかし、あちこちで調査はされています。そうしますと、纒向遺跡は大きく三カ所ぐらいに分かれるようですが、全体として何と七六ヘクタールぐらいとか、いや一〇〇ヘクタールを超すともいわれる範囲に及んでいます。そうなりますと、これまで日本最大といっていた吉野ヶ里遺跡が四〇ヘクタールですから、さらにそれを上回る集落が大和盆地の東南部付近にあったということです。ここは全貌が分かっていませんが、吉野ヶ里遺跡以上の超最大規模ということになるわけですね。

そして、もう一つ重要なことは、纒向遺跡のある周辺では、日本でも非常に早いころの前方後円墳が次々と築かれているのです。その最たるものは、全長が二七八メートルという「箸墓古墳」です。その近くには、箸墓古墳よりもう少し古い時代の「纒向石塚」という前方後円形をした墳丘墓が知られます。これも全長が九四メートルほどです。その年代はといいますと、今のところ、多くの意見は三世紀の中ごろに近いようです。卑弥呼がおよそ三世紀の中ごろ、西暦二五〇年ごろに死んでいますので、どうもその一世代前ぐらいの墳墓らしいのです。ですから卑弥呼の墓ではありません。私は、規模の大きさや土器の年代から箸墓古墳こそ卑弥呼の墳墓だと考えています。日本列島で最大規模の邪馬台国時代の集落があり、そのそばで、邪馬台国からヤマト王権の時代に相ついで築造された全長が九四メートルとか、二七八メートルという大規模な墳墓がすでに出現しているのですね。そして、それらをぐっと小さくしたような相似形態をした、全長が三〇メートルとか二〇メートル、大きいものでは七〇メートルぐらいの古墳が東は千葉県から、西は福岡県、佐賀県辺りまで、最近では四国の松山でも見つかりました。そういうことで、前方後円墳が生まれるころのものが相次いで大和盆地の東南部で築かれ、また、その小型のものが、そこを中心とするかのように、今のところ余り多くは見つかっていませんが、東は関東から西は九州まで分布しているのです。さきほどの三角縁神獣鏡と同じように、近畿地方を中心に初期の前方後円墳の分布が認められるわけです。そのような事実を考えますと、やはりどうも邪馬台国は大和盆地の東南部辺りにあったのではないかというのが、私の意見です。

私は、九州大学で三〇年ほど勉強して来ましたので、皆さんはおそらく、私が今回は邪馬台国九州説を述べると期待しておられたかもしれませんが、そういう方々には残念ながらお応えできませんでした。しかし、もちろん、ご承知のとおり、いろいろな意見や反論がありましょう。私の話だけをお聞きになれば、「なるほど、そうかな」と思われるかもしれませんが、実ははっきりした証拠もないわけです。まだまだ証拠固めが必要です。

そういう意味では、その後、京都府北部の丹後半島の太田南5号墳で卑弥呼が使いをやった四年前の青龍三年（二三五）に当たる魏の鏡が出てきたりとか、そしてまた、佐賀県唐津市の久里双水《くりそうずい》古墳で新たに初期の前方後円墳が発掘調査されたりとか、興味がつきません。

そういうことで、いずれにしても、まだまだ邪馬台国とか卑弥呼の時代の日本列島の様子が分からないことばかりなのです。その後も千葉県で、その時代の古い鏡や古墳が発見されたとか、そういう事実をもっともっと積み重ねることによって、問題は解決していくでしょう。しかし、それは私自身が生きている間に全部達成されるかどうか分かりませんが、学問というのはそういうものです。まだまだ確たる証拠はありませんので、現在ある状況証拠から最大限に考えると、今申したようなことになるということでございます。

〔注〕

（1）佐賀県教育庁文化財課、一九九二『吉野ヶ里─神埼工業団地計画に伴う埋蔵文化財発掘調査概要報告書─』（本文編・図版編）、『佐賀県文化財調査報告書』第一一三集、佐賀県教育委員会。

（2）私は、朝日新聞の一面記事に、「魏志倭人伝の時代にできた最大級の環濠集落であり、邪馬台国問題をはじめとして、当時のクニ、社会の構造を考える手がかりになる極めて重要な遺跡だ。破壊すると後世に悔いを残すだろう。」というコメントを寄せている。

（3）その後、二〇〇六年（平成一八）に、鳥取市の青谷上寺地遺跡出土の建築部材の中に、長さ七メートルを超す木柱材があることが分かった。その結果、高さ一〇・五メートル、地上から床の高さまでは六メートルの物見やぐらが想定された。そこで、吉野ヶ里遺跡で復元されている物見やぐらの建築を裏付けることになった。鳥取県埋蔵文化財センター、二〇〇九『倭と韓―青谷上寺地遺跡は語る―』第一〇回弥生文化シンポジウム、鳥取県教育委員会。

（4）西谷正、二〇一四「邪馬台国周辺諸国の実像」『歴史読本』第五九巻第七号、㈱KADOKAWA。

（5）小林行雄、一九六一『古墳時代の研究』青木書店。

編集を終えて

本書は、冒頭の「発刊に当たって」でも述べましたように、『北東アジアの中の弥生文化』のテーマで編集したものですが、折にふれて行った講演記録であるため、体系的ではないことを改めてお断りしておきたいと存じます。そして、いずれの項目もすでに発表したものですので、その発表の場や、収録された小冊子などを以下に明記しておきます。

第1章　弥生時代の始まり

本章は、平成一五年度文部科学省科学研究費補助金研究成果公開促進費「研究成果公開発表（A）」補助事業（代表・沢田正昭氏）として、福岡市のイムズホールで二〇〇三年（平成五）一一月八、九日に実施された第18回「大学と科学」公開シンポジウム「科学が解き明かす古代の歴史―新世紀の考古科学―」において発表した内容の記録です。原題「考古学からみた弥生時代の始まり」『科学が解き明かす古代の歴史―新世紀の考古科学―』（第18回「大学と科学」公開シンポジウム講演収録集、クバプロ、二〇〇四）

第2章　北東アジア的視点から日本列島の弥生時代について
　　　　　　　　　—環濠集落と大型建物を中心として

朝鮮半島の環濠集落

本章は、「文明のクロスロード・ふくおか」地域文化フォーラム実行委員会（代表・清水晃氏）が一九九四年（平成六）一〇月に福岡市で開催した「墓制の変容から見た国家の発生」シンポジウムに寄せた論文です。

原題「朝鮮半島の環濠集落」（『福岡からアジアへ』3　環濠集落の源流を探る、西日本新聞社、一九九五）

大型建物の源流を探る

本章は、「文明のクロスロード・ふくおか」地域文化フォーラム実行委員会（代表・青木秀氏）が、一九九三年（平成五）九月二日に福岡市で開催した「弥生文化の源流を探る」シンポジウムに寄せた論文です。

原題「大型建物の源流を探る—韓国の建物—」（『福岡からアジアへ』1　弥生文化の源流を探る、西日本新聞社、一九九三）

第3章　地域首長の誕生　—卑弥呼の原像

本章は、愛知県の春日井市など（担当・大下武氏）が、一九九七年（平成九）一一月一五、一六日に春日井市民会館で開催した、第5回春日井シンポジウム「古代史のなかの女性たち—卑弥呼から光明子まで—」において行った講演の記録です。
原題「卑弥呼の原像」（『古代史のなかの女性たち』大巧社、一九九八）

第4章　弥生時代における北東アジアと日本　—倭人の世界

本章は、福岡市埋蔵文化財センター（所長・後藤直氏）が、市制百周年記念に、一九八九年（平成元）一〇月二九日に実施した特別考古学講座「東アジアと日本」の第3回において行った講演の記録です。

原題「弥生時代における東アジアと日本—倭人の世界—」（市制百周年記念「東アジアと日本」特別考古学講座講演集、福岡市埋蔵文化財センター、一九九〇）

第5章　漢とローマ　—倭とケルト

本章は、私が九州大学大学院人文科学研究院における最終講義として、二〇〇二年（平成一四）二月二三日に行った「漢とRome－倭とCelt」が元になっています。同じ内容で二〇〇九年（平成二一）一〇月四日に福岡市で開かれた、日本ケルト協会（代表・山本啓湖氏）の定例会において行った講演の記録です。

原題「漢とローマ　～倭とケルト～」『CARA』第一七号（一五周年特別記念号、日本ケルト協会、二〇一〇）

第6章　東アジアのクレタ島　―壱岐島

本章は、一支国研究会（会長・市山 等氏）が、二〇〇四年（平成一六）二月二日に壱岐文化ホールで開催した発会記念講演会において行った講演の記録です。

原題「東アジアのクレタ島　―壱岐島―」（『九州歴史資料館論集』36、九州歴史資料館、二〇一一）

第7章　北東アジアの中の一支国

本章は、長崎県教育委員会が、二〇〇一年（平成一三）に、五島市において開催した、平成一三年度原の辻大学講座の記録です。

原題「東アジアの中の一支国」（平成一三年度原の辻大学講座「一支国探訪」記録集、長崎県教育委員会、二〇〇二）

第8章　謎の三世紀　―邪馬台国への道

本章は、福岡市立中央市民センターが、一九八七年（昭和六二）九月二四日に同センターで開催した、中央市民大学講座「九州のあけぼの　―九州の古代史を探る―」で行った講演内容が基礎になっています。その後、その内容の一部である、「弥生時代中・後期の北九州と近畿」を割愛して、同年一〇月三〇日にNHK福岡ラジオ第一で放送したものに、さらに加筆を加えて出来上がった原稿の記録です。

原題「謎の三世紀―邪馬台国への道①②③」（『ふるさとの自然と歴史』第二〇六・二〇九・二一〇号、歴史と自然をまもる会、一九八九）

第9章　奴国と邪馬台国を語る

本章は、福岡女学院大学（人文学部長・吉田修作氏）が二〇一一年（平成二三）九月二三日に同大学で開催した、二〇一一年度福岡女学院大学公開講演会「いま日本を知る意義！　邪馬台国の奴国の謎に迫る」で行った基調講演の記録です。

原題「邪馬台国と奴国を語る」（人文科学研究科紀要『比較文化』第九号、福岡女学院大学、二〇一二）

第10章　吉野ヶ里遺跡と邪馬台国

本章は、用地対策連絡会全国協議会（会長・荒井　治氏）が、一九九五年（平成七）に福岡市で開催した、平成六年度定例会議で行った記念講演の記録です。

原題「吉野ヶ里遺跡と邪馬台国」（『全国用地』二六号、用地対策連絡会全国協議会、一九九五）

最後に、本書が出来上るについては、既発表の文章が朱筆で真赤になるほど多く加除修正を行った草稿を、原稿に仕上げていただいた梓書院編集部の皆さんに、心から深くお礼を申し上げます。とくに、藤山明子さんには、企画の段階から辛抱強く編集作業に取り組んでいただきました。お陰様でこうして一書がまとまりました。ありがとうございました。

なお、本書が発刊される予定の晩秋には、私は喜寿を迎えます。そこで、本書の発刊に当たって、心密かに喜寿の記念の意味を込めたいと思っています。

二〇一五年八月一七日　筑前香椎の寓居にて

西谷 正

著者略歴
西谷　正（にしたに　ただし）
1938年、大阪府高槻市生まれ。
1966年、京都大学大学院文学研究科（考古学専攻）修士課程修了。
奈良国立文化財研究所研究員、福岡県教育委員会技師、九州大学助教授を経て、1987年～2002年九州大学教授、1993年～1996年佐賀県立名護屋城博物館長、2004年～2008年韓国伝統文化学校（現、韓国伝統文化大学）外国人招聘教授。
現在、九州大学名誉教授、九州歴史資料館名誉館長、糸島市立伊都国歴史博物館名誉館長、海の道むなかた館長、名誉文学博士。
主な著書・編著『東アジア考古学辞典』（東京堂出版）、『魏志倭人伝の考古学－邪馬台国への道』（学生社）、『古代北東アジアの中の日本』（梓書院）、『邪馬台国をめぐる国々』（雄山閣）、『古代日本と朝鮮半島の交流史』（同成社）など。

北東《ほくとう》アジアの中《なか》の弥生文化《やよいぶんか》　私《わたし》の考古学講義《こうこがくこうぎ》（上）

2016年1月15日 初版第1刷発行

著　者　西谷　正
発行者　田村志朗
発行所　㈱梓書院
〒812-0044 福岡市博多区千代3-2-1
TEL 092-643-7075
印刷・製本　大同印刷㈱

ISBN978-4-87035-565-1